新しいマンション標準管理規約

2016年改正

浅見　泰司
安藤　至大
親泊　哲
笠谷　雅也
福井　秀夫
村辻　義信
吉田　修平
著

有斐閣
yuhikaku

はしがき

　本書は，国土交通省のマンション標準管理規約（以下「標準管理規約」という）が2016年3月に改正されたことを受けて執筆された，改正のポイントを網羅した解説書である。今回の改正は，2015年3月に取りまとめられた国土交通省「マンションの新たな管理ルールに関する検討会報告書」（以下「報告書」という）をベースとしたものであるが，本書は，その報告書作成に直接関わった検討会委員及び国土交通省担当者により，報告書で示された考え方を具体的に敷衍した上で，徹底的な合議の下に執筆されたものである。

　今回の標準管理規約改正は，マンション管理に関して，外部専門家の活用への道を明確化するとともに，住戸の価値を踏まえた議決権割合の設定，管理組合の役割の明確化による自治会等との区分，管理費等の滞納への対処などについて幅広く盛り込んだ抜本的な改正となった。本書では，いずれの論点に関しても，歴史的な経緯，諸外国の制度などを踏まえ，日本のマンションが現在直面している諸課題に応用できるよう，できるだけ汎用性が高い具体的な情報を盛り込むように心がけた。

　標準管理規約や個々のマンションが実際に定める管理規約のあり方を考える際には，管理規約を規律する上位法令である建物の区分所有等に関する法律（以下「区分所有法」という）の正しい理解が欠かせない。
　区分所有法を所管する法務省の法改正担当者であった濱崎恭生氏による『建物区分所有法の改正』（法曹会，1989）は，標準的で緻密な区分所有法の解釈を示しており，現時点でも有益である。そこではマンション管理組合の目的を，同法3条に則り「建物並びにその敷地及び付属施設の管理を行うこと」と明確化し，目的はそれに「限定されるから，それを超える事業は，この団体〔筆者注──管理組合〕として（すなわち本法の定める団体的意思決定の方法や執行方法によって）行うことはできない」旨を詳述している点が注

目される (114〜115頁)。実際の報告書の取りまとめや標準管理規約の改正作業に当たっては，いわば原点ともいうべき区分所有法で規律する管理組合のこのような位置付けが，繰り返し確認され，その徹底を図ることに意が用いられた。

　管理規約は，法の委任の範囲を超えることはできないことを踏まえると，専門家活用，議決権，コミュニティ活動など，いずれの論点をとっても，管理組合に対する法的制約として最も重要な点は，区分所有法3条に規定する管理組合の目的の範囲内に活動が当然に限定されるという点である。改正後の標準管理規約の解釈に際しても，管理を適正化し，マンションの所有者，居住者など当事者の利益を増大させるうえで，この点はいくら強調してもしすぎることはない。

　マンションは今や大都市圏を中心にごく一般的な住居形態となっている一方で，単独所有の専有部分と共有の共用部分からなる複雑な権利関係の下に，価値観の異なる複数の区分所有者が存在するという，他の住居形態にはない特殊性を有しており，マンションの管理にはいわば制度に内在する難しさがあるということができる。最近のマンションを取り巻く偽装事件や，多くの管理組合で直面する老朽化や管理費滞納，用途転用，空き家化などの深刻な問題をも踏まえると，マンション管理の困難性はますます現実の重大な課題になっているといえる。建替えや区分所有関係の解消に関する制度の改善は，マンションの資産価値を維持するうえでの重要課題ではあるが，区分所有者自身が対応できる最有力の方策の一つは，老朽化，管理不全などの危機に備えて，最善と見込まれる対処の選択肢を適時適切に実行できるよう，区分所有者間の権利対立や意思決定の遅延を極力招きにくい，公正で適切な管理規約を平時から整備しておくことである。

　標準管理規約はこれまで数次の改正を経てきているが，今般の改正は，実務から具体的に問題提起されてきた管理規約上の隘路について，正面から受け止め，現行制度の制約の下で考え得る，区分所有者の利益を重視した管理規約上の選択肢のほとんどを過不足なく提示しようとしたものであり，本書

ではその背景や趣旨をできるだけ平易かつ明解に描き出そうと試みた。本書は，管理組合役員や管理会社，マンション管理に関わる専門家にとっての手引きとしてのみならず，一般のマンション区分所有者にとっても，自らの資産を規律する諸要素が何であるのか，どのように管理によって資産の価値を保つことが可能であるのか，などを知っていただく上で，有益であると考えている。

　本書が，マンションに特有の管理の困難性を乗り越え，国民にとって安心できる資産としてマンションの価値を維持する上で，一助となることを念じている。

2017 年 3 月

執筆者一同

目　次

第1章　改正の全体像　1

I　マンションをめぐる状況　2

II　マンション標準管理規約　5

　(1)　管理規約とマンション標準管理規約　5
　(2)　これまでのマンション標準管理規約　5
　　①　中高層共同住宅標準管理規約の制定（1982年）及び1983年改正（5）
　　②　1997年改正（6）　③　2004年改正（6）　④　2011年改正（8）

III　今回の標準管理規約改正の検討経緯　9

IV　検討会報告書の内容と今回の標準管理規約の改正点　10

　1.　外部の専門家の活用など管理組合の業務体制・運営のあり方について　10
　　1－1.　専門家活用のパターンとそれぞれの必要性について　11
　　1－2.　役員の資格要件及び欠格要件について　17
　　1－3.　役員が利益相反取引を行う場合又は理事会決議に特別な利害関係を有する場合の措置，発注の適正化等について　20
　　1－4.　外部の専門家が役員就任する場合の適格性の担保，利益相反取引の防止，業務執行のチェック体制の充実，補償能力の充実等について　21
　　1－5.　法人の意向を踏まえた者が役員に就任する場合の考え方（特に，法人が区分所有者である場合）について　22
　　1－6.　理事会における代理出席・議決権の代理行使について　22
　　1－7.　役員等の補欠のルールについて　24
　　1－8.　役員等の報酬について　25
　　1－9.　専門家の能力向上・供給の方策について　25
　2.　総会の議決権割合等について　26
　　2－1.　総会の議決権割合，敷地の持分割合に対する考え方について　26

2－2.　管理費，修繕積立金の設定の考え方について　28
　3.　マンション管理組合と自治会との関係，コミュニティ活動について　28
　　3－1.　マンション管理と自治会費の徴収・支払いについて　28
　　3－2.　標準管理規約「地域コミュニティにも配慮した居住者間のコミュニティ形成」の取扱いと管理費からの支出の如何について　29
　4.　総会における議決権の代理行使の範囲に対する考え方について　31
　5.　総会における白紙委任状の取扱いについて　32
　6.　会計情報や管理に関する情報の開示について　33
　7.　管理費等の滞納に対する措置について　34
　8.　駐車場の使用方法について　36
　9.　専有部分の修繕及び専用使用権のある共用部分の修繕に係る理事会決議を経た理事長承認について　38
　10.　共用部分に係る保存行為及び管理行為の取扱い　40
　11.　災害等の場合の管理組合の意思決定手続等について　42
　12.　緊急時における専有部分等への立入りについて　44
　13.　新年度予算成立までの経常的な支出に関する整理について　45
　14.　暴力団等の反社会的勢力の排除に関する規定について　45

Ⅴ　その他の改正点　47

　(1)　マンションの建替え等の円滑化に関する法律の一部を改正する法律（平成26年法律第80号）の施行に伴う改正　47
　(2)　建築物の耐震改修の促進に関する法律の一部を改正する法律（平成25年法律第20号）の施行に伴う改正　47
　(3)　その他の改正点　47

Ⅵ　その後の動き──民泊への対応　48

第2章　条文でみる改正のポイント　51

　1.　専門家活用のパターンとそれぞれの趣旨・必要性（コメント全般関係）　52
　2.　駐車場の使用方法（15条）　65

3. 専有部分の修繕等及び窓ガラス等の改良（17条，22条，53条，〔54条〕）
   70
4. 暴力団の排除（19条の2，〔12条〕）　81
5. 共用部分等の保存行為等の取扱い（21条）　85
6. 災害等の緊急時における意思決定手続等（21条，54条，58条）　91
7. 緊急時における専有部分等への立入り（23条）　97
8. 自治会費やコミュニティ活動についての考え方（27条，32条，〔6条〕）
   99
9. 役員の資格要件及び欠格要件／法人からの役員就任についての考え方／役員の補欠のルール（35条，36条，36条の2）　117
10. 役員の報酬等（37条，〔27条〕）　129
11. 役員の利益相反取引の防止等（37条の2，38条，53条）　131
12. 理事，監事の機能強化等（38条，40条，41条，51条，52条）　140
13. 総会の議決権割合，敷地の持分割合の考え方／総会における議決権の代理行使の範囲／総会への参加の促進（46条，〔10条，25条〕）　148
14. 理事会における代理出席・議決権の代理行使（53条）　160
15. 新年度予算成立までの経常的な支出に関する整理（58条）　166
16. 管理費等の滞納に対する措置（60条，〔25条，26条〕）　168
17. 会計情報や管理に関する情報の開示等（64条，〔32条〕）　177

資料　マンション標準管理規約及び同コメント（単棟型）　185

○○マンション管理規約　186
マンション標準管理規約（単棟型）コメント　216

索　引　281

執筆者紹介

（五十音順）

浅見 泰司（あさみ・やすし）〔委員〕
　東京大学大学院工学系研究科教授

安藤 至大（あんどう・むねとも）〔委員〕
　日本大学総合科学研究所准教授

親泊　哲（おやどまり・さとる）〔専門委員〕
　マンション管理士・日本マンション管理士会連合会会長

笠谷 雅也（かさたに・まさや）
　前国土交通省住宅局市街地建築課マンション政策室長
　（現国土交通省中国地方整備局建政部長）

福井 秀夫（ふくい・ひでお）〔座長〕
　政策研究大学院大学教授

村辻 義信（むらつじ・よしのぶ）〔委員〕
　弁護士（ウェルブライト法律事務所）

吉田 修平（よしだ・しゅうへい）〔委員〕
　弁護士（吉田修平法律事務所）

　　＊〔　〕は，国土交通省「マンションの新たな管理ルールに関する検討会」
　　　における役職を表す。

参考文献

濱崎恭生（1989）『建物区分所有法の改正』法曹会
浅見泰司・福井秀夫・山口幹幸編著（2012）『マンション建替え——老朽化にどう備えるか』日本評論社
山岸浩一・福井秀夫・村辻義信・安藤至大・檜谷美恵子（2012）「フランス・イタリア・イギリスのマンション管理制度とその運用実態」『都市住宅学』78号
山岸浩一・福井秀夫・村辻義信・吉田修平・植松丘（2013）「米国（カリフォルニア州）のマンション管理制度とその運用実態」『都市住宅学』80号
竹村好史・福井秀夫・村辻義信・吉田修平（2013）「オーストラリアのマンション管理制度とその運用実態」『都市住宅学』83号
長谷川洋・福井秀夫・戎正晴・大木裕悟（2014）「シンガポールのマンション解消・敷地一括売却制度とその運用実態」『都市住宅学』84号
福井秀夫（2016）「マンション管理のガバナンス——利益相反とコミュニティ活動のリスクを考える」『都市住宅学』93号

〈略語〉
民集　　最高裁判所民事判例集
判時　　判例時報
判タ　　判例タイムズ

第 1 章

改正の全体像

第1章では，マンション標準管理規約が改正されるに至った背景・経緯およびその概要について解説する。はじめに本章を通読することで改正の全体像を把握し，引き続き第2章の関心のある個別テーマに読み進んでいただくことで，改正内容に対する理解が一層深まるものと考える。

第1章 改正の全体像

I マンションをめぐる状況

　我が国のマンション[1]の戸数は 2015 年末時点で約 623 万戸と推計され，特に東京，大阪等の大都市圏等を中心に，代表的な居住形態となるに至っている（図1）。

　そうした中で，築後 40 年超のマンションは 2016 年現在で約 56 万戸と推計されているが，仮にこのままで推移するとすれば，10 年後の 2026 年にはおよそ 3 倍の約 162 万戸，20 年後にはおよそ 6 倍の 316 万戸となるというように，今後，高経年のマンションが急増することが見込まれている（図2）。

　このような建物の高経年化と相まって，マンション居住者の高齢化，賃貸に出される住戸の増加（賃貸化），空き住戸の増加（空室化）が進んでいくといった状況も見られる。これらは，マンション管理組合役員の担い手不足等の問題の要因ともなっており，そのような中で，高経年化に伴う大規模修繕や建替え等の課題にも直面しなければならず，マンション管理の困難化が懸念されている（図3～図5）。

　また，国立社会保障・人口問題研究所の推計（出生中位〔死亡中位〕推計）では，日本の総人口は 2048 年には 1 億人を割るとされており，このような日本全体における少子高齢化と人口減少の急速な進展により，マンションの管理は，今後さらに難しい課題に直面することが予想される。

---

1) 特に注釈をしない限り，本書でいう「マンション」とは，建物の区分所有等に関する法律における区分所有建物，いわゆる分譲マンションのことである（マンションの管理の適正化の推進に関する法律2条1号参照）。

Ⅰ　マンションをめぐる状況

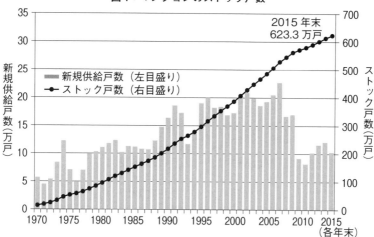

図1：マンションのストック戸数

※1．新規供給戸数は，建築着工統計等を基に推計した。
　2．ストック戸数は，新規供給戸数の累積等を基に，各年末時点の戸数を推計した。
　3．ここでいうマンションとは，中高層（3階建て以上）・分譲・共建で，鉄筋コンクリート，鉄骨鉄筋コンクリート又は鉄骨造の住宅をいう。
〔出典〕国土交通省資料（以下，図2〜5も同様）

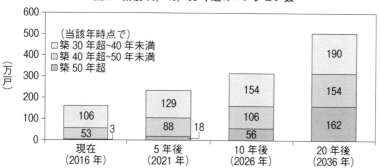

図2：築後30，40，50年超のマンション数

※現在の築50年超の分譲マンションの戸数は，国土交通省が把握している築50年超の公団・公社住宅の戸数を基に推計した戸数
※5年後，10年後，20年後に築30，40，50年超となるマンションの戸数は，建築着工統計等をもとに推計した2015年末のストック分布をもとに，10年後，20年後に築30，40，50年を超える戸数を推計したもの

3

第 1 章 改正の全体像

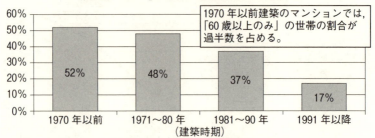

図3：マンション居住者の高齢化の状況
（「60歳以上のみ」の世帯が全世帯に占める割合）

1970年以前建築のマンションでは、「60歳以上のみ」の世帯の割合が過半数を占める。

※平成25年度住宅・土地統計調査より国土交通省再集計

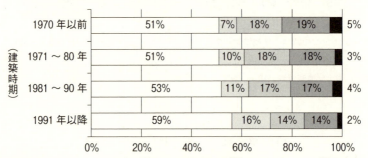

図4：マンションの賃貸化
（借家〔賃貸に出されている住戸〕が占める割合別のマンション棟数の構成比）

□ 借家なし　□ 0～10%未満　□ 10～20%未満　□ 20～50%未満　■ 50%以上
※平成25年度住宅・土地統計調査より国土交通省再集計

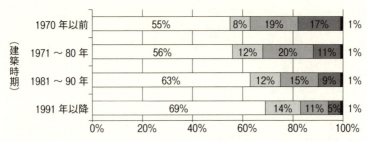

図5：マンションの空室化
（空き家の住戸が占める割合別のマンション棟数の構成比）

□ 空き家なし　□ 0～10%未満　□ 10～20%未満　□ 20～50%未満　■ 50%以上
※平成25年度住宅・土地統計調査より国土交通省再集計

Ⅱ　マンション標準管理規約

(1) 管理規約とマンション標準管理規約

　マンションを含む区分所有建物の所有関係や管理については建物の区分所有等に関する法律（以下「区分所有法」という）が定めている。同法によれば，区分所有者全員で，建物並びにその敷地及び附属施設の管理を行うための団体（管理組合）を構成することとされており，この団体（管理組合）は，建物又はその敷地若しくは附属施設の管理又は使用に関する区分所有者相互間の事項について，規約（管理規約）を定めることができるとされている（同法3条・30条）。

　区分所有法は，区分所有の建物でさえあれば，マンションに限らず，オフィスビルや商業ビル等でも幅広く適用されるものであり（同法1条），マンション管理のルールについて，区分所有法で詳しく規定されているとは言えない。このため，マンション管理組合の円滑かつ適正な運営のためには，管理規約で必要なルールを定めることが事実上不可欠であると言える。すなわち，管理規約が，マンション管理の基本ルールを定めるものとして機能している。

　管理規約は，管理組合の自治的な規範として定められるものであるが，マンション管理に関する様々な問題に対応できる十分なルールを適切に定めるには，関連法令の理解をはじめとする専門的な知識が必要となる。そこで，国土交通省では，管理組合が，各マンションの実態に応じて，管理規約を制定，変更する際に参考とすることができるよう，「マンション標準管理規約」を作成し，その周知を図っている。

(2) これまでのマンション標準管理規約

　マンション標準管理規約は，1982年に「中高層共同住宅標準管理規約」として初めて制定され，その後，1983年，1997年に改正された。さらに，2004年の改正で「マンション標準管理規約」に名称も改められ，2011年の改正を経て，今回（2016年）の改正に至っている。

①　中高層共同住宅標準管理規約の制定（1982年）及び1983年改正

　管理規約の内容は，従来，分譲業者や管理会社が個々に作成していたため，

まちまちなものとなっており，不十分なものや不公平な定めがあるものもあり，マンション管理上発生する問題に適切に対応できない場合も少なくなかった。

このため，「一般分譲の住居専用マンションで，50ないし100戸程度の中規模で各戸均質のもの」を対象に，管理規約を新規に定める場合の指針という位置付けで，「中高層共同住宅標準管理規約」及び「中高層共同住宅標準管理規約コメント」が作成され，1982年5月21日，関係業界団体等に通達された。

さらに，1983年5月に区分所有法が大幅に改正されたことを踏まえ，一部改訂が行われ，同年10月15日，「中高層共同住宅標準管理規約及び中高層共同住宅標準管理規約コメント（改訂版）」として，関係業界団体等に通達された。

② 1997年改正

その後のマンションの急速な普及に伴い，新たに生じてきた種々の問題に対応して，より一層合理的かつ使いやすい標準管理規約とするために改正が行われ，1997年2月25日に関係業界団体等に通達された。主な改正内容は，以下のとおりである。

(i) マンションの適正な維持管理を促進していくため，長期修繕計画の作成又は変更を管理組合の業務として位置付け

(ii) マンションにおける適正な使用関係を促進していくため，駐車場の使用に係る規定の見直し，専有部分のリフォームに係る手続規定の整備等

(iii) 団地形式や店舗併用形式のマンションが増えてきていることを踏まえ，単棟型の標準管理規約に加え，団地型と複合用途型の標準管理規約を新たに作成

③ 2004年改正

マンションの管理の適正化の推進に関する法律（以下「マンション管理適正化法」という）の制定（2001年8月施行），マンションの建替え等の円滑化に関する法律（以下「マンション建替法」という）の制定（2002年12月施行），区分所有法の改正（2003年6月施行）といったマンション管理に係る法制度の充実や，マンションストック戸数が増大する一方で建物の老朽化等の問題も顕

在しつつあるといったマンションを取り巻く情勢の変化を踏まえ，改正が行われ，2004年1月23日に都道府県，政令指定都市及び関係団体に対し通知された。主な改正内容は，以下のとおりである。

●マンションに関する法制度の充実を踏まえた改正
(i) 標準管理規約の名称及び位置付けの改正
　「中高層共同住宅標準管理規約」が「マンション標準管理規約」に名称変更された。また，標準管理規約について，管理組合が各マンションの実態に応じて，管理規約を制定，変更する際の参考という位置付けとされた。
(ii) マンション管理における専門的知識を有する者の活用に関する規定の新設
(iii) 建替えに関する規定の整備
　管理組合の業務や修繕積立金の使途に関する規定において，建替えに係る内容が整備された。
(iv) 決議要件や電子化に関する規定の整備
　敷地及び共用部分の変更に関し，普通決議で実施可能な範囲を「その形状又は効用の著しい変更を伴わないもの」と規定された。また，電磁的記録による議事録作成や電磁的方法による決議等に関する規定が整備された。

●マンションを取り巻く情勢の変化を踏まえた改正
(i) 新しい管理組合業務の追加
　設計図書の管理，修繕等の履歴情報の整理及び管理，地域コミュニティにも配慮した居住者間のコミュニティ形成が，管理組合の業務として新たに規定された。
(ii) 未納管理費の請求に関する規定の充実
　未納の管理費等の請求に関しては，理事会決議により，理事長が，管理組合を代表して，訴訟その他法的措置を追行することができる旨規定された。
(iii) 開口部に係る改良工事に関する規定の整備
　窓ガラス等の開口部に係る改良工事について，管理組合による計画修繕の実施が規定されるとともに，それが速やかに実施できない場合には，区分所有者の責任と負担で実施することについて細則を定める旨が規定され

第 1 章　改正の全体像

た。
(ⅳ)　その他の規定やコメントの充実等
　(a)　法人が専有部分を区分所有する場合における管理組合役員のあり方に関するコメントの追加を含め，総会や理事会の運営等に関する規定の整備及びコメントの充実
　(b)　共用部分に関する規定の整備
　(c)　ペット飼育に係る規約案文例のコメントへの記載

④　2011年改正
　役員のなり手不足等の課題に対応するため，役員の資格要件の緩和を行うことをはじめとして，以下の内容について改正が行われ，2011年7月27日に都道府県，政令指定都市及び関係団体に対し通知された。
(ⅰ)　執行機関（理事会）の適正な体制等の確保
　(a)　役員の資格要件の緩和（現住要件の撤廃）
　(b)　理事会の権限の明確化等（理事会の決議事項の明確化，新年度予算成立までの経常的な支出を理事会承認により可能とする手続規定の整備等）
(ⅱ)　総会における議決権の取扱いの適正化
　(a)　議決権行使書及び委任状の取扱いについてコメントに記載
　(b)　委任状による代理人の範囲について，標準管理規約本文で限定的に列記するのではなく，コメントで基本的な考え方を記述
(ⅲ)　管理組合の財産の適切な管理等
　(a)　財産の分別管理等に関する整理（管理費の徴収に係る60条関係のコメントを改正）
　(b)　長期修繕計画書等の書類等の保管等に関する整理（管理組合が保管する書類等について，保管責任者の明確化やその閲覧・保存方法について規定を追加）
(ⅳ)　共用部分の範囲に関する用語の整理
　2010年5月のマンション標準管理委託契約書の改定を踏まえた用語の整理
(ⅴ)　標準管理規約の位置付けの整理
　マンションの規模，居住形態等各マンションの個別の事情を考慮して，必要に応じて，合理的に標準管理規約を修正し活用することが望ましい旨

をコメントに記載

III　今回の標準管理規約改正の検討経緯

　上記のとおり，2011年改正においては，役員のなり手不足等の課題に対応するため，役員の資格要件の緩和等が行われたが，そのパブリックコメントにおいては，いわゆる第三者管理者方式など専門家を活用した管理方式に係る規定を整備すべきであるなど，管理組合の運営の基本的なあり方に関する意見が多く出された。

　このような専門家を活用した管理組合の運営に対応した標準管理規約を整備するためには，役員の資格要件の問題だけではなく，総会と理事会の役割・関係，専門家を含む役員の業務遂行に対するチェック体制の強化等の幅広い観点からの検討が必要となるものであり，こうした検討については改めて行うこととされた。

　これを踏まえ，「マンションの新たな管理ルールに関する検討会」(座長：福井秀夫政策研究大学院大学教授) が設置された。2012年1月10日の第1回から，途中マンション建替法の改正作業等に伴う中断をはさみつつ，2015年3月27日の第11回まで開催され，上記論点をはじめとして，マンションの新たな管理ルールのあり方について，幅広く検討が行われ，その成果は，同検討会の報告書として取りまとめられた。

　その後，この報告書の内容を踏まえて，国土交通省において，「マンション標準管理規約」及びマンション管理適正化法に基づく「マンションの管理の適正化に関する指針」(以下「マンション管理適正化指針」という) の改正案が取りまとめられ，この改正案について，2015年10月21日から11月19日までを意見募集期間とするパブリックコメントが実施された。

　パブリックコメントにおいては125の個人・団体から合計760件の意見が提出され，これらも踏まえて若干の修正が加えられ，2016年3月14日，改正マンション標準管理規約 (単棟型) が，改正マンション管理適正化指針とあわせ，都道府県，政令指定都市及び関係団体に対し通知された。追って，3月31日には，団地型及び複合用途型のマンション標準管理規約について

も同旨の改正が行われ，通知された（なお，本書においては，単棟型の改正内容について解説を行っているが，団地型及び複合用途型の改正内容についても基本的に共通の考え方によるものである）。

Ⅳ 検討会報告書の内容と今回の標準管理規約の改正点

　上記のとおり，今回のマンション標準管理規約の改正は，「マンションの新たな管理ルールに関する検討会」報告書（以下「検討会報告書」として引用する）の内容を踏まえ，パブリックコメントを経て，行われたものである。

　このため，同報告書の内容と対照させる形で今回の標準管理規約の改正点を示すことが，改正の趣旨や背景等の理解に資するものと考えられる。そこで，以下では，改正内容の原理的な考え方に基づき整理された同報告書の項目立てに沿って，同報告書の内容を示すとともに，各項目に対応する今回の改正点について記述することとする（なお，以下では，「標準管理規約」を「規約」，「標準管理規約コメント」を「コメント」と略すこととし，特に2016年改正前後について区別する場合には，改正前の規約〔コメント〕を「旧規約（旧コメント）」，改正後の規約〔コメント〕を「改正規約（改正コメント）」と表記する。改正後の規約及びコメントの全文は後掲185頁以下の**資料**を参照）。

1．外部の専門家の活用など管理組合の業務体制・運営のあり方について

　我が国のマンションにおいては，これまで区分所有者から選任された理事による理事会を中心にして管理が行われてきたが，マンションの高経年化が進むに連れて，区分所有者の高齢化や住戸の賃貸化・空室化等の進展による役員のなり手不足等の問題に直面しつつある。現在は積極的な理事会活動等を通じてマンション管理が円滑に進められている物件であっても，近い将来には自分たちで適切な意思決定をすることに困難を覚える可能性もあり，そのために将来を見据えた管理規約をあらかじめ定めておくという視点も必要となってきている。検討会では，このような問題意識に基づき，外部の専門家の活用など管理組合の業務体制・運営のあり方について以下のとおり幅広

Ⅳ 検討会報告書の内容と今回の標準管理規約の改正点

く検討が行われた。

1－1．専門家活用のパターンとそれぞれの必要性について
● 検討会報告書の内容 ・・

　マンションの管理に当たり区分所有者以外の外部の専門家を活用することについては，旧規約では，34条において，マンション管理士等の専門家による相談，助言，指導等の援助について規定されているのみであり，35条においては，役員（理事・監事）は組合員（区分所有者）に限定され，外部の専門家が就任することは想定されていない。また，38条においては，理事長が区分所有法上の管理者であると規定されており，理事会（理事長を含む）とは別に管理者を置くケース等は想定されていない。

　しかしながら，大量供給されたマンションの高経年化，区分所有者の高齢化や賃貸化（借家人等所有者以外の居住者の増加）・空室化が今後進んでいくことで，マンション管理上の困難が顕在化する懸念があること等を踏まえると，必要に応じて，外部の専門家の管理組合運営への参画や，外部の専門家に管理運営の執行権限を与え，区分所有者がそれを監督するという管理方式への移行を可能とするよう，専門家を活用した多様な管理方式の類型を用意していく必要性があるのではないか。

　このような認識の下，外部の専門家の活用について，区分所有者による理事会運営に対する相談，助言，指導等の援助を理事会の外から行うという従来から想定されていたパターンに加え，次のとおり外部の専門家が直接管理組合の運営に携わるパターンを示し，それらが必要なケースや効果を整理した一覧表を提示することが提言された。

● 従来どおり理事会を中心に管理組合の運営を行う中で，外部の専門家が管理組合の役員に就任するパターン

①理事・監事外部専門家型又は理事長外部専門家型　　管理組合で不足する専門知識や実務経験を補い，適切な修繕・改修の事業計画や資金計画，中長期計画の策定，あるいはコスト縮減を含む執行等を図ろうとする場合，その他内部紛争や役員のなり手不足，専門性の欠如により役員の適任者がいない等の問題に直面した場合に，外部の専門家が役員に就任する管理方

第1章　改正の全体像

式。
- 外部の専門家が区分所有法上の管理者となって管理を執行し，理事会又は総会がその執行を監視・監督するパターン

②外部管理者理事会監督型　区分所有者が資産価値の維持向上や最大化について高い意識を有しているマンションや，区分所有者の専門性不足や所有者の時間的制約等の課題を抱えるマンションで，専門家に執行権限と責任を持たせてその知識と実務経験を最大限発揮できるようにする一方，理事会が専門家の執行状況を監視・監督するという権限と責任関係の明確な管理方式。

③外部管理者総会監督型　比較的規模の小さいマンションで，区分所有者が資産価値の維持向上や最大化について高い意識を有しているが，区分所有者の専門性不足や時間的制約等の課題を抱えるマンションで，知識と実務経験に優れた専門家に執行権限と責任を持たせる代わりに，理事会でなく，意識の高い区分所有者たちで専門家を直接監督する管理方式。また，高齢化・賃貸化が進み，役員のなり手が不足又はいないような小規模の管理不全マンションでも活用が考えられる方式。

また，上記の管理パターンごとに規約の規定について，1−2．以下で後述するとおり必要な見直しを検討すること等も提言された。

> **今回の改正点**
> - コメント全般関係③として，上記の検討会報告書の内容を受けて外部の専門家の活用についての考え方が示されるとともに，別添1「外部専門家の活用のパターン」において，想定されるパターンのそれぞれについて解説が行われた。

Ⅳ　検討会報告書の内容と今回の標準管理規約の改正点

(参考) 外部専門家の活用パターン

まず従来から行われてきた，管理組合の外から専門家が支援を行うというパターンは，図6のように考えることができる。

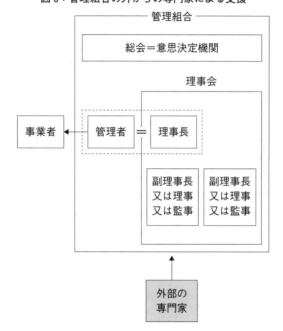

図6：管理組合の外からの専門家による支援

これに対して，管理組合の中に専門家を置くパターンには，以下のようないくつかの類型が考えられる。
①理事・監事外部専門家型又は理事長外部専門家型
　これには，外部専門家が理事や監事に就任するパターン，外部専門家が管理者である理事長に就任するパターン，また複数の専門家が各ポストに就任するパターンなどが考えられる。図7は，理事長に就任するケースを表している。

第1章 改正の全体像

図7：外部専門家が管理者としての理事長に就任するケース

（図省略）

②外部管理者理事会監督型

　図8では，外部専門家を区分所有法上の管理者として選任し，理事会は監事的立場となり外部管理者を監視するパターンを表している。監視する立場の理事会の役員に，さらに別の外部専門家を選任することも考えられる。

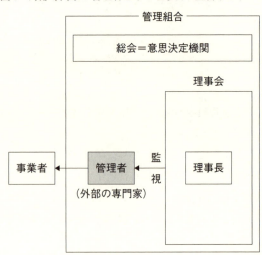

図8：外部専門家が管理者となり理事会が監督するケース

③外部管理者総会監督型

図9では，外部専門家を管理者として選任し，総会が直接的に管理者を監督するパターンを表している。

図9：外部専門家が管理者となり総会が監督するケース

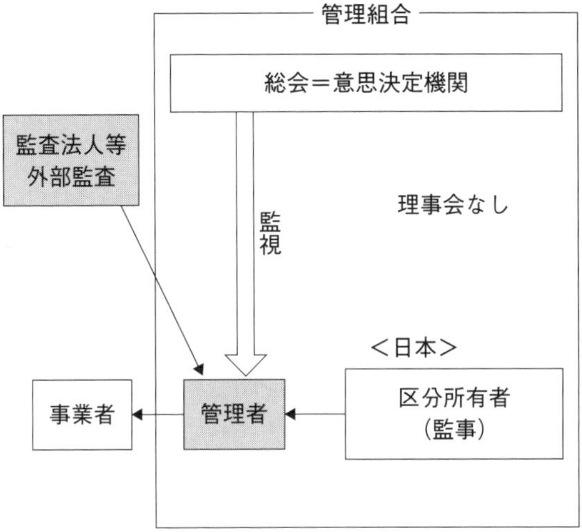

```
┌─────────────────────管理組合─────────────────────┐
│                                                  │
│              ┌──────────────────┐                │
│              │ 総会＝意思決定機関 │                │
│              └──────────────────┘                │
│ ┌────────┐         │                             │
│ │監査法人等│        監視                理事会なし  │
│ │ 外部監査 │         ↓                             │
│ └────────┘         │                             │
│                    │        ┌─＜日本＞────────┐   │
│        ┌─────┐   ┌─────┐   │   区分所有者    │   │
│        │事業者│←─│管理者│←─│   （監事）      │   │
│        └─────┘   └─────┘   └───────────────┘   │
│                                                  │
└──────────────────────────────────────────────────┘
```

● **外部管理者型に係る規約の整備等の考え方について**

　上記のとおり，検討会報告書においては，外部の専門家が直接管理組合の運営に携わる3つのパターンについて考え方が示されており，これを踏まえ，コメント別添1として解説が行われている。

　これら3パターンのうち，改正コメント全般関係③にも示されているとおり，「①理事・監事外部専門家型又は理事長外部専門家型」については，従来の標準管理規約と同様に，理事会を中心とした管理組合の運営を想定していることから，今回の改正によりその活用を可能とするよう規定が整備されたところである。一方，「②外部管理者理事会監督型」及び「③外部管理者総会監督型」については，運営の仕組みが大きく異なってくることから，コメント別添1において，規約の整備等の考え方が示されたのみとなっている。

15

第 1 章　改正の全体像

　このため,「①理事・監事外部専門家型又は理事長外部専門家型」については，1 − 2. 以下の項目において，関連する規定の改正内容等について扱われるが,「②外部管理者理事会監督型」及び「③外部管理者総会監督型」については，ここで，規約の整備等の考え方を，コメント別添１に示された内容に沿って，掲げることとする。

〔②外部管理者理事会監督型〕
　②の外部管理者理事会監督型を導入するに当たっては，規約において次のような規定を整備することが必要と考えられる。
(ⅰ)　理事長＝区分所有法上の管理者とする規定の撤廃。理事長の業務・権限と管理者の業務・権限の整理。
(ⅱ)　外部管理者の選任・解任を総会決議とする旨規定。
(ⅲ)　外部管理者及び役員の欠格要件として，銀行との取引停止，破産（者）等，資格・登録の取消し処分からの一定期間内等を規定。
(ⅳ)　派遣元団体等による報告徴収や監査（適任者への交替も含む）又は外部監査（別の専門家の一時派遣等）の義務付けについて規定することも考えられる。
(ⅴ)　管理組合と外部管理者の利益が相反する取引の理事会への報告・承認。
(ⅵ)　管理者の誠実義務として，財産の毀損の防止及びそのために必要な措置（保険加入，保険限度額の充実，財産的基礎の充実等）に努めるべき旨を規定。
(ⅶ)　一定期間の継続意思の確認について規定することも考えられる（新規参入を妨げないよう，意思の確認とする）。
(ⅷ)　引継者をあらかじめ定めることができる旨を規定（欠けた時点での適任者の選任も可とする）。

〔③外部管理者総会監督型〕
　③の外部管理者総会監督型を導入するに当たっては，規約において次のような規定を整備すること等が必要と考えられる。
(ⅰ)　理事長＝区分所有法上の管理者とする規定の撤廃。理事長・理事会に係る業務・権限を管理者の業務・権限に移行。
(ⅱ)　外部管理者の選任・解任を総会決議とする旨規定。
(ⅲ)　外部管理者の欠格要件として，銀行との取引停止，破産（者）等，資格・

Ⅳ 検討会報告書の内容と今回の標準管理規約の改正点

登録の取消し処分等からの一定期間内を規定。
(ⅳ) 派遣元団体等による報告徴収や監査（適任者への交替も含む）又は外部監査（別の専門家の一時派遣等）の義務付けについて規定することも考えられる。
(ⅴ) 管理組合と外部管理者の利益が相反する取引の監事，総会への報告・承認。
(ⅵ) 管理者の誠実義務として，財産の毀損の防止及びそのために必要な措置（保険加入，保険限度額の充実，財産的基礎の充実等）に努めるべき旨を規定。
(ⅶ) 一定期間の継続意思の確認について規定することも考えられる（新規参入を妨げないよう，意思の確認とする）。
(ⅷ) 引継者をあらかじめ定めることができる旨を規定（欠けた時点での適任者の選任も可とする）。
(ⅸ) 以上の規定の整備のほか，環境整備として，自治体の公益法人・自治体委託NPOからの低廉な専門家派遣の推進。

1－2．役員の資格要件及び欠格要件について
■検討会報告書の内容 ------

旧規約では，管理組合の役員の資格要件について，2011年改正により現住要件（居住している区分所有者に限定）は撤廃されたものの，組合員（区分所有者）であることが要件とされていた（35条2項）。また，理事長が，区分所有法上の管理者となることも定められていた（同38条2項）。

しかしながら，この組合員要件があるため，役員のなり手不足問題の解消や外部の専門家の活用が困難になっていた。

このような問題認識の下，管理組合の役員は，マンション全体の管理の適切なあり方を大所高所から検討し，利益相反等に留意しながら，適正に担当する業務を行う役割を担う者として，個人的資質・モラル，能力に着目して総会において選任されることが必要であるとの観点も踏まえ，次のことが提言された。
(ⅰ) 組合員に限らず外部の専門家を役員に選任することができる選択肢を提供するため，管理組合の役員は組合員から選任するという規約35条2項の規定（組合員要件）を改めるとともに，同規約コメントに，「本改正は，

第1章　改正の全体像

　役員のなり手不足を解消するとともに，より適正な管理を行うため，マンション管理に係る専門知識を有する者を役員等として活用できるようにするための改正である」という趣旨を解説する。各マンションの実態に応じて，組合員要件や現住要件を課すことも考えられる旨についても解説する。

(ii) 役員としての不適格者の排除を確実，迅速に行うことができるよう，規約に，役員の欠格要件の規定を新たに設けることとし，個人の専門家の場合や，法人組織から役員を派遣する等の場合に分けて整理し，規定する。

(iii) 外部の専門家の役員としての活用に伴い，役員の業務執行に対する監督を強化するため，規約に，以下のような監視・監督の規定を新設・改正するか，あるいはコメントに解説を加える。

① 理事会の権限として理事の職務執行の監督等の位置付け
② 理事長の職務執行の状況の理事会への定期報告義務
③ 理事による理事会の招集請求・招集
④ 監事の理事等に対する調査権
⑤ 組合に著しい損害を及ぼすおそれのある事実の理事から監事への報告義務
⑥ 監事による理事会の招集請求・招集
⑦ 監事の理事会への出席・意見陳述義務
⑧ 監事による理事会への理事の不正行為等の報告義務
⑨ 監事による総会提出議案の調査・報告義務

(iv) 1－1.の「①理事・監事外部専門家型又は理事長外部専門家型」は上記により対応を可能とするが，「②外部管理者理事会監督型」及び「③外部管理者総会監督型」については，規約38条2項の「理事長は，区分所有法に定める管理者とする」という規定を，外部の専門家が管理者に就任できるよう撤廃する必要があるほか，管理者の業務・権限に係る規定の整備等全般的な見直しが必要となる旨を示す。

Ⅳ　検討会報告書の内容と今回の標準管理規約の改正点

今回の改正点

- 規約35条に，「外部専門家を役員として選任できることとする場合」として，組合員要件を外すとともに組合員以外の者から選任する場合の選任方法は細則で定めることとする規定例が新たに示された。あわせて，36条4項についても，「外部専門家を役員として選任できることとする場合」の規定例が新たに示された。また，これらに関し，コメント35条関係①，⑤，36条関係③において解説された。
- 規約36条の2として，新たに役員の欠格条項の規定が設けられるとともに，コメント36条の2関係において解説された。
- 役員の業務執行に対する監督の強化のため，以下の改正が行われた。
  - 規約51条2項として理事会の職務に関する規定が置かれるとともに，コメント51条関係として解説された。
  - 規約38条4項として理事長の職務執行状況の理事会への定期報告義務の規定が置かれた。
  - 規約52条3項として，同条2項に基づく理事による理事会の招集請求があったにもかかわらず理事長が理事会を招集しない場合における理事の理事会招集についての規定が置かれた。また，理事による理事会の招集請求等に関し，コメント52条関係として解説された。
  - 規約41条が改められ，監事の理事等に対する調査権（2項），監事の理事会への出席・意見陳述義務（4項），監事による理事会への理事の不正行為等の報告義務（5項），監事による理事会の招集請求・招集（6項・7項）が新たに規定された。また，コメント41条関係としてこれらに解説が加えられるとともに，同①の中で，監事による総会提出議案の調査・報告義務が規約41条1項の内容として含まれることも解説された。
  - 規約40条2項として，組合に著しい損害を及ぼすおそれのある事実の理事から監事への報告義務が規定された。
- 「②外部管理者理事会監督型」及び「③外部管理者総会監督型」における対応については，コメント別添1において解説された（1－1.参照）。

第1章 改正の全体像

1-3. 役員が利益相反取引を行う場合又は理事会決議に特別な利害関係を有する場合の措置，発注の適正化等について

■検討会報告書の内容

　区分所有者の共通の利益は，区分所有権（建物）と敷地利用権（敷地）という財産権の維持確保であり，区分所有者の代表者には，これら財産的価値の最大化（区分所有建物価値の最大化）が求められる。その意味で，管理業務の受発注における双方代理や自己取引といった利益相反取引の防止は，重要な問題であるとの認識の下，次のことが提言された。

(ⅰ) コメントにおいて，①マンションの区分所有者の代表者に求められる責務と，②マンション管理における利益相反取引の定義やケース（管理組合とその役員等，管理組合・役員等と管理業者，管理組合と外部の専門家等）を具体的に解説する。

(ⅱ) 役員の業務執行に対する理事会の監視・監督機能を強化するため，規約に，①利益相反取引となる事実の開示と理事会からの承認，②利害関係のある議決への当該役員等の不参加，③監事等による管理組合の代表代行の規定を盛り込む。

(ⅲ) 個人の又は法人から派遣されるマンション管理の専門家が，管理者や理事等の役員に就任し，発注等の権限を有するケースも今後は想定されることから，利益相反のない，区分所有者からも信頼される発注等のルール（発注・選定のガイドライン）を整備し，管理業者が管理組合から業務を受託している場合も，これが遵守されるよう推奨する。

今回の改正点

- 規約37条の2として，利益相反取引となる事実の開示と理事会からの承認の規定が置かれるとともに，コメント37条の2関係として，その趣旨等が解説された。
- 規約53条3項として，理事会の決議に特別の利害関係を有する理事は，その議決に加わることができないことが規定された。
- 規約38条6項として，管理組合と理事長との利益が相反する事項につ

いては，監事又は理事長以外の理事が管理組合を代表することが規定された。

※あわせて行われたマンション管理適正化指針の改正において，発注等の適正化に関する記述が追加された。

1－4．外部の専門家が役員就任する場合の適格性の担保，利益相反取引の防止，業務執行のチェック体制の充実，補償能力の充実等について

■検討会報告書の内容

外部の専門家が役員に就任する場合に必要となる規制，ルール等の整備として，他の項目で挙げられている内容のほか，次のことが提言された。

(ⅰ) 専門性を活かして業務を執行しているかチェックするため，管理組合が，当該役員に対し，①（法人・団体から派遣を受けた外部専門家を役員として選任する役員派遣方式の場合）派遣元団体等による報告徴収や業務監査又は②外部監査（コメントで別の専門家等の一時派遣等も例示）を受けるよう義務付けできる旨を，規約に規定し，コメントにおいて解説する。

(ⅱ) 規約37条に，特に配慮すべき点として，財産毀損の防止とそのための措置を講ずべき旨を追加する改正を行い，コメントにおいて解説する。

(ⅲ) これらとあわせ，マンション管理適正化指針において，財産毀損の予防措置の推奨，外部監査の方法等について記載する。

今回の改正点

- コメント35条関係⑥において，外部の専門家を役員として選任する場合の監視・監督の一方策として，派遣元の法人・団体等による報告徴収や業務監査や外部監査が行われることを選任の要件として細則に定めることが考えられることが解説された。
- コメント37条関係①において，外部の専門家の役員就任に当たっての管理組合の財産毀損に係る予防措置について解説された。

第1章 改正の全体像

1－5. 法人の意向を踏まえた者が役員に就任する場合の考え方（特に，法人が区分所有者である場合）について

■検討会報告書の内容

コメント35条関係④では，法人が区分所有する専有部分があるマンションにおいて，法人関係者が役員になる場合についての解説がなされている。しかしながら，実際には，規約の役員選任における組合員要件についての誤解から，自然人でなければなれないはずの理事に法人がなっている等の誤った事例がみられる。

このような問題意識の下，コメント等において以下のことを解説することが提言された。

(ⅰ) そもそも理事等になれるのは自然人であって法人はなれない理由や，法人が理事等に就任するといった誤った運用に対する注意喚起等。
(ⅱ) 法人が区分所有者の場合，理事等には，法人が指定した役職員等が就任することができること。
(ⅲ) 区分所有者ではない法人が，管理の専門家として組合を支援するために役員を派遣する場合においても，当該法人から指定された者が，総会の承認（決議）を得て就任できること。
(ⅳ) 法人の役職員が理事等に就いた場合の利益相反への注意。

> **今回の改正点**
>
> ● コメント35条関係④における，法人関係者が組合の役員になる場合等の考え方についての解説が，上記の検討会報告書の内容を受けて改められ，充実された。

1－6. 理事会における代理出席・議決権の代理行使について

■検討会報告書の内容

コメント53条関係において，理事会への理事の代理出席に関する解説がなされている。しかしながら，会社の取締役会での議決権の代理行使の不承認や，一般社団・財団法人等マンション以外の団体における役員会での議決

Ⅳ 検討会報告書の内容と今回の標準管理規約の改正点

権の代理行使の制限ないし禁止の傾向を踏まえると，マンションの理事も，マンション全体の財産管理に関する個人的資質や能力に着目して選任された者であることから，代理出席や議決権の代理行使は基本的に認めないこととすべきではないか。

このような問題認識の下，コメントにおける解説の内容を改め，以下のことを解説することが提言された。

(ⅰ) 理事は，本来，マンション全体の管理のあり方を検討し，担当する業務を適正に行う役割を担う者として，当人の資質，能力等に着目して総会において選任されるものであり，理事会には本人が出席して，議論に参加し，議決権を行使することが当然に求められること。

(ⅱ) 配偶者又は一親等の親族による代理出席・議決権の代理行使や，他の理事による議決権の代理行使は，規約において認める旨の明文の規定がない場合には認められないこと。また，こうした代理出席や議決権の代理行使を認める旨を規約で定めるのも望ましくないこと。

(ⅲ) 理事がやむを得ず欠席する場合には，代理出席や議決権の代理行使によるのではなく，事前に議決権行使書を出せるようにすることが考えられること。これを認める場合には，理事会に出席できない理事が，あらかじめ通知された事項について，書面をもって表決することを認める旨を規約の明文の規定で定めることが必要であること。

(ⅳ) 選択肢として，インターネット技術によるテレビ会議等での理事会参加や議決権行使を認める旨の規定を置くことができること。

なお，理事会への代理出席・議決権の代理行使は基本的に認めるべきでないことを明らかにした上で，「当人の資質・適性，能力・経験等から選任された他の理事による議決権の代理行使を認める旨を規約に定めることもできる」とする案も考えられることがあわせて提言された。

第1章　改正の全体像

> **今回の改正点**
>
> ● コメント53条関係①において理事会には理事本人が出席すべきという基本的考え方が示されるとともに，同②・③において代理出席に関する考え方，同④において議決権行使書等による場合の考え方が解説された。また，同⑤において，インターネット技術によるテレビ会議等に関する考え方が解説された。

1－7．役員等の補欠のルールについて

■検討会報告書の内容

　外部の専門家が管理者，理事長あるいはその他役員に就任するケースや，災害等緊急時の意思決定の重要性の認識など，マンション管理をめぐる変化を踏まえ，役員が欠けた場合の補欠のルールについて，いくつかの選択肢を整理し，明示することが望ましいのではないかとの問題認識の下，以下のことが提言された。

(ⅰ) 役員が任期途中で欠けた場合における補欠の役員の選任方法については，旧コメント36条関係③で解説されている方法のほか，選択肢として，あらかじめ補欠を定めておくか，欠けた後総会の決議により選任することができることを規約に定めることができることを明確に提示する。

(ⅱ) コメントに，補欠のルールの整備の重要性の背景・理由（外部の専門家の役員就任，災害時等緊急時の迅速な対応の必要性など），上記の方法を選択肢として提示することとした理由についても記載する。

> **今回の改正点**
>
> ● コメント36条関係④（旧コメントの③）において，上記の検討会報告書の内容を受けて，役員の補欠に関する考え方の解説が加筆された。

1−8. 役員等の報酬について

■検討会報告書の内容

　規約には，役員は必要経費の支払いと報酬を受けることができる旨が規定されているが，実態としては，無報酬の場合が多くなっている。しかしながら，管理組合の役員等は，今後，区分所有者か外部の専門家かを問わず，実際の業務の困難性や専門的技能・能力等による寄与などを総合的に考慮して一定の報酬を受けるとともに責任を負うという方向を目指すべきではないか。

　このような問題認識の下，コメントにおいて，役員報酬に関し次のことを解説することが提言された。

(ⅰ) マンション管理上の環境変化等，役員報酬の支払いについて積極的に考えるべき背景（役員のインセンティブと他の区分所有者による監督の意識付け，その他マンションの大規模化や修繕等専門性の高度化と外部の専門家活用等）。

(ⅱ) 役員報酬の性格（必要経費や慰労の対価ではなく，時間的拘束等の負担と，実際の業務の困難性や専門的技能・能力等による寄与などを総合的に考慮した報酬であること等）。

(ⅲ) 役員等の業務の状況を的確に把握・評価できるよう，理事会の議事録の区分所有者への開示等の必要性。

(ⅳ) 報酬で期待される効果と報酬と法的責任の関係如何。

今回の改正点

- コメント37条関係②として，上記の検討会報告書の内容を受けて，役員の報酬に関する考え方が解説された（あわせて，コメント27条関係①に加筆された）。

1−9. 専門家の能力向上・供給の方策について

■検討会報告書の内容

　外部の専門家の活用については，旧規約において念頭に置いている相談，助言，指導等だけではなく，管理組合の役員や管理者として直接に管理運営を担うことも想定していく必要があるが，このような外部の専門家には，幅

広く，かつ高度な知識と経験が求められるところであり，その活用が進んでいくことに備えた基盤整備が今後必要ではないか。

このような管理の執行の一翼を担う専門家には，継続的な能力・スキルの向上と豊富な経験が必要であり，そのための取組が求められることや，マンションの管理の専門分野の幅広さ，専門性の高さ等を踏まえると，こうした能力向上のための取組は，専門性のある資格，能力認証を持つ者に幅広く門戸が開かれていることが望ましいと考えられる。

このような考えから，コメントに，当該専門家の能力等の例示，そうした専門家として想定される者の例示，能力向上のための取組についての考え方等を新たに解説することが提言された。

今回の改正点

- コメント33条及び34条関係において，専門的知識を有する者の活用に関する解説が行われているが，この中で，外部の専門家が直接管理組合の運営に携わる場合の考え方については，全般関係③，別添1等を参照すべき旨が加筆された。

2. 総会の議決権割合等について

■検討会報告書の内容
2－1. 総会の議決権割合，敷地の持分割合に対する考え方について

旧コメント46条関係においては，各組合員の議決権の割合について，共用部分の共有持分の割合に基づくものとするとともに，各住戸の面積があまり異ならない場合は，住戸1戸につき各1個の議決権により対応することも可能であると解説されていた。

しかし，このような従来の定め方は，各住戸が比較的均質である場合には妥当であるものの，高層化・大型化による間取りの多様化や仕様・眺望等の高層階と低層階での違いなど住戸の価値に大きな差が出るようになった現状を踏まえると，共有物の管理は「各共有者の持分の価格に従い，その過半数で決する」（民法252条）とする民法の基本的な考え方と齟齬が生じているの

Ⅳ 検討会報告書の内容と今回の標準管理規約の改正点

ではないか。こうした状況を踏まえ，財産価値の適切な反映方法として，住戸の価値割合による議決権割合設定の導入を検討すべき時期にきているのではないか。将来における大規模な改修や建替えの意思決定，従前所有者への建替え後の住戸の割り当て等の際の所有者の財産（資産）価値をより的確に反映した合意形成を見据えた場合にも，価値割合による総会議決権の設定があった方がよいのではないか。また，議決権割合に合わせ，当初の分譲契約で定められる敷地の持分割合についても，住戸の床面積割合と価値割合との差が大きいマンションの場合には，将来の建替えや区分所有関係の解消まで見据えると，価値割合による設定に一定のメリットがあるのではないか。

このような問題認識の下，以下のことが提言された。

(i) マンションの多様化等区分所有法制定時からの事情変化を踏まえ，財産価値をより適切に反映して公平・公正な議決権を設定するという観点から，従来の定め方に加え，価値割合による総会議決権割合の設定方法を，新築時における新たな選択肢として，コメントに追加するとともに，その趣旨を解説する。具体的には，高層と低層などで一定以上の価格差があり，床面積割合によっては住戸の財産価値（眺望，日照等も反映した価値）を適正に反映することができない場合には，床面積割合ではなく住戸の価値割合（内装や備え付けの設備等住戸内の豪華さも加味された販売価格そのものではなく，専有部分の大きさ・立地からくる眺望・日照等の効用を反映した価値を算出）を総会の議決権割合とすることを選択肢として用意することとする。

(ii) なお，全戸の販売価格が決まっていなくても，各戸の階数（眺望，日照等），方角（日照等）などにより，別途基準となる価値を設定し，それにより議決権割合を設定することが考えられる旨を解説する。また，価値割合に基づく議決権割合は，以上の考え方により当初設定として定めてしまうものであるので，実際の販売価格とは完全に比例するものではないこと，前方に建物が建ったことによる眺望の変化といったような各住戸の価値に影響を及ぼすような事後的な変化があったとしても，それによる見直しは原則として行わず，中古物件であっても同様であることを解説する。

(iii) 価値割合による議決権割合を設定する場合には，財産価値のより適切な反映という観点から，当初の分譲契約によって定められる土地持分割合も

同様に，価値割合に連動して設定することが考えられることについても解説する。

2－2. 管理費，修繕積立金の設定の考え方について

総会の議決権割合等について価値割合に基づく設定をした場合でも，管理費，修繕積立金の設定は，基本的には，価値割合ではなく負荷に連動するものであるので，従来と同様，専有部分の床面積を基にした設定方式でよい旨を解説することが提言された。

> **今回の改正点**
>
> - コメント46条関係③として，各住戸の価値割合に基づく議決権割合の設定が新築時における新たな選択肢として示されるとともに，その趣旨や具体的な設定方法等について上記の検討会報告書の内容に沿って解説された。また，同10条関係③として，その場合における敷地等の共有持分に係る考え方が解説された。
> - コメント25条関係③において，一戸一議決権や価値割合による議決権割合の設定を行った場合でも，管理費等の負担額については，共用部分の共有持分に応じて算出することが考えられることが解説された。

3．マンション管理組合と自治会との関係，コミュニティ活動について
■検討会報告書の内容
3－1．マンション管理と自治会費の徴収・支払いについて

自治会と，区分所有法に基づく強制加入団体である管理組合とは，法的に全く異なる性格の団体であるところ，管理組合の管理費から自治会費を支払うことや，自治会費を管理組合の管理費として強制徴収することに関し，管理組合内部での意見の対立や訴訟等が生じている現状がある。

このような法的リスクを回避し，適正なマンション管理と自治会活動を図る観点から，マンション管理と自治会活動の関係，特に自治会費の徴収方法の改善方法を提示すべきではないかとの問題認識の下，コメント27条関係

Ⅳ 検討会報告書の内容と今回の標準管理規約の改正点

において、自治会費の望ましい徴収方法として、以下のことを解説することが提言された。
(i) 自治会への加入強制化の防止の徹底。
(ii) 自治会退会希望者からの徴収回避の方法。
(iii) 自治会費の区分経理。
(iv) 管理組合による自治会費の代行徴収負担の整理。

なお、あわせて、この改正は、自治会活動の活発化を妨げる趣旨のものではなく、管理組合の管理業務と峻別すべきという趣旨であり、費用徴収方法等の峻別さえされれば、災害時の対応、防犯等への対応力の向上にも繋がりうる自治会活動は積極的に進めればよい旨を、マンション管理適正化指針で補足することも提言された。

3－2. 標準管理規約「地域コミュニティにも配慮した居住者間のコミュニティ形成」の取扱いと管理費からの支出の如何について

旧規約では、32条において「地域コミュニティにも配慮した居住者間のコミュニティ形成」が管理組合の業務として掲げられるとともに、27条において「地域コミュニティにも配慮した居住者間のコミュニティ形成に要する費用」が管理費の使途として掲げられていた。

しかしながら、コミュニティ活動の定義が明確でないことから、各マンションで様々な運用が行われており、特に管理費からの支出をめぐり、区分所有者間の意見対立や紛争等も起きている。このため、（法律論として）訴訟等の法的リスクを回避する観点から、コミュニティの規定を見直すとともに、管理費から支出できる業務・活動と支出が不適切な業務・活動とを整理すべきではないか。

このような問題意識の下、以下のことが提言された。
(i) 管理費からの支出をめぐる訴訟リスク等をできるだけ回避する観点から、その趣旨を示しつつ、規約27条及び32条の各号列挙の中から「地域コミュニティにも配慮した居住者間のコミュニティ形成」を削除する。
(ii) コメントの27条関係及び32条関係において、管理費の支出は、管理組

29

第 1 章　改正の全体像

合の区分所有法上の法的性格から管理の目的達成のために必要な範囲内で認められるという基本的な考え方や，管理業務として認められ管理費から支出しても問題のない活動（例えば，資産価値や評価の向上に繋がる防災，防犯に係る活動等）について考え方を示す。

(iii) 旧規約27条12号の「その他敷地及び共用部分等の通常の管理に要する費用」は，同32条17号の「その他組合員の共同の利益を増進し，良好な住環境を確保するために必要な業務」と書きぶりが異なるうえ，「通常」の意味が不明であり，かつ，業務の列挙に整合性がないため，書きぶりを改正する。

(iv) コメント及びマンション管理適正化指針において，今回の規約改正は，合意形成への支障や訴訟リスクの回避等の法律的観点から行うものであり，マンションのコミュニティ活動には資産価値の向上にも効果があり得る場合も当然想定されるため，費用の徴収方法を峻別する等の工夫を講じれば，積極的に展開すべきである旨を記載する。

> **今回の改正点**
>
> 規約の規定について，以下の改正が行われた。
> ● 6条に，区分所有法に定める管理組合の目的が，また，32条柱書に，管理組合の業務は「建物並びにその敷地及び附属施設の管理のため」行われるものであることが，確認的に明記された（区分所有法3条参照）。また，32条各号の業務の列挙について，「防災に関する業務」（従前の13号）及び「地域コミュニティにも配慮した居住者間のコミュニティ形成」（従前の15号）が削除される一方，12号に「マンション及び周辺の風紀，秩序及び安全の維持，防災並びに居住環境の維持及び向上に関する業務」と記述が加えられるとともに，最終の号（従前の17号，改正後の15号）の表現が「その他建物並びにその敷地及び附属施設の管理に関する業務」と改められた。
> ● 27条各号に掲げる管理費の使途については，「地域コミュニティにも配慮した居住者間のコミュニティ形成に要する費用」（従前の10号）が削除

されるとともに、最終の号（従前の12号，改正後の11号）の表現が「その他第32条に定める業務に要する費用（次条に規定する経費を除く。）」と改められた。

あわせて、コメントについて、以下の改正が行われた。

- 6条関係において、管理組合の性質や業務範囲等に関する基本的な考え方が解説された。
- 27条関係②において、27条及び32条を合わせて、この改正の趣旨全体が解説された。
- 同③において、自治会との関係や自治会費の徴収方法等について解説された。
- 同④において、管理費の使途に関する考え方について解説された。
- 32条関係⑧において、32条の改正の趣旨が解説された。

※あわせて行われたマンション管理適正化指針の改正において、マンションにおけるコミュニティ形成に関する基本的な考え方についての記述が追加された。

4. 総会における議決権の代理行使の範囲に対する考え方について

■検討会報告書の内容

総会における議決権の代理行使について、旧コメント46条関係④においては、代理人の範囲を規約に定める場合には、区分所有者の立場から利害関係が一致すると考えられる者に限定することが望ましい旨が解説されているが、具体的な限定は示されていない。

これについて、総会は、組合員が資産保有者としての立場から、自らの財産権を守るために議決権を行使する場であり、代理行使者の範囲も、財産権の保護の観点から組合員と利害関係の一致する者とすべきであるとして、代理行使者の範囲について、①他の組合員、②配偶者又は一親等親族に限定することが提言された。

第1章 改正の全体像

> **今回の改正点**
>
> - 規約46条5項として，総会における代理人の範囲について，次の者に限定する規定が置かれた。
>   ① その組合員の配偶者（婚姻の届出をしていないが事実上婚姻関係と同様の事情にある者を含む）又は一親等の親族
>   ② その組合員の住戸に同居する親族
>   ③ 他の組合員
> - あわせて，コメント46条関係⑤（旧コメントの④）の解説内容も改められた。

5．総会における白紙委任状の取扱いについて

■ 検討会報告書の内容

　管理組合の総会における白紙委任状（誰を代理人とするか記載のない委任状）の取扱いについては，2011年改正によりコメント46条関係⑥として解説が追加されたが，さらに，総会における白紙委任状の取扱いの実態を改善するため，コメントにおいて，以下のような解説を追加することが提言された。

(i) 組合員は，自ら総会に出席して，議場での説明や議論を踏まえて議案の賛否を直接意思表示することが最も望ましい。

(ii) 組合員は，やむを得ず総会に出席できない場合には，招集通知に記載された内容に基づき自ら判断しその賛否を記載した議決権行使書を用いるか，利害関係が一致する代理人を主体的に決定して当該代理人を記載した委任状を用いることが重要である。

> **今回の改正点**
>
> - 書面による議決権の行使及び代理人による議決権の行使について解説するコメント46条関係⑥（旧コメントの⑤）において，上記の検討会報告書の内容を受けて，記述が追加された。

Ⅳ　検討会報告書の内容と今回の標準管理規約の改正点

6．会計情報や管理に関する情報の開示について

■検討会報告書の内容

　管理組合の財務や管理に関する情報がマンション市場に広く開示されることによって，管理の状況等が第三者によってもモニタリングされることで，役員の適正な業務執行の推進が図られ，財産管理の面での組合員の利益の増進につながることが期待される。また，特に，既存マンション（中古マンション）の購入希望者やその代理・仲介を行う事業者に対しては，消費者保護，中古流通市場の活性化，現所有者にとっての利益等の観点から，情報開示がより求められる。

　このような観点から，以下のことが提言された。

(ⅰ)　財務・管理に関する書類のうち，マンションの購入検討者・予定者（代理し，仲介する業者を含む）にとって重要な情報（例えば，修繕積立金の積立状況，管理費等の滞納の状況，修繕履歴や長期修繕計画の内容等）についての外部開示に関する規定を，選択肢として設けるとともに，これらの文書が適切に作成・保管されていない場合（管理業者が変わった場合の文書の引継ぎを含む）の理事長の責任（文書を再作成する等のために要した費用の賠償責任）を明確化する。

(ⅱ)　電磁的な記録で保管することが可能な文書として，従来の規約，総会議事録及び理事会議事録に加え，設計図書，修繕履歴情報，会計帳簿，組合員名簿等の文書を追加するとともに，文書の種類によって管理主体が「管理組合」と「理事長」とに分かれている規定ぶりについても，「理事長」に統一して整理する。

　今回の改正点

●　規約64条2項として，長期修繕計画書，設計図書及び修繕等の履歴情報について，組合員又は利害関係人の請求に基づく閲覧の規定が新たに設けられた。あわせて，コメント64条関係④として，この規定の趣旨と理事長の書類の保管責任について新たに解説された。なお，「利害関係人」の定義については，コメント64条関係①に解説された。また，関連して，

第 1 章　改正の全体像

コメント32条関係⑦において，これらの書類等の具体的な保管や閲覧については，規約64条2項で規定するとおり，理事長の責任により行うこととする旨の解説が追加されるとともに，これらの書類等の閲覧に関する規定を置くことが望ましい等の内容を解説していた旧コメント32条関係⑧については削除された。あわせて，同⑥において修繕等の履歴情報の例示が追加された。

● 規約64条3項として，49条3項（電磁的方法が利用可能な場合の規定としては5項。53条4項において準用される場合を含む）（総会議事録，理事会議事録），64条1項（帳票類）及び2項（長期修繕計画書等）並びに72条2項及び4項（規約原本等）で閲覧の対象とされる管理組合の財務・管理に関する情報については，組合員又は利害関係人の請求に基づき，当該請求した者が求める情報を記入した書面を作成し，交付することができることが規定された。あわせて，コメント64条関係⑤として，この規定の趣旨が解説されるとともに，別添4として，情報提供の対象範囲を具体的に細則で定めるに際し参考となる情報項目の例について掲げられた。また，コメント64条関係⑥として，これらの情報提供の対象者に住戸の購入予定者を含めて規定することも考えられるが，一方で，防犯上の懸念等もあることから，各マンションの個別の事情を踏まえて検討することが必要であることが解説された。

● 規約72条4項において，使用細則等の閲覧に係る規定が追加され，コメント72条関係②で解説された。

● 上記について，電磁的方法が利用可能な場合の規定もあわせて整備された。

7．管理費等の滞納に対する措置について
■検討会報告書の内容

　管理費及び修繕積立金（以下「管理費等」という）の滞納に対しては，規約60条において規定が置かれているが，具体的に取るべき措置についての十分な解説等が行われていなかった。

Ⅳ 検討会報告書の内容と今回の標準管理規約の改正点

このような問題認識の下，以下のことが提言された。

(ⅰ) コメントに，管理費等の滞納への対策の重要性・意義と，それが起こった場合の悪影響等について，明記する。

(ⅱ) 規約25条に，区分所有者の責務として，管理費等の納入義務に加えて，管理組合が行う財産調査に応じなければならないという義務を追加し，財産調査の際に改めて同意をとることを要しないことをあわせて規定する。この責務や同意の効力は，特定承継人にも及ぶことを，26条に新たに規定する（なお，包括承継人に及ぶことは法的に当然であるので，同条から削除する）。また，これらの規定に対応して，60条に，管理組合は，管理費等の徴収のため，必要に応じて区分所有者の財産調査を行うことができる旨を，新たに規定する。あわせて，コメントにおいて，これらの規定に対応した解説を追加する。

(ⅲ) コメント60条関係に，区分所有法59条の競売の要件について，当該競売に至るような管理費等の滞納は共同利益背反行為に当たること，区分所有法7条の先取特権の実行その他保有財産からの回収努力を講じても実効性がないこと等が59条競売の要件となること等を，根拠となる裁判例も引用しつつ，詳しく解説する。

(ⅳ) 管理費等の滞納対策について，取り得る各種の措置を段階的にまとめたフローチャートと参考とすべき事項等をまとめた資料（マニュアル等）を新たに作成し，現場の実務に資するようにする。

(ⅴ) コメント60条関係に，2項の遅延損害金の利率については，必ずしも利息制限法や消費者契約法等が規定する利率以下にしなければならないわけではないこと（これらの利率よりも相当程度高い遅延損害金の利率を定めた規約の規定が公序良俗に反しないとされた裁判例があること）を解説する。また，違約金としての弁護士費用の徴収について，その趣旨等を解説する。

その他，管理費等の徴収に関し，以下のことが提言された。

(ⅵ) 規約26条において，管理費等のほか駐車場使用料についても，管理組合が有する債権は，特定承継人に対しても行うことができる旨規定する。

(ⅶ) 規約60条に，管理費等の徴収日を前月の○日までにと規定している部分について，徴収日は別途定めるところによると改正し，同規約コメント

に，管理業者・口座（金融機関）の変更その他に伴う納付期日の変更に円滑に対応できるようにするため，と解説する。

> **今回の改正点**
>
> - 規約60条3項として，管理組合が管理費等の滞納に対し必要な措置を講ずるものとする旨が定められるとともに，コメント60条関係③において，滞納対策に関する基本的な考えが解説された。また，コメント別添3として，管理組合が滞納者に対して取り得る各種の措置について段階的にまとめたフローチャート及びその解説が示された。
> - コメント60条関係④として，滞納管理費等に係る遅延損害金の利率の水準についての考え方が新たに示された。また，同⑥として，遅延損害金と，違約金としての弁護士費用並びに督促及び徴収の諸費用については，基本的に請求すべきものと考えられる旨が新たに解説された。
> - 規約26条において包括承継人に係る記述が削除され，その趣旨がコメント26条関係で解説された。
> - 規約60条1項が改正され，管理費等の徴収日が「別に定める」ものとされ，コメント60条関係②においてその趣旨が解説された。
> - コメント25条関係④が追加された。
>
> ※なお，財産調査については，応じる義務等を規約に定めることは見送られたが，コメント別添3の解説(2)及び補足解説1において具体的な方法が解説された。また，規約26条の対象として「管理費等」のほかに「駐車場使用料その他の使用料」を加えることについては，裁判例の状況等を踏まえ，今回は見送られた。

8．駐車場の使用方法について

● 検討会報告書の内容

駐車場の使用方法について，2011年改正時のパブリックコメントでは，分譲時に選定された区分所有者の既得権となっているとの意見も出た。こうしたことを踏まえ，駐車場使用者の選定方法等に関し，区分所有者間の公平を確保する観点から，個別のマンションの駐車場が全戸分ある場合とない場

Ⅳ 検討会報告書の内容と今回の標準管理規約の改正点

合等に応じ，以下のような方法を採用することを選択肢として示すことが提言された。

(ⅰ) 駐車場が全戸分ない場合においては，例えば，①駐車場使用契約に使用期間を設け，期間終了時に公平な方法により入替えを行う（定期的な入替え制），②使用料を高く払ってでもマンション内の駐車場や特定の位置にしたい等利便性，機能性，ニーズの強さ等に応じて柔軟な料金設定を行い，所要の入替えを行う（料金差額方式），③②と①を組み合わせて入れ替える方式等を，当該マンションの具体的な事情に鑑みて選択できるよう，コメントにおいて選択肢として示す。

(ⅱ) 駐車場が全戸分ある場合であっても，平置きか機械式か，屋根付きの区画があるかなど駐車場区画の位置等により利便性・機能性に差異があるような場合には，上記の3つのいずれかの方法により入替えを行うことを，当該マンションの具体的な事情に鑑みて選択できるよう，コメントにおいて選択肢として示す。

(ⅲ) 近傍同種の駐車場使用料との均衡については，利便性の差異も加味すべきものであることについても解説する。

(ⅳ) 駐車場の入替えの実施に当たっては，あらかじめ外部の民間駐車場等に車を移動させておく等の対策を，コメント等において解説する。

(ⅴ) 駐車場に空きが生じている場合には，組合員以外の者に使用料を徴収して使用させることも考えられる（いわゆる「外部貸し」）。一定の条件を満たす場合には外部貸しのみを課税対象とする旨の照会回答が国税庁から得られた（2012年2月）ところであるので，その内容をコメントにおいて解説する。

今回の改正点

● 駐車場使用者の選定方法について解説するコメント15条関係⑦において，入替え制についての考え方の解説が，駐車場使用料の設定について解説する同⑧において，料金設定についての考え方の解説が，上記の検討会報告書の内容を受けてそれぞれ追加された。

第 1 章　改正の全体像

> ● コメント15条関係①において，駐車場の外部貸しに係る税務上の取扱いについての解説が追加された。

9. 専有部分の修繕及び専用使用権のある共用部分の修繕に係る理事会決議を経た理事長承認について

■検討会報告書の内容

　区分所有者による専有部分の修繕等については，規約17条において承認の規定が定められているが，承認の対象となる範囲や審査の考え方については示されていなかった。また，共用部分のうち各住戸に付属する窓枠等開口部の改良工事の各区分所有者による実施については，細則を定めることができるとされているのみであった（22条2項）。このため，これらについて様々な運用が行われている一方，高経年マンションの増加等に伴いこうした修繕等はますます増加が見込まれることから，考え方の整理が必要となっている。

　このような問題認識の下，以下のことが提言された。

(i)　専有部分の修繕等について，規約17条による承認を要するのは，「共用部分又は他の専有部分に影響を与えるおそれのある」ものであることを明らかにするよう規定を改めるとともに，理事会決議による判断とは別に理事長の判断があるかのような誤解を招かないよう，手続に係る規定を改正する。あわせて，コメントにおいて，対象となる範囲や審査の考え方，さらには承認規定の本来の趣旨等について解説を加える。また，上下左右階の承認の取り付け等の過度な運用について，是正を求める。

(ii)　専有部分等の修繕工事等が共用部分や他の専有部分に影響を与えないことを担保するため，コメントにおいて，申請時に提出させる資料等について解説する。また，規約17条5項に定める調査についても新たに解説を加える。さらに，工事後に影響が生じた場合は，当該工事を発注した組合員の責任と負担であること等について解説を加える。

(iii)　上記により承認が不要となる専有部分の修繕等のうち，工事業者の立入り等による影響等を，管理組合として事前に把握することが必要な修繕等の場合には，事前届出を必要とする規定を規約において新たに追加する。

Ⅳ 検討会報告書の内容と今回の標準管理規約の改正点

あわせて，この事前届出の趣旨についてコメントにおいて解説する。
(ⅳ) 窓枠等開口部の改良工事の各区分所有者による実施については，細則に委ねている規約22条の規定を改め，専有部分の修繕と同様，理事会の承認を必要とする規定を置くこととするとともに，コメントに解説を加える。
(ⅴ) 専有部分等の修繕等に限り，電磁的方法（メール）も活用した承認決議が可能となるよう，規約53条の規定を改正する。

今回の改正点

- 規約17条1項が改正され，承認を要するのは「共用部分又は他の専有部分に影響を与えるおそれのあるもの」であることが明記された。また，同条3項について，承認の決定は理事会決議によることが明確になるよう規定の表現が改められた。あわせて，コメント17条関係②，⑦及び⑧において承認に係る取扱いについて解説が加えられるとともに，別添2として「区分所有者が行う工事に対する制限の考え方」が示された。さらに，コメント17条関係⑭において，具体的な手続等を使用細則で定める際には，別添2の内容を，各マンションの実情に応じて，参考にするとともに，必要に応じて，専門的知識を有する者の意見を聴くことが望ましい旨の解説が加えられた。
- 近い将来に建替え等の検討の可能性がある場合においては，修繕等の承認申請に際し注意喚起が望ましい旨の解説がコメント17条関係⑨として加えられた。
- 規約17条5項の立入り，調査に関して，新たに，コメント17条関係⑩及び⑬において解説が加えられた。
- 規約17条6項として，修繕等の工事後に，当該工事により共用部分又は他の専有部分に影響が生じた場合は，発注した区分所有者の責任と負担により必要な措置をとらなければならない旨の規定が追加されるとともに，コメント17条関係⑪として解説が加えられた。
- 規約17条7項として，1項の承認を要しない修繕等のうち，工事業者の立入り等の影響について管理組合が事前に把握する必要があるものを

第 1 章 改正の全体像

行おうとするときは，事前届出が必要である旨の規定が追加されるとともに，コメント 17 条関係⑫及び別添 2 において解説が加えられた。
● 規約 22 条 2 項の規定が改められ，窓枠等開口部の改良工事について，管理組合が計画修繕を速やかに実施できない場合には，各区分所有者が理事長の承認を受けて実施することができることとし，その手続については専有部分の修繕工事の場合の手続を準用することとされた（同条 3 項）。あわせて，コメント 22 条関係について所要の改正が行われた。
● 規約 53 条 2 項として，専有部分等の修繕等に関する理事会承認に関し，理事の過半数の承諾があるときは，書面又は電磁的方法による決議によることができる旨規定されるとともに，コメント 53 条関係⑥としてその趣旨が解説された。

10. 共用部分に係る保存行為及び管理行為の取扱い
■検討会報告書の内容

　従来の規約では，共用部分の管理については，管理組合がその責任と負担において行うとした上で，「バルコニー等の管理のうち，通常の使用に伴うもの」については，専用使用権を有する者（各組合員）がその責任と負担において行わなければならないとしていたが，これらの規定と，区分所有法上の保存行為に係る規定との関係が明確ではなかった。すなわち，「バルコニー等の管理のうち，通常の使用に伴うもの」として，各組合員が行うことができる範囲が明確でなかった。また，バルコニー等以外の共用部分については，区分所有法上各区分所有者（組合員）が保存行為を行うことができることとされていることとの関係が明確に整理されていなかった。このため，各区分所有者が勝手に共用部分の保存行為を行う等の問題を防止できるようになっていなかった。

　このような問題認識の下，以下のことが提言された。
（ⅰ）規約及びコメントにおいて，「保存行為」の定義を示し，具体的な範囲を例示する。
（ⅱ）規約及びコメントにおいて，共用部分の保存行為については，あらかじ

め理事会の承認を受けた場合を除き,各組合員が単独の判断で行うことはできず,理事会の承認を受けずに,各所有者単独の判断で(組合に無断で)保存行為と判断して修繕等を行った場合には,それに要した費用を管理組合に求償することはできない旨を明記する。

(iii) バルコニー等の保存行為の責任と負担については,従来の規約21条ただし書の規定を維持するが,従来の規定中「管理のうち,通常の使用に伴うもの」とあるのは,保存行為(共用部分の現状を維持する行為)の範囲内のものであることをコメントにおいて明確化する。また,コメント21条関係における「バルコニー等の管理のうち,通常の使用に伴うもの」の例示を充実させる。

(iv) コメントにおいて,通常の使用に伴うものではない,経年劣化や第三者に壊された等に伴う保存行為の責任と負担については,管理組合となる旨を明確にし,この場合には,上記のとおり,理事会の承認を要するものとなる旨を解説する。その際,コメントにおいて,経年劣化と通常の使用に伴う影響の区別のメルクマールとして,長期修繕計画作成ガイドラインにおいて管理組合が行うものとされている修繕等の周期を記載し,その周期より短く,かつ他の所有者と比較して劣化,損傷が顕著であれば,区分所有者の責任と負担とすべきことを解説する。

(v) 専用使用権のない共用部分の保存行為については,管理組合(総会での決議等)と管理者が併存しているため,前述の各区分所有者による保存行為の規制の規約とあわせ,規約において,理事会の承認を得て管理者が行えることも,少額の保存行為であれば管理者に一任することも,選択肢として示す。

> **今回の改正点**
>
> 区分所有法上の保存行為に係る規定との関係の整理等のため,以下の改正が行われた。
> ● 規約21条1項ただし書の「バルコニー等の管理のうち,通常の使用に伴うもの」が「バルコニー等の保存行為(区分所有法第18条第1項ただ

し書の「保存行為」をいう。以下同じ。）のうち，通常の使用に伴うもの」に改められた。

- 同条3項として，「第1項ただし書の場合又はあらかじめ理事長に申請して書面による承認を受けた場合を除き，敷地及び共用部分等の保存行為を行うことができない。ただし，専有部分の使用に支障が生じている場合に，当該専有部分を所有する区分所有者が行う保存行為の実施が，緊急を要するものであるときは，この限りでない」との規定が追加された。また，同条4項において，この申請及び承認の手続について，同条5項において，違反して保存行為を行った場合の費用負担について，それぞれ規定された。あわせて，コメント21条関係⑨において，規約21条3項ただし書及び5項の趣旨について解説された。
- コメント21条関係①として，上記の規約21条1項及び3項の規定が，区分所有法18条2項の規定による規約での別段の定めであることが明確に解説された。
- コメント21条関係⑤として，バルコニー等の経年劣化についての考え方，同⑥として，バルコニー等の破損についての考え方がそれぞれ解説された。
- コメント21条関係⑫において，保存行為の実施について理事長に一任すること等を規約において定めることも考えられる旨が解説された。

11. 災害等の場合の管理組合の意思決定手続等について

■検討会報告書の内容

　災害等の場合の管理組合の意思決定に関しては，従来の規約においては特に規定されていなかった。このため，災害等の緊急時であっても，応急的な修繕や改修の実施に当たっては，総会を開催して議決を得ることが必要となっている。また，そのための費用支出についても，予備費等の適用可能な費目が計上されていない場合には，収支予算の承認が必要となる。

　東日本大震災においては，総会の開催が困難なために，必要な緊急工事の実施やそのための費用支出等の意思決定ができず，修繕・復旧が遅れたケー

Ⅳ 検討会報告書の内容と今回の標準管理規約の改正点

ス等が報告されており，都市型水害においても同様の問題が生じていることが判明している。また，管理者（現行の多くのマンションでは理事長）が単独で行える「保存行為」についても，被災時等における保存行為の実施についての解説等がないことから，管理者が判断を留保し，応急工事が遅れた例も報告された。

このような問題認識の下，以下のことが提言された。

(ⅰ) コメントに，管理者が「保存行為」として行える緊急工事の範囲を具体的に列挙し，解説すること。

(ⅱ) 規約54条に定める理事会の議決事項として，総会開催が困難な場合における応急的な修繕工事の実施を新たに追加するとともに，コメントにおいて解説を加えること。

(ⅲ) 規約に，上記による理事会の緊急決議の場合には，修繕積立金の取崩し及び資金の借入れについて総会の議決対象から除くとする規定や，理事会の決議をもって理事長が費用を支出できる規定を新たに設けること。

(ⅳ) 規約に，理事会開催も困難な場合に，管理者が応急的な修繕を決定できること等の規定を選択肢として追加するとともに，コメントにおいて解説を加えること。

今回の改正点

- 規約21条6項として，理事長は，災害等の緊急時においては，総会又は理事会の決議によらずに，敷地及び共用部分等の必要な保存行為を行うことができる旨の規定が追加されるとともに，58条6項として，理事長がそのために必要な支出を行うことができる旨の規定が追加された。あわせて，コメントにこれらに関する解説が加えられた（21条関係⑩，58条関係⑤）。

- 規約54条で定める理事会の議決事項として，「災害等により総会の開催が困難である場合における応急的な修繕工事の実施等」が追加されるとともに，コメント54条関係①として，その具体的内容について解説が加えられた。

第 1 章　改正の全体像

- 　規約54条2項として，上記の決議に係る応急的な修繕工事の実施に充てるための資金の借入れ及び修繕積立金の取崩しについて，総会の決議によることなく，理事会で決議することができる旨の規定が追加されるとともに，58条5項として，理事長は，この理事会の決議に基づき，支出を行うことができる旨の規定が追加された。あわせて，コメントにこれらに関する解説が加えられた（54条関係②，58条関係④）。
- 　コメント21条関係⑪として，大規模な災害等で理事会の開催も困難な場合における応急的な修繕行為の実施について理事長単独で判断し実施することができる旨の規定や，更に，理事長等の役員が対応できない事態への対応に関する規定等を，規約において定めることも考えられる旨の解説が追加された。

12.　緊急時における専有部分等への立入りについて
■検討会報告書の内容

　従来の規約では，管理上必要な専有部分等への立入りの請求について規定されていたが（23条），請求に係る時間的余裕のない緊急時における専有部分等への立入りに関しては規定されていなかった。2011年改正時には，パブリックコメント案において，このような緊急時における立入りの規定の整備が示されたが，立入りが認められる場合の範囲が不明確である等の意見が出されたことから，この改正は見送られた。

　しかしながら，今回，東日本大震災等を踏まえ，改めて検討を行い，規約に，災害や事故が発生した場合の緊急避難措置としての専有部分等への立入りの規定を設けるとともに，当該立入りは他の専有部分や共用部分に対して物理的又は機能上重大な影響を与えるおそれがある場合に限られるものであること等，当該立入り規定の趣旨について解説することが提言された。なお，当該立入り規定の実効性を高めるための合い鍵の預かりについては，プライバシーの問題等があることから，各マンションの個別の事情を踏まえて検討する必要がある旨を解説することが提言された。

IV　検討会報告書の内容と今回の標準管理規約の改正点

> **今回の改正点**
>
> ● 規約23条4項として，緊急時の立入りに関する規定が追加された。あわせて，コメント23条関係として，当該規定の趣旨及び合い鍵の預かりに関する考え方の解説が追加された。

13. 新年度予算成立までの経常的な支出に関する整理について

■検討会報告書の内容

　規約では，管理組合の通常総会は，新会計年度開始以後2か月以内に招集しなければならないことが定められている（42条3項）が，新会計年度開始後予算案の承認を得るまでの間の経常的な経費の支出の取扱いについては，理事会の承認を得て支出することができ，その場合，新年度予算の承認を得るために開催された通常総会において，その内容を報告しなければならない旨の規定が，2011年改正により整備された（58条3項及び4項）。

　この取扱いについて，事務処理の更なる明確化・合理化の観点から，公益法人における実務運用例を参考に，この支出は新たに成立した予算とみなし，総会への新年度予算とは別途の報告の手続を不要とすることが提言された。

> **今回の改正点**
>
> ● 規約58条4項を改め，会計年度開始後予算案の承認を得るまでの間の経常的な支出等について，予算案の承認を得たときは，当該予算案による支出とみなすこととされた。あわせて，コメント58条関係①において，この改正の趣旨の解説が加えられた。

14. 暴力団等の反社会的勢力の排除に関する規定について

■検討会報告書の内容

　暴力団等の反社会的勢力の排除については，従来規定が設けられていなかったが，2011年改正時のパブリックコメントにおいて規約にこのような規定を設けるべきとの意見が多数出されており，また，暴力団等の排除に関す

第1章　改正の全体像

る社会的要請も高まっている。

　これらを踏まえ，暴力団等関係者への賃貸を認めないため暴力団等関係者に対する賃貸契約の民事上の効力を否定することができるような規定や，暴力団事務所としての住戸の使用等の事実行為に対して当該住戸の使用禁止を請求できるような規定を規約に設けることを選択肢として示すことが提言された。また，暴力団等関係者への譲渡についても，このような賃貸契約に係るものと同様の取決めを区分所有者間で結ぶといった対応が考えられることについて，コメントにおいて解説することが提言された。

今回の改正点

- 規約19条の2（暴力団員の排除）として，専有部分の貸与に関し，暴力団員への貸与を禁止する旨の規定を定める場合の規定例が追加されるとともに，コメント19条の2関係①において解説が加えられた。
- コメント12条関係②として，暴力団の排除のため，暴力団事務所としての使用や，暴力団員を反復して出入りさせる等の行為について禁止する旨の規定を追加することも考えられる旨の解説が加えられた。
- コメント19条の2関係②として，暴力団員への譲渡については，このような賃貸契約に係るものと同様の取決めを区分所有者間で結ぶといった対応をすることが考えられる旨の解説が加えられた。また，暴力団事務所としての使用や敷地内における暴力行為や威嚇行為等の禁止に関する解説も加えられた。
- コメント19条の2関係③として，措置の実行等に当たっての警察当局や暴力追放運動推進センターとの連携等についての解説が加えられた。

※このほか，暴力団員等であることを役員の欠格要件と定めたことについては，「1－2．役員の資格要件及び欠格要件について」を参照。

V　その他の改正点

今回，検討会報告書で示された論点のほか，以下の点についても改正が行われた。

(1) **マンションの建替え等の円滑化に関する法律の一部を改正する法律（平成 26 年法律第 80 号）の施行に伴う改正**

マンション建替法の一部改正により，マンション敷地売却制度が創設された。同制度については，各マンションの規約の規定にかかわらず，同法に基づいて適用可能ではあるが，今回，建替えに係る規定等に準じた規定等の整備が行われた。具体的には，規約 28 条 3 項，43 条 6 項，47 条 5 項の追加等の規定の整備が行われるとともに，コメント 28 条関係⑦の追加等コメントにおける解説が加えられた。

(2) **建築物の耐震改修の促進に関する法律の一部を改正する法律（平成 25 年法律第 20 号）の施行に伴う改正**

建築物の耐震改修の促進に関する法律（耐震改修促進法）の一部改正により，耐震改修の必要性の認定を受けた区分所有建築物について，大規模な耐震改修を行おうとする場合の決議要件が緩和された。この緩和規定は，各マンションの規約の規定にかかわらず，強行規定として適用されるものではあるが，今回，確認的に，規約 47 条 3 項 2 号について加筆修正されるとともに，コメント 47 条関係③において解説が加えられた。

(3) **その他の改正点**

規約 16 条 1 項 2 号及び 3 号（電気事業者及びガス事業者の表現の一般名詞化），24 条 1 項（損害保険の例示として地震保険の追加）の改正等の語句の修正等が行われた。

第 1 章 改正の全体像

Ⅵ その後の動き──民泊への対応

　ホテルや旅館ではない一般住宅に旅行者が宿泊する、いわゆる民泊については、外国人旅行者の増加や東京オリンピック・パラリンピックの2020年開催などを踏まえ、その活用が注目されているが、マンションの各住戸における民泊については、その可否を始めとして、マンション管理上の対応が求められるところである。

　こうした中、国家戦略特別区域法に基づく「国家戦略特別区域外国人滞在施設経営事業」（以下「特区民泊」という）については、2016年10月31日に施行された同法施行令の一部改正により、滞在期間の下限が2泊3日に緩和されるとともに、認定申請前の周辺住民への説明手続等が規定された。これらを踏まえ、特区民泊の円滑な普及を図るため、マンション管理組合における対応等の参考として、マンションの管理規約との関係等について国土交通省において取りまとめられ、2016年11月11日に同省住宅局長名で都道府県担当部局宛て通知された（「特区民泊の円滑な普及に向けたマンション管理組合等への情報提供について」〔国住マ第39号、国住賃第22号〕）。その概要は、以下のとおりである。

○　特区民泊をマンションで実施することを予定している事業者から認定申請前の説明があった場合、当該マンションにおいて特区民泊を許容するか否かについて、特区民泊は事業（予定）者による周辺地域の住民からの苦情・問合せに対する適切な対応や滞在者名簿の設置等が義務付けられているものであること等を踏まえ、区分所有者間（管理組合）でよく議論の上、できる限り管理組合としての方針を決定し、その際には、できるだけ管理規約において明示する等により告知することが望ましい。

○　特区民泊実施区域内においては、上記以外のマンションにおいても、必要に応じ、あらかじめ管理組合で議論の上、管理規約等において方針を告知しておくことが望まれる。

○　特区民泊実施区域内の新規分譲マンションについては、分譲事業者において、あらかじめ、管理規約（分譲時の原始規約）上で方針を明示しておくことが考えられる。

Ⅵ　その後の動き──民泊への対応

○　管理規約における明示の方法としては，例えば，下記の下線部のように改正することが考えられる（以下の例では，規約12条に相当する条文において規定を追加することが想定されている）。

〈特区民泊を許容することを明示する場合の管理規約の一例〉

> 第○条　区分所有者は，その専有部分を専ら住宅として使用するものとし，他の用途に供してはならない。
> 2　区分所有者は，その専有部分を国家戦略特別区域法第13条第1項の特定認定を受けて行う国家戦略特別区域外国人滞在施設経営事業に使用することができる。

〈禁止を明示する場合の管理規約の一例〉

> 第○条　区分所有者は，その専有部分を専ら住宅として使用するものとし，他の用途に供してはならない。
> 2　区分所有者は，その専有部分を国家戦略特別区域法第13条第1項の特定認定を受けて行う国家戦略特別区域外国人滞在施設経営事業に使用してはならない。

〈使用細則に委ねることとする場合の案〉

> 第○条　区分所有者は，その専有部分を専ら住宅として使用するものとし，他の用途に供してはならない。
> 2　区分所有者が，その専有部分を国家戦略特別区域法第13条第1項の特定認定を受けて行う国家戦略特別区域外国人滞在施設経営事業に使用することを可能とするか否かについては，使用細則に定めることができるものとする。

　なお，2017年の通常国会において，住宅宿泊事業法案が提出されており，これが成立し施行された場合には，全国で同法に基づく民泊の実施が可能となる。このため，特区民泊実施区域に限らず，各マンションにおいては，民泊への対応の検討やそのための情報収集を進めておくことが望まれる。

第2章

条文でみる改正のポイント

　第2章では，今回の改正で特に重要と思われる事項について，マンション標準管理規約の条文の配列に従って詳しく解説する。各事項の冒頭には，改正規約及び改正コメントの条文・文言を掲げ，改正部分に下線・削除線を付した。また，本書185頁以下には，資料として改正後のマンション標準管理規約（単棟型）及び同コメントの全文を掲載したので，あわせてご参照いただきたい。

> ※本章では，原則として「標準管理規約」を「規約」，「標準管理規約コメント」を「コメント」と略すこととし，特に2016年改正前後について区別する場合には，改正前の規約（コメント）を「旧規約（旧コメント）」，改正後の規約（コメント）を「改正規約（改正コメント）」と表記する。ただし，各マンションの規約と特に書き分ける必要がある場合には「標準管理規約」等の表現を用いることがある。

コメント全般関係
1. 専門家活用のパターンとそれぞれの趣旨・必要性

●改正規約・コメント

（コメント）

> **全般関係**
>
> ①・②　（略）
>
> ③　近年，マンションの高経年化の進行等による管理の困難化やマンションの高層化・大規模化等による管理の高度化・複雑化が進んでおり，これらの課題への対応の一つとして，外部の専門家の活用が考えられる。以前から，管理組合がマンション管理士等の専門家に対し，相談，助言，指導その他の援助を求めることについては規定してきたが（第34条参照），さらに進んで，外部の専門家が直接管理組合の運営に携わることも想定する必要がある。このような外部の専門家には，管理の執行を担うという点から，特に，管理規約，管理の委託，修繕，建替え等に関する広範な知識が必要とされ，例えば，第33条及び第34条関係②に挙げるような者が外部の専門家として想定される。
>
> 　外部の専門家が管理組合の運営に携わる際の基本的なパターンとしては，別添1に示したとおり，(1)理事・監事外部専門家型又は理事長外部専門家型，(2)外部管理者理事会監督型，(3)外部管理者総会監督型の三つが想定される。
>
> 　この標準管理規約は，理事会を中心とした管理組合の運営を想定したものであり，第35条第2項において組合員要件を外した場合には，(1)理事・監事外部専門家型又は理事長外部専門家型による外部の専門家の活用を可能とするように規定を整備している。
>
> 　なお，(2)，(3)を採用しようとする場合における規定の整備の考え方については別添1に示すとおりである。
>
> ③④　〈略〉

● 解説

(1) 日本のマンション管理組合に関しては，区分所有法では総会で管理者を選任し（25条），管理者が管理に関して包括的な権限を持ち義務と責任を負う（26条1項）とともに，管理に関してすべての区分所有者を代理する（同条2項）こととされている。管理組合法人の場合には，理事を置かなければならず（49条1項），各理事は管理組合法人を代理する（同条3項・4項）が，代表理事を定めることもできる（同条5項）。

実際にはほとんどの管理組合は法人格を持っていないが，各マンションの規約に基づき総会で理事を選び，理事長が管理者を兼ねることが多い。しかし，あくまでも区分所有法の建前は，総会で選任された管理者に権限が帰属するのであって，理事や理事会自体は区分所有法が求める組織ではなく，また，理事長が管理者を兼ねなければならないことともされていない。また，管理者は区分所有者でなければならないという必然性もない。

管理組合法人の場合は，理事を必ず置かねばならず，各理事または理事の代表が管理組合法人を代理するので，事実上理事の代表たる理事長が管理の責任者となるが，この場合でも，理事や理事長が区分所有者から選ばれなければならないものとは区分所有法では想定していない。

このように，日本の区分所有法では，管理者または法人の場合の理事長が管理の権限を有するということ，その選任が総会の権限で行われるということを定めているにすぎず，組合の法人格の有無を問わず，管理者や理事長，さらに理事等の役員が区分所有者から選ばれなければならないとは想定していない。その意味で，現在の日本のほとんどの管理組合が，実際には管理者，理事等を区分所有者から選出してきているのは，国土交通省のマンション標準管理規約に準拠して規約を定めてきたことに基づく。

(2) しかし，近年では，初期のマンションでは多くの築年数を経過し，区分所有者がそこに居住せず，空き家または賃貸していることも多い。区分所有者自身が高齢化し，理事等として管理の責任を十分に担うことが難しくなってきている場合も多い。特に立地の悪い郊外のマンションや，リゾートマンションなどでは，居住する区分所有者が数少なくなりつつある。投資用のワンルームマンションなどでも，居住する区分所有者は数少ない。このよう

な状況では，区分所有者から管理者や理事を選任し，高経年のマンションでは改修や補修，建替えなど，技術的にも権利調整の法技術においても難しい論点について，一切の責任を担って業務を適切に執行していくことはますます難しくなりつつある。

さらに，そもそもマンション管理業務はきわめて複雑多岐にわたり，専門的な知識経験を持って初めて適切な執行が可能となる業務である。区分所有関係は，土地が共有，建物が専有と共用に分かれ，単独での自由な処分や更新が不可能という，いわば所有権のきわめて特殊な形態であって，多くの事項について管理組合の単純多数決や特別多数決で決しなければならない。自らの判断のみで自由に取り壊しや新築ができる通常の単独所有権に基づく権利とは大きく異なり，多額の取引費用が発生することが当初から見込まれている。このように自由な管理処分に制約が加わり，多数の財産権者（区分所有者）が一蓮托生の運命を共にせざるを得ないことは，そもそもマンション，すなわち分譲共同住宅という権利形態の維持運営では，単独所有権に基づく財産と比べてはるかに多額の時間，労力，費用等の負担を必要とすることを意味する。

現実に，老朽化し，又は機能的に陳腐化したマンションの大規模修繕や建替えに当たっては，そもそもどのような技術的な対応が最も安全，快適で費用の安いものであるのかについて，建築に関して必ずしも専門的知見のない区分所有者が自らの責任で的確に判断するのはきわめて困難である。また，敷地やマンションの中古価値がどの程度か，それに対して例えば改修でかけた経費はそれを上回る資産価値の向上に結び付くのか，など評価に関しても一定の専門的な知見が必要となる。税務，経理，民事法，区分所有法制，管理規約そのものの適切な解釈などについても，場合により，税務，法務などの相当高度の知見を有する専門家の力を借りなければならないことが多い。

このように，マンション管理は，本来相当程度複雑で専門的な知見を必要とする高度の業務であるのに加え，近年増大してきた高経年マンションにおける管理ではますます高度の知見が必要となるので，これまでのように，専門家ではない区分所有者が管理者としてこのような高度の業務の責任を当然に果たしていく，という前提の仕組み自体が曲がり角を迎えていたと言えよ

う。

(3) 加えて，近年老朽化マンションのストックが急速に増大しているが，特にマンション初期・中期の居住性能，安全性などに重大な問題を抱えるストックでは，大規模修繕，建替え，区分所有関係の解消，建物除却と敷地の一括売却なども視野に入れた，日常の管理とは異なる，きわめて技術的にも法的にも難易度の高い判断が要求され，かつ区分所有者ごとの事情に応じて多様な意見が存在することから，権利調整が非常に困難な意思決定を求められることが多くなる。このような深刻な事態に対処するには，区分所有法やマンション建替法などによる特別多数決など複雑で高度な対応が必要となる[1]が，このようなマンションストックでは，なおさら管理規約を権利調整を円滑に進められるように事前に整備しておくことの重要性が大きくなる。マンション管理や管理規約のあり方を考えるうえで，マンションの建替えや区分所有関係の解消との関わりを踏まえることが必須となりつつある。

(4) また，日本の現実の管理組合役員の選任に際しては，輪番制，抽選制などが多いと言われるが，必ずしも専門的知識のない区分所有者の立場で，かつきわめて多大な時間，労力，気苦労等を伴うこのような任務を，積極的に引き受けようとする者は多くない。自らは快適な居住と資産形成のためにマンションを購入したのであって，できれば，負担の多い管理の役職には近寄りたくない者も多いと言われる。場合により，区分所有者で，官庁勤務，法的専門的資格者などの属性が明らかになると，一種の「専門家」として，理事長などの職務に就くことを押し付けられやすいとも言われる。

しかし，区分所有者たる住民の中にたまたま専門知識を持つ者がいて管理者をやってくれると助かるというのでは，そうでない場合の管理は危ういものになりかねない。

また，管理費や修繕積立金の滞納は，多くのマンションで問題となっているが，これらの確実な回収は管理者にとってのきわめて現実的で重大な任務

---

1) 浅見・福井・山口編著 (2012) では，マンションの大規模修繕，建替えなどの更新についての困難性を，技術的，法的に論じ，現行制度の問題点と課題，管理規約の運営上の課題などを摘出した。

である。滞納の多いマンションは，将来の修繕の可能性を小さくし，また，滞納者が多数存在すること自体でマンションの価値を毀損し，個々の区分所有権の評価を下げる要因となり得る。しかし，同じ区分所有者同士である滞納者と管理者の間で，法的措置を含む強力な対応措置を取ることは実際上困難であるとも言われており，また，もともと輪番制や抽選制によりやむを得ず選任された管理者，理事などでは，任期中とにかく大過なく過ごすことを重視して，難しい問題の解決や好ましくない役回りを発揮することを避けて，滞納の督促や取立てを後任者に委ねてしまうことが生じやすい。

(5) 通常は，管理組合からの委託を受けて，マンション管理業者が実際の管理の労を執り，一定の専門家を擁することを踏まえ，管理者や理事会に技術的，法的，税務的助言等が行われている。しかし，マンション管理業者の位置付けは，あくまでも，管理者や理事長という執行機関が区分所有者の総意を受けて決定したことを，自らの裁量によらずに粛々と実行するというものであって，管理に関する権限，責任，義務の一切は基本的に管理者に帰属する。仮に何らかの管理者の法的行為に関する瑕疵があった場合，その責任を一次的に果たすべき者はあくまでも管理者であって，管理業者から助言や情報提供を密に受けていたとしても，その一事をもって管理者が免責されるわけではない。管理に関するすべての業務執行は，あくまでも管理者ないし理事長，理事が自己責任で行うことが法的な前提となるのである。

この点は，構成員が非専門家，執行機関が専門家という組織の典型である会社組織と比較するとわかりやすい。会社組織の典型である株式会社では，会社の資金調達手段としての株主が会社に出資し，株式の比率に応じて株主総会の議決権を持ち，株主総会で経営の専門家たる取締役を執行機関として選任する。取締役や代表取締役は，株主であることもあるが，通常は大株主自ら経営するというよりは，株価の上昇をもたらすうえで最も適切な経営を行うであろう優れた手腕を持つ経営の専門家を取締役に選任することに株主が強い関心を持つ。したがって，株主の通常の役割は，選任した取締役による経営のパフォーマンスを適切に監視し，適切な株価上昇をもたらし続けるように促すことである。収益を減退させ，株価を下げ，あるいは不祥事の当事者となって会社の価値を毀損するような取締役には，株主が交代を求め，

より適任の者を選任しようと努める。株主は投資に対する少しでもよい収益を求め、経営に責任を持つ執行機関たる取締役や代表取締役は、株主の要請に応えるべく、適切に技術開発や営業を行って収益を上昇させ、株価の上昇をもたらすことに努めるのである。

これに対して、マンションでは、各区分所有者が、敷地共有持分権、建物・付属施設の共用部分の共有持分権、建物の専有部分に対する所有権たる区分所有権を持つ。管理組合における意思決定は、管理者の選任を含め、区分所有者と議決権の多数決で行う。議決権は専有部分の面積の多寡によって配分されることが多い。

マンションでは、区分所有者は財産価値に応じて管理組合に出資し、管理組合の執行機関たる管理者は、区分所有者の要請を受けて、区分所有者の持つ所有権の価値を高めるべく必要な業務執行を行うことが想定されている。会社の経営に技術的、法的、経済的な専門的知見が必要であるのと同様、マンションの管理にも技術的、法的、経済的な専門的知見はやはり必要である。会社では、非専門家の株主がそのまま代表取締役となって経営の責任を持つことは通常行われないが、マンションでは区分所有法上は必ずしも当然の想定とされていないものの、非専門家の、通常は居住者たる区分所有者が管理者となって管理の責任を持つことが広く行われている。

このような違いの背景として、マンションの権利対象は現実に自ら居住可能な建築物であって可視化できており、かつ一般的なマンションでは多くの区分所有者が権利購入の当座はそこに自らが居住することが多く、自らの財産を自ら管理する、という通常の戸建て単独所有権と同様の発想の延長線上でイメージしやすく、管理自体与しやすいと考える者も多かったこと、また、そのような発想で、草創期のマンションの販売者や、政策当局が「自ら管理型」の規約を当然視してきた、ということなどが想定できそうである。

(6) しかし、既に述べたように、分譲マンションの管理と、単独所有の戸建て住宅や賃貸マンションの管理とは、多くの点できわめて異質である。第1に、戸建て住宅は、工法が単純で、規模もそれほど大きくなく、技術的にも補修や改修、取り壊し、新築などが必ずしも困難ではない。賃貸マンションは必ずしもこの限りではないが、実際上分譲マンションと比べて小規模な

ものが多い。第2に，戸建て住宅や賃貸マンションは，原則として共有部分を含まないので，専有，共有という異なった権利関係が混在し，それぞれの大きさも千差万別である分譲マンションと比べて法的権利の構成が単純である。第3に，戸建て住宅や賃貸マンションは，親族での共有の場合などを除き所有権者が単一であり，通常のメンテナンス，補修，改修，取り壊し，新築などの管理処分に関するほぼすべてのことが，所有者自身の決断で直ちに意思決定できるので，意思決定自体の権利調整費用は限りなくゼロに近い。これに対して分譲マンションでは，場合により何千人もの区分所有者が管理組合の意思決定の当事者となるので，意思決定自体を単純，特別，いずれの多数決で行っても，統一的な結論をもたらす意思決定自体を対立を克服してまとめ上げることに相当な権利調整費用を費やすことが運命づけられている。

(7) このように，もともとマンション管理そのものが相当程度複雑で高度な各分野にわたる専門的な知見を踏まえて行うことが求められていること，高経年マンションの増加，新築であっても長い将来の資産価値の維持が求められることなどの事情を踏まえれば，あくまでも区分所有者が執行機関を構成して管理実務に責任を持つ形式のみをマンションに必然的な唯一の管理体制であると考える必然性はなく，それぞれのマンションの特性に応じて，一定の管理の責任を専門家に委ね，区分所有者自身は管理組合を通じて，管理責任が適切に行使されているかどうか，専門家の業務を監視することに徹するなどの体制をも認めることによって，区分所有者の負担と責任の軽減が図られるとともに，滞納管理費等の回収，清掃，植栽，設備の保守点検などの管理関連業務についても，質が高く割安な発注ができる可能性が高まるなど，管理に関する業務の効率化と品質向上が図られる可能性が高まると想定できる。

フランス，イタリアでは，会社同様，マンション管理の執行機関を務めることは当然に高度の知見を有する専門家の仕事であるとみなされており，管理者は両国で発展を遂げている「管理業者」ではない「管理者業者」によって担われている。業者の中には，弁護士，税理士，建築士などの専門資格者を多数擁する管理者法人も多くあり，管理組合は，適切に優れた「管理者」を選定し，その管理者が的確に，管理費等の滞納対策を講じ，適時適切にマ

ンションの不具合を発見し，修繕等を行い，長期的な共用部分のメンテナンスに意を用いて，区分所有者の財産権を適切に維持，管理しようとしているのかどうかを，理事会，総会は，厳格にモニターすることに徹することとされている。非専門家たる区分所有者は，自ら管理の責任者となるのではなく，専門家である管理者の職務遂行の適切さの監視に徹する役割を果たし，いわば専門家と非専門家の徹底的な機能分化が行われている。日本の区分所有制度は，もともとフランス法を参考にして導入され，フランスやイタリアのような専門管理者の導入は，日本の法制度の下でも可能であったが，実際の運用は「自ら管理型」という違った方向で発展してきたのである。

(8) 今般の標準管理規約の改正では，昨今の日本のマンション老朽化，賃貸化などの情勢や，フランス・イタリアの専門家による管理制度等をも参考にして，マンションや管理組合構成員の特性やマンションの権利関係などを踏まえた管理組合の自発的な意思決定によって，フランスやイタリアのように管理者には理事以外の専門家を登用し，総会や理事会が専門家の選任と監視に責任を持つタイプ，理事長たる管理者に専門家を登用するとともに，場合により理事会内部にも管理者の監視のための専門家を登用するタイプ，管理者は従来どおり区分所有者ではあるものの，理事や監事に専門家を登用し，執行機関内部に専門的知見の保有者を入れるタイプなどを選択できることとした。これら諸タイプの適切な活用によって，区分所有者の負担を軽減するとともに，管理組合のガバナンスの一層の強化を図ることがより容易になった。

賃貸化や区分所有者の高齢化が進んだマンション，リゾートマンションなどはもちろん，通常の新築又は築年数の新しいマンションであっても，区分所有者が自ら管理に当たるよりは専門家による専門的な知見を踏まえた適切できめ細かな管理を好む場合，輪番制や抽選による理事長，理事等就任を負担に感じる多忙な区分所有者が多い場合，大規模修繕や建替えのための権利調整や，場合により施工不良の是正のために複雑な権利調整が必要となるような，利害対立が激しく，専門的知見に基づくリーダーシップを発揮することが求められるような場合などでは，関わり方の強弱はともかくとして，専門家が中核となり，または一定の役割を担うことにより，管理の質を高め，

第 2 章　条文でみる改正のポイント

区分所有者の利害調整に力を発揮することがより適切である場合が生じるであろう。

(9)　具体的には，コメントの「全般関係」に，マンション管理に関する専門家の活用に関しての考え方が③として追加された。マンションの高経年化の進行等による管理の困難化，マンションの高層化・大規模化等による管理の高度化・複雑化を踏まえ，対応策の一つとして外部専門家の活用が考えられること，大きく①理事・監事外部専門家型又は理事長外部専門家型，②外部管理者理事会監督型，③外部管理者総会監督型の三つを想定すること等を謳うとともに，理事・監事を組合員に限定する旧規約35条2項に準拠した規約を改め，改正規約35条2項に準拠して組合員要件を外した場合には，例えば①により，理事長，理事，監事に外部専門家を登用することを可能とするものである。

(10)　またコメント別添1では，外部専門家の活用の様々なパターンについて，フランスやイタリアの実例も踏まえて示されている。まず，①理事・監事外部専門家型又は理事長外部専門家型では，外部専門家を最も重い役割で活用する場合として，理事長として外部専門家を選任し，あわせて管理者にも選任する場合が示される。この場合には，㋐理事長のみが外部専門家である場合，㋑その他の理事や幹事にも外部専門家が加わる場合の二つのパターンがある。より軽い役割としては，㋒理事長＝管理者が区分所有者であることを前提に，専門的知識を持った者が補佐的に副理事長，㋓理事に加わる場合，㋔監視者として監事に加わる場合，㋕理事・監事の双方に加わる場合が想定できる。

(11)　外部専門家は，法律，建築，経理，税務，評価など様々な知見の保有者が想定できるが，それぞれのマンションで抱える問題の性格と深刻度合いに応じて，どのような分野の専門家をどの程度の数で活用し，どのような責任を担わせる前提で理事や幹事として登用するのかについて，個別に判断することとなる。厳密に言えば，外部専門家たる管理者が業務執行の責任を持ち，理事会や総会がこれを監視監督する場合は，それぞれ②外部管理者理事会監督型，③外部管理者総会監督型ではあるが，①㋐及び①㋑は，管理者が理事会内部にいるとはいえ，実質的にはフランスの方式に近い形態である。

②と①⑦・①⑦の違いは，主として，②では管理者が理事会の外にいるため，理事会の機能が管理者の業務執行をモニタリングして，適正な業務運営となるよう，その監視監督を行うことに限定され，管理業務そのものに伴う義務と責任が直接理事会や理事長に対して発生することがないのに対して，①⑦・①⑦では，理事会構成員である区分所有者が法的には業務執行の全責任を負っているため，不注意に基づくものであっても場合により区分所有者や第三者に対しての損害賠償責任を負うといった重い責任と義務を負っている点が異なる。

▎COLUMN：専門家を活用するフランス・イタリアのマンション管理

　本改正の背景になった著者らが関わった海外事情調査[2]の中でも，2012年3月に実施したフランス・イタリアのマンション管理に関する現地事情調査は，特に専門家の活用に関して有益であった。詳細は，山岸・福井ほか（2012）に調査結果を掲載しているが，ここでは，そのポイントを整理して紹介する。

(1)　**フランスのマンション管理制度の特徴**

　フランスでは，マンション管理に関する機関として，総会，理事会，管理者が位置付けられているが，区分所有者からなる総会には議長が定められるのみで，理事会の業務執行の代表者に関する規定はなく，総会が選任した外部専門家を中心とする管理者が管理事務の執行の責任を負い，理事会はその監督を行うことに徹する。

① 管理者

　管理者は，総会で決定された事項を執行する責任を負う機関であり，法令上任期は3年，契約更新も可能である。管理者は，区分所有者からなる理事会の構成員とは独立の主体であり，日本のように管理者が理事長を兼ねるという位置付けではない。フランス国内のマンション管理者の約8割は外部専門家であるが，残

---

[2]　海外のマンション建替え・管理事情については，特に米国，オーストラリア，シンガポールに関して，現地に赴き専門家などから詳細な事情を聴取しており，それぞれのマンション制度についても，日本の制度や政策を考えるうえで大いに参考になる。山岸・福井ほか（2013），竹村・福井ほか（2013），長谷川・福井ほか（2014）参照。

り2割の比較的小規模な物件では区分所有者が管理者となることもある。近年は，小さな事務所や個人よりも，多様な専門家を抱える大きな会社に属する管理者が増えてきている。会社が抱える専門家は，法律，税務，建築など多岐にわたるので，複雑な問題に対しても臨機応変で正確な対処ができることを法人管理者では特徴としている。管理者は区分所有者に不人気だと交代することも多い。管理者に対しては，不動産業を規律する法令により規制が行われている。具体的には，専門家たる管理者に対しては，国家資格を付与し，トラブルに起因する損害賠償責任については保険での手当てが義務付けられている。法人が管理者業務を行う際には，法人代表者に専門資格があればよい。

　管理者が法人の場合には，通常管理者法人の内部に現業部門があることは多くなく，不動産・金融部門の親会社に，子会社として，管理者会社に加え，清掃，植栽等の現業部門会社が併存している場合もある，というのが実態である。管理者会社のほかには，金融，保険，不動産取引などの部門があるのみで，現業部門が系列に含まれていない企業グループも多い。

　管理者会社の利益相反に関して，業界団体であるFNAIM（全管理者の約3分の1が加入）では，管理費の過大徴収，特定業者への不透明な発注等が起こらないよう倫理規定を設けている。FNAIMによる管理者規律も区分所有者の監督も厳しく，関連の現業部門に対して工事等を管理者が当然に発注することに対しては，区分所有者が納得しないため，仮にそういった発注をしようとしても，あくまでもその発注が性能，価格面で区分所有者の利益になることが想定できる場合に限られる。系列会社への発注については，競争入札や，2社以上に見積もりを取り，総会決定に基づく金額以上の発注については総会議決を経ることが必要である。実際上グループ企業内企業が有利に受注することはきわめて困難である。

　② 理事会

　理事も，管理者同様総会が選任するが，理事や理事会と管理者の役割はまったく異なる。管理者が業務執行に当たるのに対して，理事会は，原則として区分所有者から選出される理事により構成され，管理者の執行業務の円滑化を図るとともに，管理者を監視・監督する役割を担う。フランスでは，区分所有者の多くは，管理者や管理者が発注する事業者が裁量で業務を恣意的に行っていないか，と厳しい目を向けており，理事会は，区分所有者の利益を代表する立場から，それを

管理に反映させるように監視・監督を行うことが求められている。しかし，区分所有者からなる理事会はいわば素人集団であるため，自治体や全国レベルの非営利組織が，理事会の専門性の不足を補い，支援するための情報提供を行っている。とはいえ，管理者会社は近年大規模化，専門化してきており，素人の理事会が対等にこれら管理専門家に対抗することが難しくなってきている。

理事会は，区分所有者の3分の2以上が否決しない限り，管理組合に設置しなければならない。理事会では議長が選任されるが，業務執行の代表者については法令に規定がなく，一方，理事会議長は管理者を兼ねることができない旨法令で規律されており，管理者と理事会との独立性が当然視されている。

(2) イタリアのマンション管理制度の特徴

イタリアでは，管理者と総会は法制度上位置付けられているが，理事会に関する規定はなく，設置は任意であるため，主に大規模なマンションに任意で設置される場合を除いて，理事会がない管理組合が多い。管理者は総会で選任され，管理に関する業務を執行する責任を負う。管理者の監視・監督は，フランスでは理事会が行うのに対して，イタリアでは総会が直接行うことが多い点を除いては，フランス同様，区分所有者やその組織は，管理者を監視・監督することに徹し，管理者には多くの場合専門家が選任される。むろん，大規模マンション等で理事会が設置された場合には，理事会が管理者の監視・監督に当たる。

① 管理者

管理者は，4戸以上のマンションでは必ず選任しなければならない。任期は法令上1年であり，管理者は，総会議長を兼ねてはならず，理事会が設置されている場合も，理事会への出席義務はないが，1年に1回は決算及び予算を区分所有者に示す義務がある。

管理者の資格要件は法令上ないが，規模の大きいマンションでは外部専門家が選任されることが多い。概ね全国の管理組合の管理者の約6割は区分所有者から選任され，約4割は外部専門家が選任されている。専門家では会計士と建築士が多い。

管理者について，フランスと異なり，国家資格はない。管理者の全国団体（ANACI）には管理者約7000名が加入しているが，法人が約1割，個人が約9割

を占める。イタリア国内の総管理者数は約20万人である。ANACIでは，独自の研修，資質認定，倫理規定等により，任意の資格を付与している。専門家は，未だ個人として管理者を引き受けることが多いので，フランスと異なり，法人内部の利益相反の問題のような論点はあまり指摘されないが，近年総合的な専門知識を提供できる体制を備えた法人形態の会社も生じつつある。ANACIでは，管理者が抱えている各種現業部門の事業者との間で利益相反が起こらないよう，グループ企業や関係者が参加する場合には，その事実の開示を義務付けるなど弊害の防止に努めている。

② **総会・理事会**

総会は管理組合における最高意思決定機関として，管理者を選任するとともに，通常管理者の監視・監督に当たる。理事会が設置されている場合には，理事会が管理者の監視・監督に当たる。総会の議長は管理者と異なる者でなければならない。

15条

2. 駐車場の使用方法

■改正規約・コメント

（コメント）

第15条関係

① 本条は，マンションの住戸の数に比べて駐車場の収容台数が不足しており，駐車場の利用希望者（空き待ち）が多い場合という一般的状況を前提としている。

近時，駐車場の需要が減少しており，空き区画が生じているケースもある。駐車場収入は駐車場の管理に要する費用に充てられるほか，修繕積立金として積み立てられるため（第29条），修繕積立金不足への対策等の観点から組合員以外の者に使用料を徴収して使用させることも考えられる。その場合，税務上，全てが収益事業として課税されるケースもあるが，区分所有者を優先する条件を設定している等のケースでは，外部貸しのみが課税対象となり区分所有者が支払う使用料は共済事業として非課税とする旨の国税庁の見解（「マンション管理組合が区分所有者以外の者へのマンション駐車場の使用を認めた場合の収益事業の判定について（照会）」（平成24年2月3日国住マ第43号）及びこれに対する回答（平成24年2月13日））が公表されているため，参照されたい。

② ～ ⑥ 〈略〉

⑦ 駐車場使用者の選定は，最初に使用者を選定する場合には抽選，2回目以降の場合には抽選又は申込順にする等，公平な方法により行うものとする。

また，マンションの状況等によっては，契約期間終了時に入れ替えるという方法又は契約の更新を認めるという方法等について定めることも可能である。例えば，駐車場使用契約に使用期間を設け，期間終了時に公平な方法により入替えを行うこと（定期的な入替え制）が考えられる。

なお，駐車場が全戸分ある場合であっても，平置きか機械式か，屋根

第2章 条文でみる改正のポイント

> 付きの区画があるかなど駐車場区画の位置等により利便性・機能性に差異があるような場合には，マンションの具体的な事情に鑑みて，上述の方法による入替えを行うことも考えられる。
> 　駐車場の入替えの実施に当たっては，実施の日時に，各区分所有者が都合を合わせることが必要であるが，それが困難なため実施が難しいという場合については，外部の駐車場等に車を移動させておく等の対策が考えられる。
> ⑧　駐車場が全戸分ない場合等には，駐車場使用料を近傍の同種の駐車場料金と均衡を失しないよう設定すること等により，区分所有者間の公平を確保することが必要である。なお，近傍の同種の駐車場料金との均衡については，利便性の差異も加味して考えることが必要である。
> 　また，平置きか機械式か，屋根付きの区画があるかなど駐車場区画の位置等による利便性・機能性の差異や，使用料が高額になっても特定の位置の駐車場区画を希望する者がいる等の状況に応じて，柔軟な料金設定を行うことも考えられる。

■解説

(1)　駐車場の使用に関しては，新旧規約に規定上の変更はないが，コメントに，駐車場の空きスペースの活用に関する留意点と駐車場の公平な使用に関する説明が新たに加筆された。以下，この新たに加えられたコメントについて解説する。

(2)　居住者の高齢化や最近の若者の車離れ現象，マンションが駅近くに建設されることが多くなっている事情等から，マンション内部の駐車場の需要が減少してきており，空きスペースが生じているケースが多くみられる。駐車場収入は駐車場の管理に要する費用に充てられるだけでなく，修繕積立金として積み立てられることが一般化しているため（29条)，修繕積立金不足への対策等の観点からも空きスペースを組合員以外の外部の者に開放して使用料を徴収することも考えられる。

しかし，このような「外部貸し」については，税務上，すべてが収益事業として課税されるケースもあるので，留意が必要である。もっとも，区分所

15条

有者を優先する条件を設定している等のケースでは，外部貸しのみが課税対象となり区分所有者が支払う使用料は共済事業として非課税とする旨の国税庁の見解（「マンション管理組合が区分所有者以外の者へのマンション駐車場の使用を認めた場合の収益事業の判定について（照会）」に対する回答〔平成24（2012）年2月13日〕）が示されている。この国税庁の見解は，国税庁のホームページ上で公表されている。このため，空きスペースが多く発生している駐車場を有するマンションにおいては，当該マンションの実情を踏まえて，国税庁の見解も参照のうえ，「外部貸し」について検討されてよい。今回の改正では，以上のことがコメントに記載された。

ちなみに，もっぱら人の居住の用に供する家屋の敷地の用に供されている土地については，その税負担を軽減する目的から，課税標準の特例措置（いわゆる住宅用地の特例措置）が設けられており，非住宅用地と比べた場合，土地の共有者である区分所有者が負担する固定資産税や都市計画税が低く抑えられているが，「外部貸し」を実施することによって，敷地の一部が住宅用地とみなされなくなり，その面積分だけ土地に係る各区分所有者のこれらの税負担が増す可能性があることにも留意する必要がある。

なお，「外部貸し」を実施すると，区分所有者やその同居親族ら以外の第三者が駐車場及びマンション敷地内に自由に出入りすることになるため，「外部貸し」に関しては，保安上の問題についても留意したうえで区分所有者らのコンセンサスを適切に得ておく必要がある。

(3) また，新たなコメントとして，駐車場使用の公平性に関するコメントも追加された。

駐車場使用者の選定は，適正になされなければならない。このため，コメント15条関係⑦においては，最初に使用者を選定する場合には抽選，2回目以降の場合には抽選又は申込順にする等，公平な方法により行うものとすることが明記されている。

もっとも，駐車場が全戸分ない場合，とりわけ，駐車区画数が非常に少ない場合には，申込順によるとすれば使用権を得るまでに数年を要してしまうような場合もある。このような場合も想定して，マンションの状況等によっては契約期間終了時に入れ替えるという方法又は契約の更新を認めるという

第2章　条文でみる改正のポイント

方法等について定めることも可能であることが示されているが、今回の改正では、その具体的な方法として、例えば、駐車場使用契約に使用期間を設け、期間終了時に公平な方法により入替えを行うこと（定期的な入替え制）が考えられることが示された。なお、駐車場の車両の入替えは、日時を定めてすべての駐車場利用者に告知し、一斉に入れ替える方法で実施すればよいが、実施の日時に都合を合わせるのが困難な区分所有者がいる場合については、改正コメントに記載されているように、あらかじめ外部の民間駐車場等に車両を移動させておく等の対策が考えられる。

さらに、駐車場が全戸分ある場合であっても、マンションの状況等によっては、駐車場使用の公平性について特に規定しておいた方がよい場合もある。このため、今回の改正コメントでは、平置きか機械式か、屋根付きの区画があるかなど駐車場区画の位置等により利便性・機能性に差異があるような場合には、マンションの具体的な事情に鑑みて、上述の方法による入替えを行うことも考えられる旨が示された。

（4）なお、コメント15条関係⑧においては、駐車場が全戸分ない場合等には、駐車場使用料を近傍の同種の駐車場料金と均衡を失しないよう設定すること等により区分所有者間の公平を確保することが必要であることが示されているが、今回の改正では、近傍の同種の駐車場料金との均衡については、利便性の差異も加味して考えることが必要であることが示された。また、全戸分ある場合であっても、平置きか機械式か、屋根付きの区画があるかなど駐車場区画の位置等による利便性・機能性の差異や、使用料が高額になっても特定の位置の駐車場区画を希望する者がいる等の状況に応じて、柔軟な料金設定を行うことも考えられるべきであることもあわせて示された。具体的には、平置きや屋根付きの区画を希望する者が多い場合や、住棟に近い区画を希望する者が多い場合などでは、機械式や屋根のない区画よりも平置きや屋根のある区画の利用料金を、また、住棟から遠い区画よりも住棟に近い区画の利用料金を、それぞれ高く設定することなどが考えられてよい。また、すべての区画が平置きの場合でも、立体式の場合には、3階よりは2階の、2階よりは1階の区画の利用料金を、それぞれ高く設定することなどが考えられてよい。

15条

(5) 改正コメントが説明するように，駐車場の使用者の選定に関しては，その公平性に留意すべきであるが，駐車する車両の大小と駐車区画の大小との関係や駐車場使用者が区分所有者本人か同居親族かなど，様々な事情もある。このため，個々のマンションの具体的状況に応じて，規約やその細則等で，実情に沿うよう，適切に定めておく必要がある。

以上のほか，標準管理規約では，駐車場の使用者の選定方法等については「駐車場使用細則」で別途定めることが想定されているが（コメント15条関係③），個々のマンションによっては，駐車場の使用者の選定方法が既に管理規約に定められていることもあり，その場合に，その内容を変更するためには，総会の普通決議では足りず，規約変更として，特別決議が必要になるので，この点の留意も必要である。

第2章 条文でみる改正のポイント

17条, 22条, 53条, (54条)
3. 専有部分の修繕等及び窓ガラス等の改良

■改正規約・コメント

(規約)

(専有部分の修繕等)
第17条 区分所有者は, その専有部分について, 修繕, 模様替え又は建物に定着する物件の取付け若しくは取替え(以下「修繕等」という。)<u>であって共用部分又は他の専有部分に影響を与えるおそれのあるもの</u>を行おうとするときは, あらかじめ, 理事長(第35条に定める理事長をいう。以下同じ。)にその旨を申請し, 書面による承認を受けなければならない。

2 前項の場合において, 区分所有者は, 設計図, 仕様書及び工程表を添付した申請書を理事長に提出しなければならない。

3 理事長は, 第1項の規定による申請について, <u>理事会(第51条に定める理事会をいう。以下同じ。)の決議により, その</u>承認しようとするとき, 又は不承認としようとするときは, 理事会(第51条に定める理事会をいう。以下同じ。)の決議を<u>決定し</u>経なければならない。

4 第1項の承認があったときは, 区分所有者は, 承認の範囲内において, 専有部分の修繕等に係る共用部分の工事を行うことができる。

5 理事長又はその指定を受けた者は, 本条の施行に必要な範囲内において, 修繕等の箇所に立ち入り, 必要な調査を行うことができる。この場合において, 区分所有者は, 正当な理由がなければこれを拒否してはならない。

6 <u>第1項の承認を受けた修繕等の工事後に, 当該工事により共用部分又は他の専有部分に影響が生じた場合は, 当該工事を発注した区分所有者の責任と負担により必要な措置をとらなければならない。</u>

7 <u>区分所有者は, 第1項の承認を要しない修繕等のうち, 工事業者の立入り, 工事の資機材の搬入, 工事の騒音, 振動, 臭気等工事の実施中における共用部分又は他の専有部分への影響について管理組合が事前に把握する必要があるものを行おうとするときは, あらかじめ, 理事長にそ</u>

17条，22条，53条，(54条)

の旨を届け出なければならない。

（コメント）

第17条関係
① 区分所有者は，区分所有法第6条第1項の規定により，専有部分の増築又は建物の主要構造部に影響を及ぼす行為を実施することはできない。
② 修繕等のうち，第1項の承認を必要とするものは，「共用部分又は他の専有部分に影響を与えるおそれのある」ものである。「専有部分の修繕，模様替え又は建物に定着する物件の取付け若しくは取替え」の工事の具体例としては，床のフローリング，ユニットバスの設置，主要構造部に直接取り付けるエアコンの設置，配管（配線）の枝管（枝線）の取付け・取替え，間取りの変更等がある。その範囲，承認を必要とする理由及び審査すべき点については，別添2に考え方を示している。
③ 本条は，配管（配線）の枝管（枝線）の取付け，取替え工事に当たって，共用部分内に係る工事についても，理事長の承認を得れば，区分所有者が行うことができることも想定している。
④ 専有部分の修繕等の実施は，共用部分に関係してくる場合もあることから，ここでは，そのような場合も想定し，区分所有法第18条第1項の共用部分の管理に関する事項として，同条第2項の規定により，規約で別の方法を定めたものである。

なお，区分所有法第17条第1項の共用部分の変更に該当し，集会の決議を経ることが必要となる場合もあることに留意する必要がある。
⑤ 承認を行うに当たっては，専門的な判断が必要となる場合も考えられることから，専門的知識を有する者（建築士，建築設備の専門家等）の意見を聴く等により専門家の協力を得ることを考慮する。

特に，フローリング工事の場合には，構造，工事の仕様，材料等により影響が異なるので，専門家への確認が必要である。
⑥ 承認の判断に際して，調査等により特別な費用がかかる場合には，申請者に負担させることが適当である。

⑦　工事の躯体に与える影響，防火，防音等の影響，耐力計算上の問題，他の住戸への影響等を考慮して，承認するかどうか判断する。考え方については別添2を参照のこと。なお，承認の判断に当たっては，マンションの高経年化に伴い専有部分の修繕等の必要性が増加することも踏まえ，過度な規制とならないようにすること，修繕技術の向上により，新たな工事手法に係る承認申請がされた場合にも，別添2に示された考え方を参考にすればよいことに留意する。なお，工事内容が上下左右の区分所有者に対して著しい影響を与えるおそれがあると判断される場合には，当該区分所有者の同意を必要とすることも考えられる。

⑧　承認の申請先等は理事長であるが，承認，不承認の判断はあくまで理事会の決議によるものである（第54条第1項第五号参照）。

⑨　なお，老朽化が進む等，近い将来に，建替え若しくはマンション敷地売却（以下「建替え等」という。）が想定されるマンションにおいて，高額な費用をかけて専有部分の大規模な修繕等を行う区分所有者がいた場合には，その工事から数年後に建替え等の検討が始まると，当該区分所有者にとって二重の出費ともなりかねないほか，合意形成に支障が生ずる可能性がある。このため，近い将来に建替え等の検討の可能性があるマンションにおいては，修繕等について理事長の承認を求めてくる区分所有者に対して，近い将来に建替え等が検討される可能性がある旨の注意喚起を行うことが望ましい。なお，注意喚起があった上で，実際に修繕等を行うか否かはあくまで当該区分所有者の判断である。

⑩　第5項の立入り，調査に関しては，施工状況を確認する必要があるものについて，工事中の現場で管理組合の理事等（又は組合から依頼を受けた技術者）が立ち会って確認することが考えられる。人手や工期などにより実際に立ち会うことが難しい場合には，抜き打ちで検査することをアナウンスしたり，工事業者に写真等の記録を取らせ報告させたりすることが考えられる。施工状況を確認する場合，図面の読み方や工事の進め方を知っている外部の専門家の協力が必要になる。確認が必要なものとしては，例えば，次のようなものが考えられる。

・　全面リフォームを行う工事について，壁，床等をはがして耐力壁を

17条, 22条, 53条, (54条)

　　　撤去しないか, 工事対象を確認する。
　　・躯体コンクリートにスリーブをあける際やアンカーを打ち込む際に, 鉄筋を探査してから穴をあけているか, 手順を確認する。
⑪　第6項は, 第1項の承認が, 修繕等の工事の結果, 共用部分又は他の専有部分に生じた事後的な影響について, 当該工事を発注した区分所有者の責任や負担を免責するものではないことを確認的に定める趣旨である。
　　なお, 工事を発注する場合には, 工事業者と協議した上で, 契約書に事後的な影響が生じた場合の責任の所在と補償等についても明記することが適切である。
　　また, 管理組合等が専有部分の修繕の記録を保管しておくため, 工事業者から工事完了報告書等を提出させることも考えられる。
⑧⑫　第7項は, 第1項の承認を要しない修繕等であっても, 工事の実施期間中において, 共用部分又は他の専有部分に対し, 工事業者の立入り, 工事の資機材の搬入, 工事の騒音, 振動, 臭気等の影響が想定されることから, 管理組合が事前に把握する必要があるため, 事前に届出を求めるものである。なお, 第1項の場合と異なり, 工事の過程における影響を問題とするものであり, 工事の結果による事後的な影響を問題とする趣旨ではないことに留意する。また, 専有部分に関する工事であっても, 他の居住者等に影響を与えることが考えられるため, 上記届出に加えて工事内容等を掲示する等の方法により, 他の区分所有者等へ周知を図ることが適当である。
　　なお, 上記届出を要する工事の範囲等の考え方は, 別添2を参照のこと。
⑨⑬　本条の承認を受けないで, 専有部分の修繕等の工事を行った場合には, 第67条の規定により, 理事長は, その是正等のため必要な勧告又は指示若しくは警告を行うか, その差止め, 排除又は原状回復のための必要な措置等をとることができる。第5項の立入り, 調査の結果, 理事長に申請又は届出を行った内容と異なる内容の工事が行われている等の事実が確認された場合も, 同様である。
⑩⑭　本条の規定のほか, 具体的な手続き, 区分所有者の遵守すべき事項等詳細については, 使用細則に別途定めるものとする。その際, 上述し

73

第2章 条文でみる改正のポイント

た別添2の内容についても，各マンションの実情に応じて，参考にするとともに，必要に応じて，専門的知識を有する者の意見を聴くことが望ましい。
⑪⑮ 申請書及び承認書の様式は，次のとおりとする。
〈様式 略〉

(規約)

(窓ガラス等の改良)
第22条 共用部分のうち各住戸に附属する窓枠，窓ガラス，玄関扉その他の開口部に係る改良工事であって，防犯，防音又は断熱等の住宅の性能の向上等に資するものについては，管理組合がその責任と負担において，計画修繕としてこれを実施するものとする。
2 区分所有者は，管理組合は，が前項の工事を速やかに実施できない場合には，あらかじめ理事長に申請して書面による承認を受けることにより，当該工事を各当該区分所有者の責任と負担において実施することについて，細則を定めるものとするができる。
3 前項の申請及び承認の手続については，第17条第2項，第3項，第5項及び第6項の規定を準用する。ただし，同条第5項中「修繕等」とあるのは「第22条第2項の工事」と，同条第6項中「第1項の承認を受けた修繕等の工事」とあるのは「第22条第2項の承認を受けた工事」と読み替えるものとする。

(コメント)

第22条関係
①～③ 〈略〉
④ 第2項は，開口部の改良工事については，治安上の問題を踏まえた防犯性能の向上や，結露から発生したカビやダニによるいわゆるシックハウス問題を改善するための断熱性の向上等，一棟全戸ではなく一部の住戸において緊急かつ重大な必要性が生じる場合もあり得ることに鑑みか

17条，22条，53条，(54条)

んがみ，計画修繕によりただちに開口部の改良を行うことが困難な場合には，専有部分の修繕等における手続と同様の手続により，各区分所有者の責任と負担において工事を行うことができるよう，~~細則をあらかじめ定めるべきことを規定したものである。~~

　承認の申請先等は理事長であるが，承認，不承認の判断はあくまで理事会の決議によるものである（第54条第1項第五号参照）。

⑤　また，第2項及び第3項は，マンションでは通常個々の専有部分に係る開口部（共用部分）が形状や材質において大きく異なるような状況は考えられないことから，当該開口部の改良工事についてもその方法や材質・形状等をあらかじめ定型的に細則で定めることにより，その範囲内で行われるものに問題のないものについては，施工の都度総会の決議を求めるまでもなく，専有部分の修繕等における手続と同様の手続により，各区分所有者の責任と負担において実施することを可能とする趣旨である。承認申請の対象範囲，審査する内容等の考え方については，別添2を参照されたい。

⑥　「共用部分のうち各住戸に附属する窓枠，窓ガラス，玄関扉その他の開口部に係る改良工事であって，防犯，防音又は断熱等の住宅の性能の向上等に資するもの」の工事の具体例としては，防犯・防音・断熱性等により優れた複層ガラスやサッシ等への交換，既設のサッシへの内窓又は外窓の増設等が考えられる。

~~⑦　各区分所有者の責任と負担において行うことができるものとしてあらかじめ定型的な工事内容を定めるに当たっては，専門的な知識を有する者の意見を聴くことを考慮する。~~

⑧⑦　本条の規定のほか，具体的な工事内容，区分所有者の遵守すべき事項等詳細については，細則に別途定めるものとする。その際，上述の別添2の内容についても，各マンションの実情に応じて，参考にするとともに，必要に応じて，専門的知識を有する者の意見を聴くことが望ましい。

⑨⑧　申請書及び承認書の様式は，専有部分の修繕に関する様式に準じて定めるものとする。

第2章　条文でみる改正のポイント

(規約)

> (理事会の会議及び議事)
> 第53条　理事会の会議は，理事の半数以上が出席しなければ開くことができず，その議事は出席理事の過半数で決する。
> <u>2　次条第1項第五号に掲げる事項については，理事の過半数の承諾があるときは，書面又は電磁的方法による決議によることができる。</u>
> 3・4　〈略〉

(コメント)

> 第53条関係
> ①～⑤　〈略〉
> ⑥　第2項は，本来，①のとおり，理事会には理事本人が出席して相互に議論することが望ましいところ，例外的に，第54条第1項第五号に掲げる事項については，申請数が多いことが想定され，かつ，迅速な審査を要するものであることから，書面又は電磁的方法（電子メール等）による決議を可能とするものである。
> ⑦　〈略〉

(規約)

> (議決事項)
> 第54条　理事会は，この規約に別に定めるもののほか，次の各号に掲げる事項を決議する。
> 　一～四　〈略〉
> 　五　第17条，第21条及び第22条に定める承認又は不承認
> 　六～十　〈略〉
> 2　〈略〉

17条, 22条, 53条, (54条)

■解説
(1) 規約には、17条で専有部分の修繕等について規定されているが、従来のコメント17条関係では、専有部分の修繕等の工事についてわずかに例示されるなどの解説があるのみであり、共用部分にどのような影響を与える工事について、どのような点を審査して承認すべきかについての考え方は示されていない。

すなわち、具体的な対象範囲の提示や何を審査すべきか等の提示がなかったため、従来は、軽微な修繕を含め、すべての修繕工事について理事会の決議を要する運用など、様々な運用が行われていた。具体的には、事前承認の範囲が細則等に明記されていない事例や、何を審査するのか不明なまま専有部分の修繕のほぼすべてが申請の対象とされている事例、あるいは上下左右階の承諾書を求めるといった過度な運用が行われている事例があったほか、理事会決議を経ない理事長単独の承認や理事会への事前届出等が規約に根拠なく行われている事例、多段階の煩雑な手続等の運用事例もあり、その結果として、必要な専有部分の修繕が滞ったり、遅れる等の問題が出てきていた。

(2) また、規約22条では、共用部分のうち各住戸に附属する窓枠、窓ガラス、玄関扉その他の開口部の性能向上の改良工事について規定しているが、旧規約では、管理組合が計画修繕で実施できない場合には、各組合員が行えることについて細則を定めることとされていた。しかし、細則で定めるべき具体的な内容について旧規約や同コメントで整理されていなかった結果、専有部分の修繕と同様の理事会決議を経た理事長承認等が規定されている事例、細則等に明記されず運用されている事例等様々な運用が行われており、承認申請の対象範囲と審査する内容等も不明確となっていた。

(3) 一方、増加している高経年マンションにおいては、住環境ニーズの高度化とそれに対応した住宅性能向上の改修技術の進展に伴い、専有部分や窓ガラス等開口部の修繕等のニーズがますます増加し、個々の高経年マンションによっては、事前承認の対象範囲を見直す等の動きも出てきていたが、理事会の開催頻度や迅速・的確な審査方法のあり方、何を審査対象として絞り込むべきかの考え方の整理が課題となっていた。

あわせて、専有部分等の修繕等の工事後に共用部分や他の専有部分に影響

第2章 条文でみる改正のポイント

が出ないことを担保するために，承認の申請時にどのような資料等を提出させてチェックするのか，工事の立会い，あるいは問題が生じた場合の責任と負担について，規約や契約書で担保する必要があるか等についても整理が必要とされていた。

(4) 以上のような問題が生じていることを踏まえ，規約17条に関しては，以下の改正が行われた。

① 修繕等のうち承認手続を必要とするのは，「共用部分又は他の専有部分に影響を与えるおそれのあるもの」と限定する規定に改正された（規約17条1項，コメント17条関係②）。

② コメント別添2を新たに定め，理事会承認の対象となる専有部分の修繕等の範囲，承認を必要とする理由及び審査すべき点が列挙されるとともに，専有部分等の修繕工事等が共用部分や他の専有部分に影響を与えないことを担保するため，申請時に提出させる資料及び記載すべき仕様，基準等の内容の標準的なモデルが修繕工事別に解説された。

③ コメント17条関係⑦において，事前承認の規定の本来の趣旨や，今後ますます増えるマンションの修繕と修繕技術の向上を踏まえ，過度な規制とならないよう注意すべきこと，新たな修繕や技術を事前承認の対象とすべきか否かの判断についても，今回示す考え方を参考に判断すればよいこと等が新たに記載された。

④ 理事会決議による判断とは別に理事長の承認に係る判断があるかのような誤解を招かないよう，手続に係る規定が改正された（規約17条3項，コメント17条関係⑧）。

⑤ 規約17条5項に規定されている理事長又は指定された者による修繕工事の立入り，調査（モニタリング，事後的な調査等を含む）について解説がなかったため，コメント17条関係⑩において，工事の立入り，調査に関し，立会いによる施工状況の確認について新たに解説が加えられた。

⑥ 工事後に影響が生じた場合は，想定外の影響の場合も含め，当該工事を発注した組合員の責任と負担であること（理事会の承認があっても免責されるわけではないこと）が，規約17条6項及びコメント17条関係⑪に新たに記載された。あわせて，コメント17条関係⑪には，工事を発注する場合

17条, 22条, 53条, (54条)

には，工事業者との契約書に事後的な影響が生じた場合の責任と補償等についても明記すべきことが，各組合員に対する技術的助言として記載された。

⑦　規約17条7項において，現在，個々のマンションにおいて規約の根拠なく運用されている場合がある事前届出について，理事会承認を不要とした専有部分の修繕等のうち，工事業者の立入り，工事の資機材の搬入やそれらを共用の廊下等に一時的に置くといった影響，工事の騒音・振動・臭気の他の専有部分への影響等を，管理組合として事前に把握することが必要な修繕等の場合には，事前届出とする根拠規定を新たに追加した。あわせて，コメント17条関係⑫において，事前届けの目的・趣旨と工事の結果による事後的な影響を問題とする趣旨ではない旨が解説された。

専有部分等の修繕を行う場合には，共用部分に深刻な影響を与えることも免れず，また，上下左右に他者の居宅があるマンションにおいては，非常に重要な問題となるおそれがあるため，その承認の手続は慎重になされる必要がある。反面，それを恐れるが余り，どのような修繕であっても上下左右階の承認の取り付けを必要とするなどの過度の運用がなされているとの問題も，かねて指摘されていた。

今回の改正により，特にコメント別添2の一覧表により，理事会の承認が必要か否か，事前の届出が必要か否か等の判断に窮するような個々の具体的な工事内容について，判断基準が明確に示されることとなった。

これにより，専門的知識を有さない管理組合の理事も容易に様々な修繕工事の承認等の処理が行えるようになったが，他方，かかる明確な基準があるにもかかわらず，誤った対応をすると，責任を追及されるおそれが生じやすくなったことにも注意が必要である。

(5)　また，規約22条については，共用部分のうち各住戸に附属する窓枠，窓ガラス，玄関扉その他開口部の性能向上に資する改良工事を管理組合が計画修繕で実施できない場合に区分所有者が実施することについて，各マンションの細則に委ねる旧規約の規定を改め，専有部分の修繕等と同様，理事長の承認を必要とする規定に改正された（規約22条2項・3項）。あわせて，コメント22条関係④においてその趣旨が解説されるとともに，同⑤及びコメ

第2章　条文でみる改正のポイント

ント別添2において，承認申請の対象範囲，審査する内容等が新たに記載された。

　なお，この改正を受けて，規約54条で定める理事会の議決事項として，22条に定める承認又は不承認が追加された（規約54条1項5号）。

　(6)　以上の専有部分の修繕等や窓ガラス等の改良に係る承認や，後述する敷地及び共用部分等の保存行為に係る承認については，申請数が多く，迅速かつ的確な審査を要することから，書面又は電磁的方法（電子メール等）も活用した承認決議が可能となるよう，規約53条の規定が改正された（規約53条2項，コメント53条関係⑥）。

19条の2，(12条)
4. 暴力団の排除

■改正規約・コメント
(規約)

〔※専有部分の貸与に関し，暴力団員への貸与を禁止する旨の規約の規定を定める場合〕
(暴力団員の排除)
第19条の2　区分所有者は，その専有部分を第三者に貸与する場合には，前条に定めるもののほか，次に掲げる内容を含む条項をその貸与に係る契約に定めなければならない。
一　契約の相手方が暴力団員（暴力団員による不当な行為の防止等に関する法律（平成3年法律第77号）第2条第六号に規定する暴力団員をいう。以下同じ。）ではないこと及び契約後において暴力団員にならないことを確約すること。
二　契約の相手方が暴力団員であることが判明した場合には，何らの催告を要せずして，区分所有者は当該契約を解約することができること。
三　区分所有者が前号の解約権を行使しないときは，管理組合は，区分所有者に代理して解約権を行使することができること。
2　前項の場合において，区分所有者は，前項第三号による解約権の代理行使を管理組合に認める旨の書面を提出するとともに，契約の相手方に暴力団員ではないこと及び契約後において暴力団員にならないことを確約する旨の誓約書を管理組合に提出させなければならない。

(コメント)

第19条の2関係
①　第19条の2は，専有部分の貸与に関し，暴力団員への貸与を禁止する旨の規約の規定を定める場合の規定例である。なお，必要に応じ，暴力団員だけでなく，暴力団関係者や準構成員等を追加する場合は，その範

囲について，各都道府県が定めている暴力団排除条例などを参考に規定することが考えられる。

第19条の2第1項第二号又は同項第三号の前提となる区分所有者の解約権は，区分所有者と第三者との間の契約における解除原因に係る特約を根拠とするものであり，管理組合は，区分所有者から当該解約権行使の代理権の授与を受けて（具体的には同条第2項に規定する解約権の代理行使を認める書面の提出を受ける。），区分所有者に代理して解約権を行使する。管理組合の解約権の代理行使は，理事会決議事項とすることも考えられるが，理事会で決定することを躊躇するケースもあり得ることから，総会決議によることが望ましい。

② なお，暴力団員への譲渡については，このような賃貸契約に係るものと同様の取決めを区分所有者間で結ぶといった対応をすることが考えられる。

また，暴力団事務所としての使用等の禁止については，第12条関係コメントを参照。敷地内における暴力行為や威嚇行為等の禁止については，第67条第1項の「共同生活の秩序を乱す行為」や区分所有法第6条第1項の「共同の利益に反する行為」等に該当するものとして，法的措置をはじめとする必要な措置を講ずることが可能であると考えられる。

③ なお，措置の実行等に当たっては，暴力団関係者かどうかの判断や，訴訟等の措置を遂行する上での理事長等の身の安全の確保等のため，警察当局や暴力追放運動推進センターとの連携が重要であり，必要に応じて協力を要請することが望ましい。

（規約）

（専有部分の用途）
第12条 区分所有者は，その専有部分を専ら住宅として使用するものとし，他の用途に供してはならない。

19条の2,(12条)

(コメント)

> 第12条関係
> ① 〈略〉
> ② 暴力団の排除のため,暴力団事務所としての使用や,暴力団員を反復して出入りさせる等の行為について禁止する旨の規定を追加することも考えられる。

■ 解説

(1) 旧規約においては,いわゆる暴力団排除規定は盛り込まれていなかった。しかし,暴力団等の反社会的勢力の排除に関する社会的要請はますます高まるとともに,行政における取組みは大きく進展している。

暴力団等の反社会的勢力にマンションの1室が貸与されることやそれらの集団の事務所等として使用されることは,管理組合の適切な財産管理の観点からも重大な問題であり,マンション全体の資産価値にも影響を与えることが想定されることから,上記のような点も踏まえ,今回の改正において,暴力団等の排除に関する規定を選択肢として盛り込むこととなった。

(2) 組合員(区分所有者)がその専有部分を第三者(借主)に貸与する場合には,組合員(貸主)と借主の間で締結する貸与に係る契約(賃貸借契約等)の中に,以下のような条項を入れることを組合員の義務とする規定を,暴力団排除規定を定める場合の規定例として示した(規約19条の2第1項,コメント19条の2関係①)。

① 契約の相手方が暴力団員ではないこと及び契約後において暴力団員にならないことを確約すること。
② 借主が暴力団関係者であることが判明した場合には,貸主は当該賃貸(貸与)契約を解約することができること。
③ 貸主が解約権を行使しないときは,管理組合は,貸主に代わって解約権を行使することができること。

なお,暴力団員だけでなく,暴力団関係者や準構成員等を追加する場合は,その範囲について,各都道府県が定めている暴力団排除条例などを参考に規定することが考えられることも解説された(コメント19条の2関係①)。

(3) 上記(2)のとおり，貸主（区分所有者）は，借主が暴力団員であることが明らかになったときは貸与に係る契約を解除し退去を求めることになるが，それを区分所有者自身がやらないときには，管理組合が，区分所有者に代理して解約権を行使することができることとされた。この解約権は，貸主（区分所有者）と借主との間の契約における解除原因に係る特約を根拠とするものであり，管理組合は，区分所有者から当該解約権行使の代理権の授与を受けて，区分所有者に代理して解約権を行使するものである（コメント19条の2関係①）。

(4) 規約19条の2第2項においては，貸主（区分所有者）は，解約権の代理行使を管理組合に認める旨の書面を提出するとともに，契約の相手方に暴力団員ではないこと及び契約後において暴力団員にならないことを確約する旨の誓約書を管理組合に提出させなければならないこととされた。解約権の代理行使を管理組合に認める旨の書面の提出は，(3)で述べた解約権行使の代理権の授与としての意味を持つものである（コメント19条の2関係①）。

(5) なお，暴力団員への区分所有権の譲渡については，このような賃貸契約の場合と同様の取決めを（規約外で）区分所有者間で結ぶといった対応をすることが考えられる（コメント19条の2関係②）。

(6) また，専有部分の用途について定める規約12条に関し，暴力団の排除のため，暴力団員を反復して出入りさせる等の行為について禁止する旨の規定を追加することも考えられることが新たに解説された（コメント12条関係②）。

21条

5. 共用部分等の保存行為等の取扱い

■改正規約・コメント
（規約）

（敷地及び共用部分等の管理）

第21条　敷地及び共用部分等の管理については，管理組合がその責任と負担においてこれを行うものとする。ただし，バルコニー等の保存行為（区分所有法第18条第1項ただし書の「保存行為」をいう。以下同じ。）管理のうち，通常の使用に伴うものについては，専用使用権を有する者がその責任と負担においてこれを行わなければならない。

2　専有部分である設備のうち共用部分と構造上一体となった部分の管理を共用部分の管理と一体として行う必要があるときは，管理組合がこれを行うことができる。

3　区分所有者は，第1項ただし書の場合又はあらかじめ理事長に申請して書面による承認を受けた場合を除き，敷地及び共用部分等の保存行為を行うことができない。ただし，専有部分の使用に支障が生じている場合に，当該専有部分を所有する区分所有者が行う保存行為の実施が，緊急を要するものであるときは，この限りでない。

4　前項の申請及び承認の手続については，第17条第2項，第3項，第5項及び第6項の規定を準用する。ただし，同条第5項中「修繕等」とあるのは「保存行為」と，同条第6項中「第1項の承認を受けた修繕等の工事後に，当該工事」とあるのは「第21条第3項の承認を受けた保存行為後に，当該保存行為」と読み替えるものとする。

5　第3項の規定に違反して保存行為を行った場合には，当該保存行為に要した費用は，当該保存行為を行った区分所有者が負担する。

6　〈略〉

第2章 条文でみる改正のポイント

(コメント)

> 第21条関係
> ① 第1項及び第3項は，区分所有法第18条第1項ただし書において，保存行為は，各共有者がすることができると定められていることに対し，同条第2項に基づき，規約で別段の定めをするものである。
> ①② 駐車場の管理は，管理組合がその責任と負担で行う。
> ②③ バルコニー等の管理のうち，管理組合がその責任と負担において行わなければならないのは，計画修繕等である。
> ③④ 本条第1項ただし書の「通常の使用に伴う」管理保存行為とは，バルコニーの清掃や窓ガラスが割れた時の入れ替え等である。
> ⑤ バルコニー等の経年劣化への対応については，③のとおり管理組合がその責任と負担において，計画修繕として行うものである。
> 　　ただし，バルコニー等の劣化であっても，長期修繕計画作成ガイドラインにおいて管理組合が行うものとされている修繕等の周期と比べ短い期間で発生したものであり，かつ，他のバルコニー等と比較して劣化の程度が顕著である場合には，特段の事情がない限りは，当該バルコニー等の専用使用権を有する者の「通常の使用に伴う」ものとして，その責任と負担において保存行為を行うものとする。なお，この場合であっても，結果として管理組合による計画修繕の中で劣化が解消されるのであれば，管理組合の負担で行われることとなる。
> ⑥ バルコニー等の破損が第三者による犯罪行為等によることが明らかである場合の保存行為の実施については，通常の使用に伴わないものであるため，管理組合がその責任と負担においてこれを行うものとする。ただし，同居人や賃借人等による破損については，「通常の使用に伴う」ものとして，当該バルコニー等の専用使用権を有する者がその責任と負担において保存行為を行うものとする。
> ④⑦ 第2項の対象となる設備としては，配管，配線等がある。
> ⑤⑧ 配管の清掃等に要する費用については，第27条第三号の「共用設備の保守維持費」として管理費を充当することが可能であるが，配管の取

替え等に要する費用のうち専有部分に係るものについては，各区分所有者が実費に応じて負担すべきものである。

⑨ 第3項ただし書は，例えば，台風等で住戸の窓ガラスが割れた場合に，専有部分への雨の吹き込みを防ぐため，割れたものと同様の仕様の窓ガラスに張り替えるというようなケースが該当する。また，第5項は，区分所有法第19条に基づき，規約で別段の定めをするものである。

承認の申請先等は理事長であるが，承認，不承認の判断はあくまで理事会の決議によるものである（第54条第1項第五号参照）。

⑩～⑫ 〈略〉

■ **解説**

（1）区分所有法18条1項は，「共用部分の管理に関する事項は，前条の場合を除いて，集会の決議で決する。ただし，保存行為は，各共有者がすることができる」と規定している。この規定は，民法252条が，「共有物の管理に関する事項は，前条の場合を除き，各共有者の持分の価格に従い，その過半数で決する。ただし，保存行為は，各共有者がすることができる」と規定していることを踏まえたものである。

また，区分所有法18条2項は，「前項の規定は，規約で別段の定めをすることを妨げない」と規定し，同条1項の規定とは異なる内容を規約で定めることができるものとしている。

しかし，旧規約においては，敷地及び共用部分等の管理のうち，とりわけ「保存行為」について，その責任と負担の主体や範囲が十分に整理されていなかった。そこで，今回の改正規約及びそのコメントでは，この点の整理がなされた。

（2）すなわち，旧規約21条1項は，敷地及び共用部分等の管理に関し，その本文において，区分所有法18条1項に基づき，管理組合がその責任と負担において行うという原則を明らかにしたうえで，そのただし書で，区分所有法18条2項に基づき，バルコニー等，特定の区分所有者が専用使用権を有する共用部分のうちの「通常の使用に伴うもの」については，専用使用権を有する者がその責任と負担において行うべきことを明らかにしていた。

しかし，旧規約21条1項ただし書によってバルコニー等の専用使用権を有する者がその責任と負担において管理すべき「通常の使用に伴うもの」の範囲は必ずしも明らかでなかった。このため，バルコニー等，特定の区分所有者が専用使用権を有する共用部分については，専用使用権を有する者と管理組合のいずれが責任を負うべきなのか，明確ではなく，その結果，経年劣化や第三者の犯罪行為等に起因する破損等の場合の責任の主体をめぐって，管理の現場でしばしば混乱を生じていたほか，こうしたケースの管理責任が，すべて専用使用権者に帰属すると解釈されてしまいかねないおそれもあった。

(3) 以上の問題の整理・解決のため，改正規約21条1項ただし書は，専用使用権を有する者の責任と負担の範囲を，「保存行為」のうちの「通常の使用に伴うもの」に限定した。ここでいう，「保存行為」のうちの「通常の使用に伴うもの」とは，バルコニーの清掃や窓ガラスが割れたときの入替え等をいう。

(4) バルコニー等の経年劣化への対応は，21条1項本文に基づいて，管理組合がその責任と負担において，計画修繕として行うべきものである。このことは，旧規約下においても同様であった（コメント21条関係③〔改正前の②〕）。しかし，バルコニー等の劣化であっても，長期修繕計画作成ガイドラインにおいて管理組合が行うものとされている修繕等の周期と比べ短い期間で発生したものであり，かつ，他のバルコニー等と比較して劣化の程度が顕著である場合には，特段の事情のない限り，当該バルコニー等の専用使用権を有する者の「通常の使用に伴う」ものとして，その責任と負担において保存行為を行うものとすることが，区分所有者間の負担の公平の観点から妥当である。

この点に関し，改正規約21条1項は，上記のとおり，バルコニー等の専用使用権を有する者の責任と負担の範囲を，単に「通常の使用に伴うもの」としていた旧規約を改めて，「保存行為」のうちの「通常の使用に伴うもの」に限定したので，バルコニー等の専用使用権を有する者が，その責任と負担において行うべきものは「保存行為」に関するものに限られ，通常の経年劣化に関しては，バルコニー等の専用使用権を有する者ではなく，管理組合が計画修繕として行うことが明確になった。改正コメントは，この点について

明快に解説している（コメント21条関係⑤）。

　なお，本来的にはバルコニー等の専用使用権を有する者が，その責任と負担において行うべきものであっても，結果として管理組合による計画修繕の中で劣化が解消されるのであれば，管理組合の負担で行われることとなるのであり，改正コメントは，このことにも言及している（コメント21条関係⑤）。

　老朽化の要素が強い玄関扉の不具合の交換等に関しては，管理の現場でしばしば混乱が生じていたが，今回の改正規約及び改正コメントに基づいて，例えば，玄関扉について通常の使用をしてきた中で経年事由に起因した交換を要するレベルの不具合が生じたような場合には，その時点で全面交換等の工事計画が管理組合になかったとしても，それは早晩，全面交換工事で対応すべき不具合に当たるものとみなして，管理組合の責任と負担によって先行的な交換工事に対応するなどの方法が採れるようになると考えられる。

　(5)　バルコニー等の破損が第三者による犯罪行為等によることが明らかである場合の保存行為の実施については，通常の使用に伴うものではないため，管理組合がその責任と負担においてこれを行うものとすることが改正コメントに追加された（コメント21条関係⑥）。第三者等の犯罪行為等によるバルコニー等の破損等に関しては，従前より，管理組合が共用部分等を目的として加入している火災保険の特約保険によって復旧費用が補填されてきているが，このような実務対応の適切性を補完する適切なコメントがなされたと言える。

　ただし，同居人や賃借人等による破損については，「通常の使用に伴う」ものとして，当該バルコニー等の専用使用権を有する者がその責任と負担において保存行為を行うべきものであるので，改正コメントには，そのこともあわせて追加されている（コメント21条関係⑥）。

　(6)　以上のほか，旧規約21条は，そもそも，バルコニー等，特定の区分所有者が専用使用権を有する共用部分を除く共用部分の「保存行為」を行うべき「主体」を明確にはしていなかった。このため，これらの共用部分の「保存行為」については，管理組合のほか，各区分所有者も自由に，これを行うことができることとなっていた（区分所有法18条1項ただし書参照）。

　しかし，共用部分の維持修繕を区分所有者が行った場合には，その結果の適切性等が後で問題となり，費用の求償に関して管理組合との間で係争にな

ったり，他の共用部分に影響を与えたり，さらにマンションの統一性を損なったりする等の問題が生じかねない。

そこで，改正規約21条3項は，バルコニー等の「保存行為のうち，通常の使用に伴うもの」について専用使用権を有する者がその責任と負担において行う場合又はあらかじめ理事長に申請して書面による承認を受けた場合を除いて，各区分所有者は共用部分の「保存行為」を行うことができないものとした。そのうえで，改正規約21条5項は，同条3項の禁止規定に違反して保存行為を行った場合には，当該保存行為に要した費用は，当該保存行為を行った区分所有者が負担するものとして，管理組合に求償できないことを明記した。

なお，改正規約21条3項本文に記載の理事長への申請に関して，コメントには，承認の申請先等は理事長ではあるものの，承認するか不承認とするかは，あくまでも理事会の決議によるべきものであるので（改正規約54条1項5号），コメントには，このことも注意的に記載されている（コメント21条関係⑨）。また，この理事会の決議については，書面又は電磁的方法（電子メール等）によることも可能とされた（改正規約53条2項，コメント53条関係⑥）。

(7) 改正規約21条及びそのコメントは，共用部分の管理について，以上のように，とりわけ，「保存行為」に関して詳細な規定を設け，コメントを追加することによって，その適正な実施を担保し，もってマンション管理の適正化を図ろうとしている。

21条，54条，58条

6. 災害等の緊急時における意思決定手続等

■改正規約・コメント
（規約）

> （敷地及び共用部分等の管理）
> 第21条 〈略〉
> 2～5 〈略〉
> 6　理事長は，災害等の緊急時においては，総会又は理事会の決議によらずに，敷地及び共用部分等の必要な保存行為を行うことができる。

（コメント）

> 第21条関係
> ①～⑨ 〈略〉
> ⑩　区分所有法第26条第1項では，敷地及び共用部分等の保存行為の実施が管理者（本標準管理規約では理事長）の権限として定められている。第6項では，災害等の緊急時における必要な保存行為について，理事長が単独で判断し実施できることを定めるものである。災害等の緊急時における必要な保存行為としては，共用部分等を維持するための緊急を要する行為又は共用部分等の損傷・滅失を防止して現状の維持を図るための比較的軽度の行為が該当する。後者の例としては，給水管・排水管の補修，共用部分等の被災箇所の点検，破損箇所の小修繕等が挙げられる。この場合に必要な支出については，第58条第6項及びコメント第58条関係⑤を参照のこと。
> ⑪　災害等の緊急時において，保存行為を超える応急的な修繕行為の実施が必要であるが，総会の開催が困難である場合には，理事会においてその実施を決定することができることとしている（第54条第1項第十号及びコメント第54条関係①を参照。）。しかし，大規模な災害や突発的な被災では，理事会の開催も困難な場合があることから，そのような場合には，

第2章　条文でみる改正のポイント

保存行為に限らず，応急的な修繕行為の実施まで理事長単独で判断し実施することができる旨を，規約において定めることも考えられる。更に，理事長をはじめとする役員が対応できない事態に備え，あらかじめ定められた方法により選任された区分所有者等の判断により保存行為や応急的な修繕行為を実施することができる旨を，規約において定めることも考えられる。なお，理事長等が単独で判断し実施することができる保存行為や応急的な修繕行為に要する費用の限度額について，予め定めておくことも考えられる。

⑫　第6項の災害等の緊急時における必要な保存行為の実施のほか，平時における専用使用権のない敷地又は共用部分等の保存行為について，理事会の承認を得て理事長が行えるとすることや，少額の保存行為であれば理事長に一任することを，規約において定めることも考えられる。その場合，理事長単独で判断し実施することができる保存行為に要する費用の限度額について，予め定めておくことも考えられる。

(規約)

> (議決事項)
> 第54条　理事会は，この規約に別に定めるもののほか，次の各号に掲げる事項を決議する。
> 　一～九　〈略〉
> 　十　災害等により総会の開催が困難である場合における応急的な修繕工事の実施等
> 2　第48条の規定にかかわらず，理事会は，前項第十号の決議をした場合においては，当該決議に係る応急的な修繕工事の実施に充てるための資金の借入れ及び修繕積立金の取崩しについて決議することができる。

21条, 54条, 58条

（コメント）

> 第54条関係
> ① 第1項第十号の「災害等により総会の開催が困難である場合における応急的な修繕工事の実施等」の具体的内容については，次のとおりである。
>   ア）緊急対応が必要となる災害の範囲としては，地震，台風，集中豪雨，竜巻，落雷，豪雪，噴火などが考えられる。なお，「災害等」の「等」の例としては，災害と連動して又は単独で発生する火災，爆発，物の落下などが該当する。
>   イ）「総会の開催が困難である場合」とは，避難や交通手段の途絶等により，組合員の総会への出席が困難である場合である。
>   ウ）「応急的な修繕工事」は，保存行為に限られるものではなく，二次被害の防止や生活の維持等のために緊急対応が必要な，共用部分の軽微な変更（形状又は効用の著しい変更を伴わないもの）や狭義の管理行為（変更及び保存行為を除く，通常の利用，改良に関する行為）も含まれ，例えば，給水・排水，電気，ガス，通信といったライフライン等の応急的な更新，エレベーター附属設備の更新，炭素繊維シート巻付けによる柱の応急的な耐震補強などが「応急的な修繕工事」に該当する。また，「応急的な修繕工事の実施等」の「等」としては，被災箇所を踏まえた共用部分の使用方法の決定等が該当する。
>   なお，理事会の開催も困難な場合の考え方については，第21条関係⑪を参照のこと。
> ② 第2項は，応急的な修繕工事の実施に伴い必要となる資金の借入れ及び修繕積立金の取崩しについて，第48条の規定によれば総会の決議事項であるところ，第1項第十号の決議に基づき実施する場合には，理事会で決議することができるとするものである。
> ③ ①のほかにも，共用部分の軽微な変更 ~~（その形状又は効用の著しい変更を伴わないもの）~~ 及び狭義の管理行為 ~~（変更及び保存行為を除く，通常の利用，改良に関する行為）~~ については，大規模マンションなど，それぞれのマンションの実態に応じて，機動的な組合運営を行う観点から，

第2章 条文でみる改正のポイント

> これらのうち特定の事項について，理事会の決議事項として規約に定めることも可能である。その場合には，理事の行為が自己契約，双方代理など組合員全体の利益に反することとならないよう監事による監視機能の強化を図るなどの取組み，理事会活動の事前・事後の組合員に対する透明性の確保等について配慮することが必要である。

(規約)

> (収支予算の作成及び変更)
> 第58条 〈略〉
> 2～4 〈略〉
> 5 理事会が第54条第1項第十号の決議をした場合には，理事長は，同条第2項の決議に基づき，その支出を行うことができる。
> 6 理事長は，第21条第6項の規定に基づき，敷地及び共用部分等の保存行為を行う場合には，そのために必要な支出を行うことができる。

(コメント)

> 第58条関係
> ①～③ 〈略〉
> ④ 第5項は，第54条第2項の決議に基づき，理事長が支出を行うことができることについて定めるものである。
> ⑤ 第6項は，第21条第6項の規定に基づき，災害等の緊急時において敷地及び共用部分等の保存行為を行う場合に，理事長が支出を行うことができることについて定めるものである。

■解説
(1) 災害等が起きた場合の管理組合の意思決定に関しては，従来，特に規定されていなかったため，災害等の緊急時であっても，応急的な修繕や改修の実施に当たっては，総会を開催して議決を得ることが必要となっていた。また，そのための費用支出についても，予備費等の適用可能な費目が計上されていない場合には，収支予算の承認が必要となった。

21条，54条，58条

東日本大震災においては，総会の開催が困難なために，必要な緊急工事の実施やそのための費用支出等の意思決定ができず，修繕・復旧が遅れたケース等があり，都市型水害においても同様の問題が生じている。また，現行の多くのマンションでは理事長が単独で行える「保存行為」についても，被災時等における保存行為の実施についての解説等がないことから，管理者が判断を留保し，応急工事が遅れた例もあった。

(2) 今回の改正では，規約21条6項として，災害等の緊急時に，総会又は理事会の決議によらずに理事長の単独判断によって保存行為を実施可能であることが明記された。災害等の緊急時における必要な保存行為としては，共用部分等を維持するための緊急を要する行為又は共用部分等の損傷・滅失を防止して現状の維持を図るための比較的軽度の行為が該当し，後者の例としては，給水管・排水管の補修，共用部分等の被災箇所の点検，破損箇所の小修繕等が挙げられる（コメント21条関係⑩）。

また，規約58条に，理事長がそのために必要な支出を行うことができる旨の規定が追加された（規約58条6項，コメント58条関係⑤）。

(3) 災害等の緊急時においては，保存行為を超える応急的な修繕工事の実施が必要となることもある。改正規約54条1項10号は，このようなときに総会の開催が困難である場合には，理事会においてその実施を決定することができると定めた（コメント54条関係①）。

あわせて，規約54条2項として，この決議に係る応急的な修繕工事の実施に充てるための資金の借入れ及び修繕積立金の取崩しについて，総会の決議によることなく，理事会で決議することができる旨の規定が追加されるとともに，58条5項として，理事長は，この理事会の決議に基づき，支出を行うことができる旨の規定が追加された。また，コメントにこれらに関する解説が加えられた（コメント54条関係②，58条関係④）。

(4) しかし，大規模な災害や突発的な被災では，理事会の開催さえも困難な場合があることから，コメント21条関係⑪には，そのような場合について，保存行為に限らず，応急的な修繕行為の実施まで理事長単独で判断し実施することができる旨を規約において定めることも考えられることや，理事長をはじめとする役員が対応できない事態に備え，あらかじめ定められた方法に

95

より選任された区分所有者等の判断により保存行為や応急的な修繕行為を実施することができる旨を規約において定めることも考えられること，更に理事長等が単独で判断し実施することができる保存行為や応急的な修繕工事に要する費用の限度額についてあらかじめ規約において定めておくことも考えられることが，それぞれ記載された。

　(5)　コメント21条関係⑫として，6項の災害等の緊急時における必要な保存行為の実施のほか，平時における専用使用権のない敷地又は共用部分等の保存行為について，理事会の承認を得て理事長が行えるとすることや，少額の保存行為であれば理事長に一任することを，規約において定めることも考えられること，そして，その場合，理事長単独で判断し実施することができる保存行為に要する費用の限度額についてあらかじめ定めておくことも考えられることも，新たに解説された。

23条
7. 緊急時における専有部分等への立入り

●改正規約・コメント

（規約）

> （必要箇所への立入り）
> 第23条 〈略〉
> 2・3 〈略〉
> 4 前3項の規定にかかわらず，理事長は，災害，事故等が発生した場合であって，緊急に立ち入らないと共用部分等又は他の専有部分に対して物理的に又は機能上重大な影響を与えるおそれがあるときは，専有部分又は専用使用部分に自ら立ち入り，又は委任した者に立ち入らせることができる。
> 5 〈略〉

（コメント）

> 第23条関係
> （第4項関係）
> ① 第4項の緊急の立入りが認められるのは，災害時等における共用部分に係る緊急的な工事に伴い必要な場合や，専有部分における大規模な水漏れ等，そのまま放置すれば，他の専有部分や共用部分に対して物理的に又は機能上重大な影響を与えるおそれがある場合に限られるものである。
> ② 第4項の規定の実効性を高めるため，管理組合が各住戸の合い鍵を預かっておくことを定めることも考えられるが，プライバシーの問題等があることから，各マンションの個別の事情を踏まえて検討する必要がある。

●解説

(1) 旧規約においては，敷地及び共用部分等の管理を行う者は，管理を行うために必要な範囲内で，他の者が管理する専有部分又は専用使用部分への立入りを請求することができることは規定されていたが（旧規約23条），災

第2章　条文でみる改正のポイント

害等の緊急時の場合の立入権については規定されていなかった。

　しかし，東日本大震災の際の状況等を考えれば，例えば居室の一つが潰れてしまったが，当該居室の住人と連絡が取れない場合，人命救助の必要性や他の共用部分等へ甚大な被害を発生させるおそれ等から緊急工事等の必要性がある場合などについて，管理組合は何もできないこととなってしまう。

　(2)　今回の改正では，必要箇所への立入りについて定める規約23条に，災害や事故が発生した場合の理事長の行える緊急の措置として専有部分等への立入りの規定が新たに設けられた（規約23条4項）。

　(3)　専有部分への立入りが認められるのは，そのまま放置すれば，他の専有部分や共用部分に対して物理的又は機能上重大な影響を与えるおそれがある場合（つまり財産管理上の観点から真に必要な場合）に限られるものであること等，当該立入り規定の趣旨について解説された（コメント23条関係①）。

　(4)　なお，当該立入り規定の実効性を高めるための合い鍵の預かりについては，必要性は認められると考えられるが，他方プライバシーの問題等の発生のおそれがあることから，各マンションの個別の事情を踏まえて検討する必要がある旨が解説された（コメント23条関係②）。この点，例えば合い鍵を預かることなどについて，各マンションの個別の事情を踏まえながら，プライバシーを侵害しないか，防犯上の問題が起きないか，よく検討し，また，合い鍵を預かることにした場合も，合い鍵を誰に管理させるのか等も含めて十分に検討し，専門家の意見を聴くなどした上での慎重な対応を心がけるべきである。

27条, 32条, (6条)

8. 自治会費やコミュニティ活動についての考え方

■ 改正規約・コメント

(規約)

> (管理費)
> 第27条 管理費は，次の各号に掲げる通常の管理に要する経費に充当する。
> 一　管理員人件費
> 二　公租公課
> 三　共用設備の保守維持費及び運転費
> 四　備品費，通信費その他の事務費
> 五　共用部分等に係る火災保険料，地震保険料その他の損害保険料
> 六　経常的な補修費
> 七　清掃費，消毒費及びごみ処理費
> 八　委託業務費
> 九　専門的知識を有する者の活用に要する費用
> 十　地域コミュニティにも配慮した居住者間のコミュニティ形成に要する費用
> 十一　管理組合の運営に要する費用
> 十二　十一　その他第32条に定める業務敷地及び共用部分等の通常の管理に要する費用（次条に規定する経費を除く。）

(コメント)

> 第27条関係
> ①　管理組合の運営に要する費用には役員活動費も含まれ，これについては一般の人件費等を勘案して定めるものとするが，役員は区分所有者全員の利益のために活動することにかんが鑑み，適正な水準に設定することとする。なお，コメント第37条関係②を参照のこと。
> ②　コミュニティ形成は，日常的なトラブルの未然防止や大規模修繕工事

等の円滑な実施などに資するものであり、マンションの適正管理を主体的に実施する管理組合にとって、必要な業務である。管理費からの支出が認められるのは、管理組合が居住者間のコミュニティ形成のために実施する催事の開催費用等居住者間のコミュニティ形成や、管理組合役員が地域の町内会に出席する際に支出する経費等の地域コミュニティにも配慮した管理組合活動である。他方、各居住者が各自の判断で自治会、町内会等に加入する場合に支払うこととなる自治会費、町内会費等は地域コミュニティの維持・育成のため居住者が任意に負担するものであり、マンションという共有財産を維持・管理していくための費用である管理費等とは別のものである。

② 従来、本条第十号に掲げる管理費の使途及び第32条の管理組合の業務として、「地域コミュニティにも配慮した居住者間のコミュニティ形成（に要する費用）」が掲げられていた。これは、日常的なトラブルの未然防止や大規模修繕工事等の円滑な実施などに資するコミュニティ形成について、マンションの管理という管理組合の目的の範囲内で行われることを前提に規定していたものである。しかしながら、「地域コミュニティにも配慮した居住者間のコミュニティ形成」との表現には、定義のあいまいさから拡大解釈の懸念があり、とりわけ、管理組合と自治会、町内会等とを混同することにより、自治会費を管理費として一体で徴収し自治会費を払っている事例や、自治会的な活動への管理費の支出をめぐる意見対立やトラブル等が生じている実態もあった。一方、管理組合による従来の活動の中でいわゆるコミュニティ活動と称して行われていたもののうち、例えば、マンションやその周辺における美化や清掃、景観形成、防災・防犯活動、生活ルールの調整等で、その経費に見合ったマンションの資産価値の向上がもたらされる活動は、それが区分所有法第3条に定める管理組合の目的である「建物並びにその敷地及び附属施設の管理」の範囲内で行われる限りにおいて可能である。

　以上を明確にするため、第十号及び第32条第十五号を削除するとともに、第32条第十二号を「マンション及び周辺の風紀、秩序及び安全の維持、防災並びに居住環境の維持及び向上に関する業務」と改めることとした。

また，従来，第十二号に「その他敷地及び共用部分等の通常の管理に要する費用」が掲げられていたが，第32条に定める業務との関連が不明確であったことから，「その他第32条に定める業務に要する費用（次条に規定する経費を除く。）」と改めることとした。上述の第32条第十二号の業務に要する費用は，本号あるいは別の号の経費として支出することが可能である。

③　管理組合は，区分所有法第3条に基づき，区分所有者全員で構成される強制加入の団体であり，居住者が任意加入する地縁団体である自治会，町内会等とは異なる性格の団体であることから，管理組合と自治会，町内会等との活動を混同することのないよう注意する必要がある。

各居住者が各自の判断で自治会又は町内会等に加入する場合に支払うこととなる自治会費又は町内会費等は，地域住民相互の親睦や福祉，助け合い等を図るために居住者が任意に負担するものであり，マンションを維持・管理していくための費用である管理費等とは別のものである。

自治会費又は町内会費等を管理費等と一体で徴収している場合には，以下の点に留意すべきである。

ア　自治会又は町内会等への加入を強制するものとならないようにすること。
イ　自治会又は町内会等への加入を希望しない者から自治会費又は町内会費等の徴収を行わないこと。
ウ　自治会費又は町内会費等を管理費とは区分経理すること。
エ　管理組合による自治会費又は町内会費等の代行徴収に係る負担について整理すること。

④　上述のような管理組合の法的性質からすれば，マンションの管理に関わりのない活動を行うことは適切ではない。例えば，一部の者のみに対象が限定されるクラブやサークル活動経費，主として親睦を目的とする飲食の経費などは，マンションの管理業務の範囲を超え，マンション全体の資産価値向上等に資するとも言い難いため，区分所有者全員から強制徴収する管理費をそれらの費用に充てることは適切ではなく，管理費とは別に，参加者からの直接の支払や積立て等によって費用を賄うべきである。

第2章 条文でみる改正のポイント

(規約)

> (業務)
> 第32条 管理組合は、建物並びにその敷地及び附属施設の管理のため、次の各号に掲げる業務を行う。
> 一 管理組合が管理する敷地及び共用部分等(以下本条及び第48条において「組合管理部分」という。)の保安、保全、保守、清掃、消毒及びごみ処理
> 二 組合管理部分の修繕
> 三 長期修繕計画の作成又は変更に関する業務及び長期修繕計画書の管理
> 四 建物の建替え等に係る合意形成に必要となる事項の調査に関する業務
> 五 適正化法第103条第1項に定める、宅地建物取引業者から交付を受けた設計図書の管理
> 六 修繕等の履歴情報の整理及び管理等
> 七 共用部分等に係る火災保険、地震保険その他の損害保険に関する業務
> 八 区分所有者が管理する専用使用部分について管理組合が行うことが適当であると認められる管理行為
> 九 敷地及び共用部分等の変更及び運営
> 十 修繕積立金の運用
> 十一 官公署、町内会等との渉外業務
> 十二 マンション及び周辺の風紀、秩序及び安全の維持、防災並びに居住環境の維持及び向上に関する業務
> 十三 防災に関する業務
> 十四三 広報及び連絡業務
> 十五 地域コミュニティにも配慮した居住者間のコミュニティ形成
> 十六四 管理組合の消滅時における残余財産の清算
> 十七五 その他建物並びにその敷地及び附属施設の管理に関する業務その他組合員の共同の利益を増進し、良好な住環境を確保するために必要な業務

27条，32条，(6条)

(コメント)

> 第32条関係
>
> ①～⑦ 〈略〉
>
> ⑧ 従来，第十五号に定める管理組合の業務として，「地域コミュニティにも配慮した居住者間のコミュニティ形成」が掲げられていたが，「コミュニティ」という用語の概念のあいまいさから拡大解釈の懸念があり，とりわけ，管理組合と自治会，町内会等とを混同することにより，自治会的な活動への管理費の支出をめぐる意見対立やトラブル等が生じている実態もあった。一方，管理組合による従来の活動の中でいわゆるコミュニティ活動と称して行われていたもののうち，例えば，マンションやその周辺における美化や清掃，景観形成，防災・防犯活動，生活ルールの調整等で，その経費に見合ったマンションの資産価値の向上がもたらされる活動は，それが区分所有法第3条に定める管理組合の目的である「建物並びにその敷地及び附属施設の管理」の範囲内で行われる限りにおいて可能である。なお，これに該当しない活動であっても，管理組合の役員等である者が個人の資格で参画することは可能である。
>
> 　以上を明確にするため，区分所有法第3条を引用し，第32条本文に「建物並びにその敷地及び附属施設の管理のため」を加え，第十五号を削除し，併せて，周辺と一体となって行われる各業務を再整理することとし，従来第十二号に掲げていた「風紀，秩序及び安全の維持に関する業務」，従来第十三号に掲げていた「防災に関する業務」及び「居住環境の維持及び向上に関する業務」を，新たに第十二号において「マンション及び周辺の風紀，秩序及び安全の維持，防災並びに居住環境の維持及び向上に関する業務」と規定することとした。なお，改正の趣旨等の詳細については，第27条関係②～④を参照のこと。
>
> ⑨ 〈略〉

第2章 条文でみる改正のポイント

(規約)

> (管理組合)
> 第6条　区分所有者は，区分所有法第3条に定める建物並びにその敷地及び附属施設の管理を行うための団体として，第1条に定める目的を達成するため，区分所有者全員をもって○○マンション管理組合（以下「管理組合」という。）を構成する。
> 2・3　〈略〉

(コメント)

> 第6条関係
> 　管理組合は，「建物並びにその敷地及び附属施設の管理を行うための団体」（区分所有法第3条）であって，マンションの管理又は使用をより円滑に実施し，もって区分所有者の共同の利益の増進と良好な住環境の確保を図るため構成するものであり，区分所有者全員が加入するものである。区分所有法によれば，区分所有者の数が2名以上の管理組合は法人となることができるが，この規約では管理組合を法人とはしていない。したがって，ここにいう管理組合は権利能力なき社団である。
> 　管理組合は，区分所有者全員の強制加入の団体であって，脱退の自由がないことに伴い，任意加入の団体と異なり，区分所有者は全て管理組合の意思決定に服する義務を負うこととなることから，管理組合の業務は，区分所有法第3条の目的の範囲内に限定される。ただし，建物等の物理的な管理自体ではなくても，それに附随し又は附帯する事項は管理組合の目的の範囲内である。各専有部分の使用に関する事項でも，区分所有者の共同利益に関する事項は目的に含まれる。その意味で，区分所有法第3条の「管理」概念は，専有部分の使用方法の規制，多数決による建替え決議など，団体的意思決定に服すべき事項も広く包摂するといえる。なお，管理組合内部における意思決定や業務執行についての統制も，法と規約に基づき行われることが要請されていることに留意する必要がある。

27条, 32条, (6条)

■解説
(1) 旧規約では，管理費を「地域コミュニティにも配慮した居住者間のコミュニティ形成に要する費用」(旧規約27条10号)にも充てることが可能であるとされているほか，管理組合の業務として「地域コミュニティにも配慮した居住者間のコミュニティ形成」(旧規約32条15号)が挙げられていた。

しかしながら，この表現には定義のあいまいさが伴うことから拡大解釈の懸念があり，とりわけ，管理組合と自治会，町内会等とを混同することにより，自治会費を管理費として一体で徴収し自治会費を払っている事例や，自治会的な活動への管理費の支出をめぐる意見対立やトラブル等が生じている実態もあった(コメント27条関係②参照)。

また，管理組合によりいわゆるコミュニティ活動として行われていたものについても，これら規定の定義のあいまいさから，各マンションで様々な運用が行われており，特に管理費からの支出に関し，区分所有者間での意見の相違や争いも起きていた。

(2) 以上のような状況を踏まえ，規定の明確化を図るため，管理費の使途について定める規約27条及び管理組合の業務について定める32条について，次の改正が行われた。

- 旧規約27条10号「地域コミュニティにも配慮した居住者間のコミュニティ形成に要する費用」及び旧規約32条15号「地域コミュニティにも配慮した居住者間のコミュニティ形成」について削除された。
- マンションの周辺と一体となって行われる各業務を再整理することとし，旧規約32条12号の「風紀，秩序及び安全の維持に関する業務」，同条13号の「防災に関する業務」とともに，「居住環境の維持及び向上に関する業務」も合わせ，改正規約32条12号において「マンション及び周辺の風紀，秩序及び安全の維持，防災並びに居住環境の維持及び向上に関する業務」と新たに規定された。
- 規約32条本文に，管理組合の行う業務は「建物並びにその敷地及び附属施設の管理のため」のものであることが確認的に明示された(区分所有法3条参照)。また，その他業務について包括的に定める改正規約32条15号(旧規約32条17号)も，「建物並びにその敷地及び附属施設の管理」を

105

用いた表現に改められた。
- その他経費について包括的に定める改正規約 27 条 11 号（旧規約 27 条 12 号）の表現が改められ，32 条に定める管理組合の業務との関連の明確化が図られた。

これらの改正の趣旨については，コメント 27 条関係②及びコメント 32 条関係⑧において解説されているが，この中で，管理組合として行うことができるコミュニティ活動として「マンションやその周辺における美化や清掃，景観形成，防災・防犯活動，生活ルールの調整等で，その経費に見合ったマンションの資産価値の向上がもたらされる活動は，それが区分所有法第 3 条に定める管理組合の目的である『建物並びにその敷地及び附属施設の管理』の範囲内で行われる限りにおいて可能である」旨が明記されたことはとりわけ重要である。

なお，区分所有法の立法担当者による濱崎（1989）は，区分所有法の管理概念は営業用途やペット飼育などについての使用規制も含むという意味で「最広義」における概念であるとし（114 頁），一方で区分所有法 3 条にいう財産管理とそれに付随し又は付帯する事項に限定されるから，それを超える事業は管理組合が行うことはできない（115 頁）と述べるが，当然の法解釈である。特に，「レクリエーション等の共同の行事等については，……社会通念に従い，建物の使用のため区分所有者が全員で共同してこれを行うことの必要性，相当性に応じて判断すべきであろう」（116 頁）とし，その基準は「一般的には，当該建物を生活の場として使用するため必要であるという関係が肯定されるかどうかによることになろう。任意参加のレクリエーション行事のようなものは，一般的には，目的の範囲外というべきであろう」と論じる。

後述(8)の規約 6 条及びコメント 6 条関係の改正も，このような考え方を踏まえている。

(3) コメント 27 条関係③において，「管理組合は，区分所有法第 3 条に基づき，区分所有者全員で構成される強制加入の団体であり，居住者が任意加入する地縁団体である自治会，町内会等とは異なる性格の団体であることから，管理組合と自治会，町内会等との活動を混同することのないよう注意す

る必要がある」こと，また「各居住者が各自の判断で自治会又は町内会等に加入する場合に支払うこととなる自治会費又は町内会費等は，地域住民相互の親睦や福祉，助け合い等を図るために居住者が任意に負担するものであり，マンションを維持・管理していくための費用である管理費等とは別のものである」ことが解説された。

これは強制加入である管理組合は区分所有法に基づく区分所有者の団体であるのに対して，任意加入である自治会や町内会は居住者の団体であるという違いから，その区分を明確にすることを目的とした記述である。特に近年，大規模で店舗と分譲住戸のある複合用途型のマンションが増え，また賃貸化の進展等からも，区分所有者と居住者とは必ずしも一致しない。

(4) コメント27条関係③では「自治会費又は町内会費等を管理費等と一体で徴収している場合には，以下の点に留意すべきである」とされた。

ア　自治会又は町内会等への加入を強制するものとならないようにすること。
イ　自治会又は町内会等への加入を希望しない者から自治会費又は町内会費等の徴収を行わないこと。
ウ　自治会費又は町内会費等を管理費とは区分経理すること。
エ　管理組合による自治会費又は町内会費等の代行徴収に係る負担について整理すること。

これらのうちアとイは，自治会や町内会が任意加入であることから，その加入と会費の負担を強制しないことを求めるものである。これは自治会費や町内会費を管理費と一体で徴収している場合に特に注意が必要である。

またウについては，別の組織である管理組合と自治会や町内会との間での経理の明確化を求めている。具体的には，管理費が自治会や町内会の活動に使われたり，その逆が行われることがないようにしなければならない。

そしてエでは，自治会費や町内会費を管理費と一体で徴収している場合には，そのことに伴う手続費用の負担について述べられている。具体的には，自治会費や町内会費を管理費と一体で徴収している場合には，その振替手数料を管理組合がすべて負担するのではなく，徴収する金額に応じて按分することなども検討すべきだろう。

(5) コメント27条関係④では，「上述のような管理組合の法的性質からす

れば，マンションの管理に関わりのない活動を行うことは適切ではない。例えば，一部の者のみに対象が限定されるクラブやサークル活動経費，主として親睦を目的とする飲食の経費などは，マンションの管理業務の範囲を超え，マンション全体の資産価値向上等に資するとも言い難いため，区分所有者全員から強制徴収する管理費をそれらの費用に充てることは適切ではなく，管理費とは別に，参加者からの直接の支払や積立て等によって費用を賄うべきである」と示された。

　これはいわゆるコミュニティ活動に係る管理費の支出をめぐり，意見の対立や内紛，訴訟等の法的リスクがあるという法律論から述べられている。別途の政策論からは，マンションのコミュニティ活動が積極的に展開されることは望ましいことではあるが，上記(3)及び(4)で述べた自治会活動との混同を避ける必要があるほか，管理組合の業務に該当するかどうか意見が分かれるおそれのある業務・活動についても，管理費とは別途の費用徴収が望ましいと考えられる。

　(6) このほか，例えば，会議での飲食についても，議論や決議，ひいては管理の質を向上させるために必要か疑義のあるものが多いものと思われる。飲食が役員への対価，即ち報酬の代わりであるとしているマンションもあるが，今後報酬を払うこととなる場合には，ますます飲食の必要性は無くなってくると考えられる。

　また，大規模なマンションや団地で，区分所有者または団地建物所有者有志による防災・防犯，植栽管理，美化（清掃）その他の活動がボランティアの位置付けで行われる一方，それらの関係者に対する慰労等の名目で，管理費から多額の飲食費が支出されているケースもあり得る。

　ここにいうボランティア活動は，コメント27条関係④の記述に照らしても，この活動がマンションの管理に直接関わる活動（直接の管理行為）に当たる点で，マンションの管理業務の範囲内で，マンション全体の資産価値向上等に資する活動に当たるといえ，この限りでクラブやサークル活動，親睦を目的とする活動とは区別される。

　しかし，その活動に対する慰労のために支出される飲食費が多額に上るとすれば，管理を行うための団体として，それが実態として一部の者のみに対

象が限定されるクラブやサークル活動，親睦を目的とする活動と同じ活動に対して管理費が使われていることが，管理費の使途の適切性の点で，問題視される可能性が考えられる。

　具体的には，多額の飲食費の支出を伴ってなお，それらの作業を有志のボランティアに依存する必要があるのかといったことをはじめ，同じ作業を外注した場合との費用対効果などに対する比較・検討を行うことが想定されるところであり，この際，今回の改正によって追加されたコメント 27 条関係④が理事会や総会の判断の拠り所になることが期待される。

　(7)　なお，改正規約と同時に改正されたマンション管理適正化指針では，前文に「マンションにおけるコミュニティ形成は，日常的なトラブルの防止や防災減災，防犯などの観点から重要なものであり，管理組合においても，建物の区分所有等に関する法律……に則り，良好なコミュニティの形成に積極的に取り組むことが望ましい」との記述が追加されるとともに，「二　マンションの管理の適正化の推進のために管理組合が留意すべき基本的事項」において「7　良好な居住環境の維持及び向上」としてコミュニティ形成に関する記述が追加された。これらは改正規約の 27 条，32 条の改正と一体的な改正であり，区分所有法「に則り」，「取り組むことが望ましい」と明記されていることからもわかるように，コミュニティ形成の活動や費用支出はあくまでも「建物並びにその敷地及び附属施設の管理」のためのものに限って認められるものであることや，また，マンションの管理と自治会活動との適切な峻別等の必要性が示されており，その趣旨は改正規約 27 条，32 条関係のコメントと同一である。

　(8)　このほか，今回の改正により，規約 6 条において，管理組合が「区分所有法第 3 条に定める建物並びにその敷地及び附属施設の管理を行うための団体」であることが確認的に明示された。あわせて，コメント 6 条関係として，管理組合が区分所有者全員の強制加入の団体であり，管理組合の業務は区分所有法 3 条の目的の範囲内に限定されること等についての解説が加えられた。

〔参考〕

❶　管理組合は，区分所有法に基づき，区分所有者から構成される団体であり，

第2章　条文でみる改正のポイント

強制加入団体である。また，管理組合が強制徴収する費用（管理費）は，同法に定める管理の目的「建物並びにその敷地及び附属施設の管理」に充当されるべき費用である。

　一方，自治会は，存立の法的根拠はなく，地縁に基づいて自発的に形成された任意加入の団体である（地方自治法260条の2の規定に基づく「認可地縁団体」として法人化することは可能だが，多くの場合，権利能力のない社団である）。その目的は，自治会の会員相互の親睦を図り，快適な環境の維持管理，共同の利害への対処，会員相互の福祉，助け合い等を図ることであり，任意徴収される自治会費も当該目的に充当されるべきものである。

　このように，マンションの管理組合と自治会は，法的に全く異なる性格の団体であり，目的も異なるが，実態として，多くのマンションにおいて，管理組合を自治会と混同し，管理組合が行う業務の中に自治会活動の要素を持ち込んでいる事例がみられる。そして，これによって，例えば，居住者が各自の判断で自治会に任意加入した場合に支払う自治会費が，強制徴収される管理費から支払われ，訴訟にまで発展した等の弊害事例も生じている。

❷　自治会や自治会費の法的性質及び自治会費の管理費からの支出の可否等に関する裁判例としては，以下の判決がある。
(1)　最高裁平成17年4月26日判決（判時1897号10頁）
　　本件は，県営団地の入居者によって構成され，権利能力のない社団である自治会の会員による当該自治会を退会する旨の申入れの有効性が問題となった事案である。
　　判決は，被上告人である自治会の目的及び性格に関して，「会員相互の親ぼくを図ること，快適な環境の維持管理及び共同の利害に対処すること，会員相互の福祉・助け合いを行うことを目的として設立された権利能力のない社団であり，いわゆる強制加入団体でもなく」と判示したうえで，被上告人自治会からの退会について，「その規約において会員の退会を制限する規定を設けていないのであるから，被上告人の会員は，いつでも被上告人に対する一方的意思表示により被上告人を退会することができると解するのが相当であり，本件退会の申入れは有効であるというべきである」と判示して，自

27条，32条，(6条)

治会員である上告人の一方的意思表示による自治会からの退会の自由を認めた。そのうえで，自治会から退会する旨申し入れた後は自治会員であった上告人は自治会費の支払義務を負わない旨，判示している。

　管理組合は，区分所有法3条に規定された目的の限りで活動ができ，区分所有者である限りにおいて退会の自由がないが，判決は，自治会について，任意の活動目的を掲げることができ，任意に入退会ができるという当然の法的性格を述べたものである。判決自体は県営住宅に係るものでありマンションについてのものではないが，管理組合と自治会との違いや両者の関係について考える上での重要判例である。

(2)　東京簡裁平成19年8月7日判決（裁判所ウェブサイト）

　本件は，原告が被告に対し，未払いの管理費等の支払いを求めて訴訟提起したところ，被告が，町内会費を管理組合費として原告が請求することはできないと主張して争った事案である。

　判決は，「町内会は，自治会とも言われ，一定地域に居住する住民等を会員として，会員相互の親睦を図り，会員福祉の増進に努力し，関係官公署各種団体との協力推進等を行うことを目的として設立された任意の団体であり，会員の自発的意思による活動を通して，会員相互の交流，ゴミ等のリサイクル活動及び当該地域の活性化等に多くの成果をもたらしているところである」と判示し，「区分所有法第3条，第30条第1項によると，原告のようなマンション管理組合は，区分所有の対象となる建物並びにその敷地及び付属施設の管理を行うために設置されるのであるから，同組合における多数決による決議は，その目的内の事項に限って，その効力を認めることができるものと解すべきである。しかし，町内会費の徴収は，共有財産の管理に関する事項ではなく，区分所有法第3条の目的外の事項であるから，マンション管理組合において多数決で決定したり，規約等で定めても，その拘束力はないものと解すべきである」と判示したうえで，「町内会費相当分の徴収をマンション管理組合の規約等で定めてもその拘束力はないものと解される」として，町内会費を管理組合費として原告が請求することはできないという管理組合員である被告の主張を認めた。

　区分所有法3条団体としての機能を果たす管理組合の目的を的確に理解し

111

た当然の判決である。

(3) 東京高裁平成19年9月20日判決（LEX/DB25541983）

　本件は，マンションの区分所有者で，被控訴人管理組合の組合員である控訴人らが，被控訴人自治会を退会したにもかかわらず，被控訴人管理組合から自治会費を管理費名目で強制徴収されたとして，被控訴人管理組合に対し，主位的に，全体管理費から自治会費分を差し引いた額を超えた支払義務の不存在確認を，予備的に，控訴人らの月額管理費のうち一定額を超えた部分の支払義務の不存在確認を求め，被控訴人自治会に対し，退会届提出後に徴収された自治会費の返還を求めたところ，原審で請求を棄却されたため，控訴した事案である。

　判決は，管理組合が全体管理費として区分所有者から徴収していた月額1500円の中に200円相当の自治会費分が含まれていると判示したうえで，退会については，(1)に掲載した最高裁判決に言及しつつ，「『……重要事項説明書』においては，本件マンションの居住者が地域活動及び防犯灯の維持管理を目的として設立される町内会に加入することが明記されており，控訴人らもそれを了承したものと認められるが，加入を了承したことをもって被控訴人自治会を脱会することができないとまで解することはできない」と指摘し，控訴人らは被控訴人自治会からの退会後は，「被控訴人自治会に対し，被控訴人管理組合を介して，自治会費を支払う義務を負わないと認めるのが相当である」と判示して，自治会脱退日以降に管理組合に支払った管理費のうち自治会費相当分について返還を認め，管理組合に対する管理費については自治会費相当分を差し引いた金額の支払義務しかないことを認定した。

　なお，この判決は，その傍論において，「なお，付言するに，平成16年に改定された国土交通省作成の『マンション標準管理規約』において，管理組合の業務の1つとして『地域コミュニティにも配慮した居住者間のコミュニティ形成』が追加されたことからもうかがわれるように，分譲マンションにおいて，居住者間のコミュニティ形成は，実際上，良好な住環境の維持や，管理組合の業務の円滑な実施のためにも重要であるといえるところ，本件のように，被控訴人管理組合が管理する建物，敷地等の対象範囲と被控訴人自治会の自治会活動が行われる地域の範囲が一致しているという点において特

殊性のある管理組合と自治会の関係があれば，管理組合が自治会にコミュニティ形成業務を委託し，委託した業務に見合う業務委託費を支払うことは区分所有法にも反しないものと解される」と判示したうえで，「もっとも，前記説示したとおり，現在の被控訴人管理組合の被控訴人自治会に対する業務委託費の支払いは，事実上自治会費の徴収代行に当たるといわざるを得ないから，本件において，被控訴人管理組合が被控訴人自治会に対し，本件マンションのコミュニティ形成業務を委託しようとするのであれば，強制加入の団体である被控訴人管理組合と任意加入の団体である被控訴人自治会という団体の性格の差異を踏まえて，改めて適切な業務委託関係の創設を検討するのが相当である」と判示している。

　しかし，この判示は，管理組合の本来業務である建物及び敷地等の管理に資する範囲内のコミュニティ形成にかかる業務を管理組合が自治会に委託し，委託した業務に見合う業務委託費を支払うことは区分所有法にも反しないという見解を示したものに過ぎず，管理組合がコミュニティ形成の担い手としてコミュニティ形成にかかる業務一般を積極的に展開すべきことを説いたようなものではない。

(4)　東京高裁平成24年5月24日判決（LEX/DB25503340）

　本件は，マンションの区分所有者により構成される管理組合である被控訴人に対し，その構成員である控訴人が，主位的に，被控訴人の理事会における管理費の中から町会費を支払うとの決議は，被控訴人の目的の範囲に含まれない事項に関するものであるとして，その無効の確認を求め，予備的に，被控訴人の定期総会における予算案の承認決議中の管理費から町会費を支出することを承認する部分は，同じく目的の範囲に含まれないとして，その無効を求めた事案である。

　判決は，主位的請求については，「被控訴人の理事会が控訴人主張の決議をしたとは認められず，予備的請求については，管理費から町会費を支出することは被控訴人の目的の範囲に含まれるから，いずれの請求も理由がなく，これを棄却すべきものと判断する」と判示した。その理由につき，判決は，「本件規約31条7号において，『官公署，町内会等との渉外業務』が管理組合の業務として定められ，同規約66条20の(3)において，『本件マンション

の区分所有者または占有者は町内会に加入すること。その場合，名目の如何を問わず町内会費の負担があり，管理費に含んで徴収される。』と町内会への加入と町内会費の負担が定められており，本件規約のこれらの規定からすると，地域住民で組織する任意団体である町内会と良好な関係を形成し，本件管理組合の構成員にとって地域と調和の取れた環境を作り出すための活動をすることも本件管理組合の業務として定めていると解される。このような活動が本件マンションの環境整備の一環としてその管理に関する事項に含まれることはいうまでもない。したがって，本件管理組合が，本件町内会に町会費名目で金員を納入し，本件町内会の活動に参加し，それに協力することは，その本来の業務に含まれるというべきである。そして，本件管理組合による上記のような業務は，本件管理組合の構成員である本件マンションの区分所有者の承認のもとに行われるものであるから，それに伴って必要となる費用は本件管理組合の業務執行に伴う費用として管理費から支出することができるものであり，町会費はその費用ということができる」と判示している。また，「控訴人は，管理費から町会費を支出することは，本件マンションの区分所有者に事実上本件町内会への加入を強制するものであり，無効であると主張するが，本件管理組合が本件町内会に納入する町会費は，上記のとおり管理費から町内会費名目で支出するものであるところ，本件町会への町会費の納入やその原資の徴収方法については本件管理組合自体がその団体的意思として決定すべき事柄であり，これを改めるのであれば，総会における議事を通じて本件規約を改正すればよいのであって，本件規約の現行規定が原判決第2の1(3)のとおりである以上，これに従ってされた本件総会決議が無効とされることはない。控訴人が，引用する最高裁判決〔注：前掲(1)〕は，県営住宅（団地）の入居者と団地の住人によって構成される自治会との関係において，自治会に対し退会の意思表示した者に対する自治会費等の請求の当否が直接問題とされたものであって，本件と事例を異にし，同判決によって上記結論が左右されるものではない」とも判示するに至っている。

　この判決を，仮に，規約で決議さえすれば，町会自身の活動がレクリエーション，飲食，親睦などきわめて広いものであって，区分所有法が規定する管理組合の目的の限界を超えているとしても，およそ「町会」活動への拠出

27条, 32条, (6条)

である限り，区分所有者から本人の意思に反してでも町会費として経費を徴集してもかまわない，という議論だと理解すると，法律論の体をなさないものと思われるので，法律論として読めるように判決を限定解釈するならば，町会活動の中で，マンションの「建物並びにその敷地及び附属施設の管理を行うこと」（区分所有法3条）という「管理」概念に重なり得るものに限っては，管理組合の業務と位置付けて，管理費の中からその経費を支出することができる旨を判示したものと解するほかなかろう。

　この点は，今般の改正規約で32条12号として管理組合の業務に「マンション及び周辺の風紀，秩序及び安全の維持，防災並びに居住環境の維持及び向上に関する業務」が追加された点と関係する。改正規約の32条関係コメント⑧（27条関係コメント②もほぼ同文）が，コミュニティ活動という概念のあいまいさと拡大解釈の懸念を表明し，「管理組合による従来の活動の中でいわゆるコミュニティ活動と称して行われていたもののうち，例えば，マンションやその周辺における美化や清掃，景観形成，防災・防犯活動，生活ルールの調整等で，その経費に見合ったマンションの資産価値の向上がもたらされる活動は，それが区分所有法第3条に定める管理組合の目的である『建物並びにその敷地及び附属施設の管理』の範囲内で行われる限りにおいて可能である。なお，これに該当しない活動であっても，管理組合の役員等である者が個人の資格で参画することは可能である」と明記し，管理組合が行うことができるコミュニティ活動が，一般用語としてのコミュニティ活動とは異なり，マンションやその周辺における美化，防災，防犯等きわめて限定的である旨を明らかにした点をもあわせ検討する必要がある。

　仮に町内会への経費の支出を管理組合として行うとしても，それは同コメントに述べるような管理組合の目的の範囲内で行われる限りにおいて有効であり，無限定のおよそ「町内会費一般」に対する支出は許されないこととなるであろう。

　東京高裁平成24年判決（前出(4)）及び原審は，上の他の判決とは異質のものであり，これらを根拠に町内会活動への経費支出を正当化し，または管理組合自身の活動として同コメントの範囲を超える飲食，サークル活動，親睦などの活動を行ったとしても，それが今後の判例で正当化される可能性は

小さいと見込まれる。

いずれにせよ，判例が割れている以上，無限定の「コミュニティ活動」一般への経費支出は，町内会への支出であっても，管理組合自身の支出であっても，無効とされ，支出済みの経費の返還請求などの対象となり，または理事長など経費支出責任者が個人責任を負うこととなるなどのリスクがきわめて大きく，そのようなリスクある業務執行や経費支出を控えるべきことは，管理組合や理事長等役員としての法的リスク管理の一環といえる。

❸ このような判決から，管理組合が自治会費を徴収するような業務は，たとえ管理規約に定めているとしても，区分所有法に定める（想定している）管理の目的外の業務であるといえる。

また，例えば，自治会への加入や飲食や祭事，懇親会，クラブ・サークル支援等の費用を管理費から支出するという管理規約（又は管理に関する承諾書）をマンション購入前に承認した上で購入したような場合であっても，こうした管理の範囲外となり得る活動費用を管理費から支出することに関する合意は無効となると解される[3]。

---

3) 同様の考え方から，自治会の活動など，区分所有法上の管理組合の法的性格からは認められない業務や活動を，集会で決議して，当該マンションの管理規約に「管理業務」と規定しても，管理費からの支出は無効ということとなる。

35条, 36条, 36条の2

9. 役員の資格要件及び欠格要件／法人からの役員就任についての考え方／役員の補欠のルール

■改正規約・コメント

（規約）

> （役員）
> 第35条　管理組合に次の役員を置く。
> 　一　理事長
> 　二　副理事長 ○名
> 　三　会計担当理事 ○名
> 　四　理事（理事長，副理事長，会計担当理事を含む。以下同じ。）○名
> 　五　監事 ○名
> 2　理事及び監事は，組合員のうちから，総会で選任する。
> 3　理事長，副理事長及び会計担当理事は，理事のうちから，理事会での互選により選任する。
>
> 外部専門家を役員として選任できることとする場合
> 2　理事及び監事は，総会で選任する。
> 3　理事長，副理事長及び会計担当理事は，理事のうちから，理事会で選任する。
> 4　組合員以外の者から理事又は監事を選任する場合の選任方法については細則で定める。

（コメント）

> 第35条関係
> ①　管理組合は，建物，敷地等の管理を行うために区分所有者全員で構成される団体であることを踏まえ，役員の資格要件を，当該マンションへの居住の有無に関わりなく区分所有者であるという点に着目して，「組合員」としているが，全般関係③で示したとおり，必要に応じて，マンシ

第 2 章　条文でみる改正のポイント

ョン管理に係る専門知識を有する外部の専門家の選任も可能とするように当該要件を外すことも考えられる。この場合においては，「外部専門家を役員として選任できることとする場合」の第 4 項のように，選任方法について細則で定める旨の規定を置くことが考えられる。この場合の専門家としては，マンション管理士のほか弁護士，建築士などで，一定の専門的知見を有する者が想定され，当該マンションの管理上の課題等に応じて適切な専門家を選任することが重要である。

　なお，それぞれのマンションの実態に応じて，「○○マンションに現に居住する組合員」（（注）平成 23 年改正前の標準管理規約における役員の資格要件）とするなど，居住要件を加えることも考えられる。

② ・ ③　〈略〉

④　本標準管理規約における管理組合は，権利能力なき社団であることを想定しているが（コメント第 6 条関係参照），役員として意思決定を行えるのは自然人であり，法人そのものは役員になることができないと解すべきである。したがって，法人が区分所有する専有部分があるマンションにおいて，法人関係者が役員になる場合には，管理組合役員の任務に当たることを当該法人の職務命令として受けた者に限定する等どのような資格を有する者が実際に役員業務を行うことができるかについて，あらかじめ規約や細則に定めておくことが望ましいを選任することが一般的に想定される。外部専門家として役員を選任する場合であって，法人，団体等から派遣を受けるときも，同様に，当該法人，団体等から指定された者（自然人）を選任することが一般的に想定される。なお，法人の役職員が役員になった場合においては，特に利益相反取引について注意が必要である（第 37 条の 2 関係参照）。

⑤　第 4 項の選任方法に関する細則の内容としては，選任の対象となる外部の専門家の要件や選任の具体的な手続等を想定している。なお，⑥及び第 36 条の 2 関係②について併せて参照のこと。

⑥　外部の専門家を役員として選任する場合には，その者が期待された能力等を発揮して管理の適正化，財産的価値の最大化を実現しているか監視・監督する仕組みが必要である。このための一方策として，法人・団

体から外部の専門家の派遣を受ける場合には，派遣元の法人・団体等による報告徴収や業務監査又は外部監査が行われることを選任の要件として，第4項の細則において定めることが考えられる。

(規約)

(役員の任期)
第36条　役員の任期は○年とする。ただし，再任を妨げない。
2　補欠の役員の任期は，前任者の残任期間とする。
3　任期の満了又は辞任によって退任する役員は，後任の役員が就任するまでの間引き続きその職務を行う。
4　役員が組合員でなくなった場合には，その役員はその地位を失う。
外部専門家を役員として選任できることとする場合
4　選任（再任を除く。）の時に組合員であった役員が組合員でなくなった場合には，その役員はその地位を失う。

(コメント)

第36条関係
①・②　〈略〉
③　第4項は，組合員から選任された役員が組合員でなくなった場合の役員の地位についての規定である。第35条第2項において組合員要件を外した場合には，「外部専門家を役員として選任できることとする場合」のような規定とすべきである。それは，例えば，外部の専門家として選任された役員は，専門家としての地位に着目して役員に選任されたものであるから，当該役員が役員に選任された後に組合員となった場合にまで，組合員でなくなれば当然に役員としての地位も失うとするのは相当でないためである。
③④　役員が任期途中で欠けた場合，総会の決議により新たな役員を選任することが可能であるが，外部の専門家の役員就任の可能性や災害時等緊急時の迅速な対応の必要性を踏まえると，規約において，あらかじめ補欠を定めておくことができる旨規定するなど，補欠の役員の選任方法

第2章 条文でみる改正のポイント

> について定めておくことが望ましい。また、組合員である役員が転出、死亡その他の事情により任期途中で欠けた場合には、組合員から補欠の役員を理事会の決議で選任することができると、規約に規定することもできる。
>
> なお、理事や監事の員数を、○〜○名という枠により定めている場合には、その下限の員数を満たさなくなったときに、補欠を選任することが必要となる。

(規約)

> (役員の欠格条項)
> 第36条の2　次の各号のいずれかに該当する者は、役員となることができない。
> 一　成年被後見人若しくは被保佐人又は破産者で復権を得ないもの
> 二　禁錮以上の刑に処せられ、その執行を終わり、又はその執行を受けることがなくなった日から5年を経過しない者
> 三　暴力団員等(暴力団員又は暴力団員でなくなった日から5年を経過しない者をいう。)

(コメント)

> 第36条の2関係
> ①　選択肢として、役員の資格を組合員に限定することを改め外部の専門家を役員に選任することができるようにしたことを踏まえ、役員の欠格条項を定めるものである。なお、暴力団員等の範囲については、公益社団法人及び公益財団法人の認定等に関する法律(平成18年法律第49号)を参考にした。
> ②　外部の専門家からの役員の選任について、第35条第4項として細則で選任方法を定めることとする場合、本条に定めるほか、細則において、次のような役員の欠格条項を定めることとする。
> ア　個人の専門家の場合

35条, 36条, 36条の2

> 　　・　マンション管理に関する各分野の専門的知識を有する者から役員を選任しようとする場合にあっては，マンション管理士の登録の取消し又は当該分野に係る資格についてこれと同様の処分を受けた者
> 　イ　法人から専門家の派遣を受ける場合（アに該当する者に加えて）
> 　　次のいずれかに該当する法人から派遣される役職員は，外部専門家として役員となることができない。
> 　　・　銀行取引停止処分を受けている法人
> 　　・　管理業者の登録の取消しを受けた法人

■解説1：役員の資格要件及び欠格要件

(1) 我が国におけるマンション管理は，その大半が，区分所有法3条団体として機能することになる管理組合を設立し，その最高の意思決定機関としての「総会」とは別に，「理事会」を構成する方式でなされてきている。

　新築マンションや築後年数が比較的浅いマンションにおいては，一般的に，区分所有者が理事等の役員に就任して直接管理運営をする意欲・士気が高い傾向にある。このため，役員のなり手が確保できないわけではない。しかし，マンションの高経年化や区分所有者の高齢化，さらには賃貸化（借家人等所有者以外の居住者の増加）・空室化が進んでいく中で，役員のなり手不足が顕著になり，区分所有者の中からだけでは適任の役員を選任することが困難な状態に陥っているマンションも数多くみられる実情にある。また，マンションの高層化・大規模化等による管理の高度化・複雑化も進んでおり，マンション管理には専門的知識が求められることも多くなってきている。

　これらの課題に対応するための方策の一つとして，外部の専門家の活用が考えられる。

(2) 旧規約においても，外部の専門家の活用が不可能であったわけではない。規約34条は，今回の改正前から，「専門的知識を有する者の活用」と題して，「管理組合は，マンション管理士（適正化法第2条第五号の「マンション管理士」をいう。）その他マンション管理に関する各分野の専門的知識を有する者に対し，管理組合の運営その他マンションの管理に関し，相談したり，助言，指導その他の援助を求めたりすることができる」と定めており，

第2章　条文でみる改正のポイント

専門家活用の規定が既に設けられていた。

　しかし，上記の各事情に鑑みれば，外部の専門家を管理組合の外ではなく，内側の機関の構成員，すなわち，理事（理事長）や監事として迎えることが管理の適正化を実現するうえで必要な場合もある。

　前掲61頁以下のCOLUMNにおいても説明したように，フランスやイタリアでは，管理組合運営は区分所有者ではない外部専門家によって行われるものとされており，フランスでは理事会は外部専門家管理者の監視のみを行う機関と位置づけられているほか，イタリアにおいては，そもそも理事会そのものが，原則的に構成されないものとされている。

　(3)　そこで，改正規約は，以上のような事情に対応するため，その35条に，役員の資格要件から組合員要件を削除して外部の専門家を理事等の役員として選任できるようにするためのモデル条項を付加的に設けた。

　また，これに平仄を合わせるため，規約において外部の専門家を理事等の役員として選任できるようにしている場合には，役員の地位の喪失に関する36条4項についても，選任時に組合員であった役員とそうではなかった役員とを区別して規定しておくべきことを明らかにした。

　(4)　区分所有法は，その3条に，「区分所有者は，全員で，建物並びにその敷地及び附属施設の管理を行うための団体を構成し，この法律の定めるところにより，集会を開き，規約を定め，及び管理者を置くことができる。一部の区分所有者のみの共用に供されるべきことが明らかな共用部分（以下「一部共用部分」という。）をそれらの区分所有者が管理するときも，同様とする」として，区分所有建物の存立とともに「区分所有者団体」が当然に構成されることとしている。しかし，「管理組合」という概念は，区分所有法には存在しない。区分所有法には，「管理組合法人」に関する規定はあるものの（同法47条～56条の7），「管理組合法人」に関しても，「理事会」の定めはなく，「理事会」は，必置機関とはされていない。他方，区分所有法は，「管理者」（同法25条）の規定を置いており，「管理者は，共用部分並びに第21条に規定する場合における当該建物の敷地及び附属施設（次項及び第47条第6項において「共用部分等」という。）を保存し，集会の決議を実行し，並びに規約で定めた行為をする権利を有し，義務を負う」（同法26条1項）

と定めている。区分所有法が，区分所有建物の管理について，このような定め方をしているのは，同法が，多くの住戸のあるマンションだけでなく，テラスハウスのような小規模な住宅，さらには住宅ではない商業ビルなど，あらゆるタイプの区分所有建物に共通する一般的な管理ルールを定めるものにほかならないからである。

　すなわち，我が国におけるマンション管理は，前述のように，その大半が，区分所有法3条団体として機能することになる管理組合を設立し，その最高の意思決定機関としての「総会」とは別に，「理事会」を構成する方式でなされてきているのであるが，この「理事会方式」によるマンション管理は，区分所有法が予定する当然の管理方式とはいえないのである。そうであれば，マンション管理の方式については，「理事会方式」だけでなく，マンションの規模，居住形態等，それぞれのマンションの個別事情に照らして，柔軟な対応が認められてしかるべきである。そして，それぞれの管理方式の中で，専門家をうまく活用するべきである。改正規約は，このような趣旨の下に，その35条に，役員の資格要件から組合員要件を削除して外部の専門家を理事等の役員として選任できるようにするためのモデル条項を付加的に設けることで，「理事会方式」の中での対応を示すとともに，その他の専門家活用のためのマンション管理方式の類型についてもコメント別添1で示している（次頁COLUMN参照）。

　(5)　コメント35条関係では，従来，理事，監事はすべて組合員であることを前提にその選定についての留意事項等が記述されていたが，今回の改正に対応して，新たにコメント35条関係①において，必要に応じて，マンション管理に係る専門知識を有する外部の専門家の選任も可能とするように当該要件を外すことも考えられる旨，この場合は規約35条4項のように「組合員以外の者から理事又は監事を選任する場合の選任方法については細則で定める」旨の規定を置くことが考えられる旨，また，専門家としては，マンション管理士のほか，弁護士，建築士などで，一定の専門的知見を有する者が想定されることを踏まえ，当該マンションの管理上の課題等に応じて適切な専門家を選任することが重要である旨の記述が追加された。

　(6)　以上のほか，旧規約には役員の欠格要件の定めはなかったが，改正規

約には，36条の2として，成年被後見人，被保佐人，破産者で復権を得ないもの，禁固以上の刑に処せられ，執行終了等から5年を経過しない者，暴力団員等は，役員になることができない旨が追加された。改正規約が外部の専門家を理事等の役員として選任できるようにするためのモデル条項を付加的に設けたことに伴い，役員の欠格条項を定めることの必要性が高くなったためである。

また，コメント36条の2関係②では，外部の専門家からの役員の選任について，規約35条4項に基づく細則で選任方法を定めるに際しては，個人の専門家でマンション管理士等の資格について登録取消しなどの処分を受けた者，法人からの派遣の場合は，このほか，法人が銀行との取引を停止されている場合及び管理業者の登録の取消しを受けている場合の当該法人からの派遣者について，欠格条項として定めることを求めている。

なお，本条追加は，主として外部専門家を念頭に置いたものではあるものの，この条項を置いた場合は，すべての役員に適用されるものであるので，区分所有者たる役員の場合にも当然にこれらの考え方が適用され，その欠格条項の適用があることに注意が必要である。

> **COLUMN：外部専門家の活用パターンと規約の規定の整備の考え方**
>
> 旧規約35条2項では，「理事及び監事は，組合員のうちから，総会で選任する」と規定し，38条2項では「理事長は，区分所有法に定める管理者とする」と規定しているので，旧規約の下では，管理者は当然に区分所有者でなければならなかった。今般の改正により，35条2項については，従来どおりの規定のほかに，「理事及び監事は，総会で選任する」とすることもできることが定められ，その場合に関して，新たに4項として「組合員以外の者から理事又は監事を選任する場合の選任方法については細則で定める」との規定が追加された。
>
> これは，コメント別添1の「外部専門家の活用のパターン」のうち，①理事・監事外部専門家型又は理事長外部専門家型を想定したものであり，理事長，理事，監事の区分所有者要件を外して，一定の専門家を外部から選任することを可能としたものである。コメント別添1では，①理事・監事外部専門家型又は理事長外

部専門家型のほか，②外部管理者理事会監督型，③外部管理者総会監督型の３つのパターンについて，それぞれ毎に想定される具体的なケース，論点・課題，管理規約の整備等の考え方や留意事項が記述されている。今般の標準管理規約本体の改正に当たっては，差し当たり現行制度を活用して，これまでの理事会が執行機関であるという取扱いを変えずに専門家の活用を柔軟に可能とする①のパターンについてのみ，具体的な規約の整備の仕方を示したものである。

②はフランスの管理，③はイタリアの管理に近い形であり，両者とも日本の区分所有法の下で当然に許されるが，これらを採る場合には，理事長や総会議長は「管理者」とならず，理事会や総会の役割は，別に選任される「管理者」の業務執行を監視・監督することとなる。この場合は，規約38条２項に相当する規定を削除し，管理者を総会で直接選任する旨の規定の追加を行うとともに，管理者が理事会とは別に存在することを前提に管理者の独自の役割，理事会が管理者の監視監督を行うことを前提とした役割などを規定するなどの整理がなされた規約を定めることが必要となる（本書15～17頁参照）。

COLUMN：今後専門家に求められるもの

旧規約では専門家は理事会や理事長を外からサポートする役割であった。今後は主体的にマンション管理に関わることも想定することとなるため，その位置付けを変える必要がある。

そこで，役員について規定する規約35条に，外部専門家を役員として選任することとする場合の規定が新たに追加された（同条２項～４項）。あわせて，コメント35条関係①に，「この場合の専門家としては，マンション管理士のほか弁護士，建築士などで，一定の専門的知見を有する者が想定され，当該マンションの管理上の課題等に応じて適切な専門家を選任することが重要である」旨新たに記述された。

検討会報告書42頁では，「管理の執行の一翼を担う専門家に今後期待される能力としては，継続的な能力・スキルの向上と豊富な経験が必要であり，このような能力の継続的な向上のための取組が求められる」，「マンションの管理の専門分野の幅広さ，専門性の高さ等を踏まえると，こうした能力向上のための取組は，

専門性のある資格，能力認証を持つ者に幅広く門戸が開かれていることが望ましい（マンション管理士や管理業務主任者に加え，例えば，弁護士，税理士，司法書士，建築士，マンション管理会社 OB，企業法務担当経験者など。）」と記述されている。

　フランス，イタリアでは，既に「管理者」業界が発達し，法務，建築，経理など専門的な知見を持つ者が広く管理者業界に参入し，管理者業者が団体を構成して，研修，資格認証，倫理規定・専門的資質に関する基準策定，懲戒など，専門性の向上のために幅広い活動を行っている。

　日本では，これまで管理組合から委託を受けて管理事業を行う管理業者が発達してきたが，今後は，責任をもって管理者として管理組合の利益を伸長する「管理者業」が発展していくことが見込まれる。関連の専門資格者，業界などがこれらに備えて，必要な専門的知見の習得に努め，能力・資質の向上を図る取組が活発化していくものと見込まれる。

■解説2：法人からの役員就任についての考え方

(1)　規約における管理組合は，権利能力なき社団であることが想定されているところ（コメント6条関係参照），その役員として意思決定を行えるのは自然人であり，法人そのものは役員になることができないと解すべきである。

　改正コメント35条関係④では，管理組合の役員には，法人ではなく自然人が就任しなければならない旨注意喚起するため，上記の基本的な考え方が示されるとともに，具体的な対応方法について解説された。

　すなわち，法人の区分所有者が，区分所有者の立場で役員に就任する場合には，法人の職務として法人が選任した者が役員に就任することとなる。

　同様に，外部専門家を選任する際に，その専門家について法人，団体等から派遣を受けるときにも，当該法人，団体等の職務として指定された自然人が選任されることとなる。

　ただし，法人の役職員が管理組合役員になる場合には，特に利益相反取引が生じないよう注意が必要であることから，その旨も記述された。なお，改正規約では，新たに37条の2として利益相反取引の防止が追加され，役員が自己又は第三者のために管理組合と取引しようとするとき，管理組合が役

員以外の者との間において管理組合と当該役員との利益が相反する取引をしようとするときには、当該役員は理事会で重要事実を開示して承認を受けなければならないこととされたところである（「11．役員の利益相反取引の防止等」〔131頁〕を参照）。

(2) コメント35条関係⑥では、「外部の専門家を役員として選任する場合には、その者が期待された能力等を発揮して管理の適正化、財産的価値の最大化を実現しているか監視・監督する仕組みが必要である」と記述され、その一つの方策として「法人・団体から外部の専門家の派遣を受ける場合には、派遣元の法人・団体等による報告徴収や業務監査又は外部監査が行われることを選任の要件として、第4項の細則において定めることが考えられる」旨も示された。

■ **解説3：役員の補欠のルール**

(1) 区分所有者が法人であってその法人を代表して管理組合の役員が法人から選出される場合、または管理組合の役員として第三者たる法人が外部専門家として適任者を派遣する場合には、当該役員は法人の立場を代表し、または法人が当該専門家を監視監督することとなるが、その場合でも、管理組合の役員は自然人でなければならず、役員として法人を選任することはできない。この点については、上記**解説2**のとおり、コメント35条関係④に追記された

仮に法人内の職務分担の見直し、転任、転勤等により、役員として派遣する者を法人の都合により交代させることとする場合でも、当該者は管理組合総会により役員に選任されているため、新たな者の選任はやはり総会決議が必要である。しかし、このような場合に総会の決議を待たないといけないとするとその間理事が不在となり、理事会業務執行に支障を及ぼすことが生じかねないので、コメント36条関係④として、規約であらかじめ補欠を定めておくことができる旨規定するなど、補欠の役員の選任方法について定めておくことが望ましい旨新たに追加された。

(2) 規約36条4項については、組合員のみから役員を選任する場合には組合員でなくなった役員はその地位を失うこととしているが、外部専門家を

役員として選任できることとする場合には、外部専門家としてではなく組合員の立場で役員に選任された者にのみ、この扱いを適用することが適当である。この場合に、外部専門家として役員に選任された者が、役員に選任された後に当該マンションの住戸を購入するなどして組合員となった場合にまで、役員が組合員でなくなった場合に役員の地位を失うとの規定を適用することは相当でないため、この場合は、選任時に組合員であった役員のみ役員の地位を失わせることとした（36条4項の選択肢。コメント36条関係③）。

なお、このような36条4項が想定する場合のほか、役員が改正規約36条の2の欠格条項（上記**解説1**参照）に該当することとなった場合には、当然に役員の地位を失うこととなる。

37条,（27条）

10. 役員の報酬等

■改正規約・コメント

（コメント）

第37条関係

（第1項関係）

① 役員は，管理組合の財産の毀損の防止及びそのために必要な措置を講じるよう努めるものとする。特に，外部の専門家の役員就任に当たっては，判断・執行の誤りによる財産毀損に係る賠償責任保険への加入に努め，保険限度額の充実等にも努めるべきである。さらに，故意・重過失による財産毀損は，保険の対象外のため，財産的基礎の充実による自社（者）補償や積立て等による団体補償の検討等にも取り組むよう努めるべきである。

（第2項関係）

② マンションの高経年化，区分所有者の高齢化，住戸の賃貸化・空室化等の進行による管理の困難化やマンションの高層化・大規模化等による管理の高度化・複雑化が進んでおり，マンションの円滑な管理のために，外部の専門家の役員就任も考えられるところである。この場合，当該役員に対して，必要経費とは別に，理事会での協議・意見交換の参画等に伴う負担と，実際の業務の困難性や専門的技能・能力等による寄与などを総合的に考慮して，報酬を支払うことも考えられる。その際，理事会の議事録の閲覧（第53条第4項）の活用等により，役員の業務の状況を適切に認知・確認することが望ましい。

第27条関係

① 管理組合の運営に要する費用には役員活動費も含まれ，これについては一般の人件費等を勘案して定めるものとするが，役員は区分所有者全員の利益のために活動することにかんが鑑み，適正な水準に設定するこ

ととする。なお，コメント第37条関係②を参照のこと。
②～④　〈略〉

■ 解説
(1)　理事会の役員報酬については，既に規約37条2項に「役員は，別に定めるところにより，役員としての活動に応ずる必要経費の支払と報酬を受けることができる」旨規定されており，これについての改正はない。

ただし，その水準については，管理費に関する旧コメント27条関係①において，役員活動費について，「一般の人件費等を勘案して定めるものとするが，役員は区分所有者全員の利益のために活動することにかんがみ，適正な水準に設定する」と解説されていたのみであり，実際には，組合員が持ち回り等で役員に就任する場合には多くの管理組合では報酬を支払わず，ボランティアとして従事することが多かった。

しかし，今後外部専門家を役員として選任する場合には，専門的知見に着目して選任するので，通常は報酬を定めることになる。このため，コメント37条関係②として，外部専門家たる役員に対して，必要経費とは別に，理事会での協議・意見交換の参画等に伴う負担と，実際の業務の困難性や専門的技能・能力等による寄与などを総合的に考慮して，報酬を支払うことも考えられること，その際，理事会議事録の閲覧の活用等により，役員の業務の状況を適切に認知・確認することが望ましい旨の記述が新たに追加された。

あわせて，コメント27条関係①において，これを参照すべき旨が加算された。

(2)　また，コメント37条関係①として，外部専門家たる役員については，判断・執行の誤りによる財産毀損に係る賠償責任保険への加入に努め，保険限度額の充実等に努めるべきこと，さらに故意・重過失による財産毀損は保険対象外のため，財産的基礎の充実による自ら補償や積立て等による団体補償の検討にも取り組むよう努めるべき旨の記述が新たに追加された。

37条の2，38条，53条
11. 役員の利益相反取引の防止等

■改正規約・コメント

（規約）

> （利益相反取引の防止）
> 第37条の2　役員は，次に掲げる場合には，理事会において，当該取引につき重要な事実を開示し，その承認を受けなければならない。
> 一　役員が自己又は第三者のために管理組合と取引をしようとするとき。
> 二　管理組合が役員以外の者との間において管理組合と当該役員との利益が相反する取引をしようとするとき。

（コメント）

> 第37条の2関係
> 　役員は，マンションの資産価値の保全に努めなければならず，管理組合の利益を犠牲にして自己又は第三者の利益を図ることがあってはならない。とりわけ，外部の専門家の役員就任を可能とする選択肢を設けたことに伴い，このようなおそれのある取引に対する規制の必要性が高くなっている。そこで，役員が，利益相反取引（直接取引又は間接取引）を行おうとする場合には，理事会で当該取引につき重要な事実を開示し，承認を受けなければならないことを定めるものである。
> 　なお，同様の趣旨により，理事会の決議に特別の利害関係を有する理事は，その議決に加わることができない旨を規定する（第53条第3項）とともに，管理組合と理事長との利益が相反する事項については，監事又は当該理事以外の理事が管理組合を代表する旨を規定する（第38条第6項）こととしている。

第2章　条文でみる改正のポイント

(規約)

> (理事長)
> 第38条　〈略〉
> 2～5　〈略〉
> <u>6　管理組合と理事長との利益が相反する事項については，理事長は，代表権を有しない。この場合においては，監事又は理事長以外の理事が管理組合を代表する。</u>

(コメント)

> 第38条関係
> ①・②　〈略〉
> <u>③　第6項については，第37条の2関係を参照のこと。</u>

(規約)

> (理事会の会議及び議事)
> 第53条　〈略〉
> 2　〈略〉
> <u>3　前2項の決議について特別の利害関係を有する理事は，議決に加わることができない。</u>
> 4　〈略〉

(コメント)

> 第53条関係
> ①～⑥　〈略〉
> <u>⑦　第3項については，第37条の2関係を参照のこと。</u>

■解説
(1)　多数の区分所有者による集団的意思決定に基づいて行われるマンションの管理においては，受任者・受託者である管理者（理事長）や管理会社などが，必ずしも委任者・委託者である管理組合（の構成員たる区分所有者）の

37条の2, 38条, 53条

利益最大化のためにだけ行動する保証がないというガバナンス上の課題がある。より具体的に言えば，双方代理等に伴う利益相反の問題がある。この問題は，例えば，管理組合の理事長や理事が自らや親族の企業に不当に高額の業務発注を行う，管理費・修繕積立金の管理を委ねられた役員が横領する，管理会社が自らの一部門又は子会社である修繕，植栽等の業者に対して割高な発注を行うなどという形で顕在化する。

(2) こうした問題に対応しマンション管理のガバナンス強化を図るため，今回の改正では，次項で解説する理事，監事の機能強化等のための規定の整備等とあわせ，役員の利益相反取引の防止等のための規定の整備が行われた。

(3) すなわち，改正規約では，新たに37条の2を追加し，役員が自己または第三者のために管理組合と取引をしようとするとき（同条1号），管理組合が役員以外の者との間において管理組合と当該役員との利益が相反する取引をしようとするとき（同条2号）には，当該取引につき重要な事実を開示して理事会の承認を受けなければならないこととした。

(4) これに関連して，53条に新たに3項として，理事会の決議について，現実に出席する場合と書面や電子メールなどの方法による場合とを問わず，特別の利害関係を有する理事は，議決に加わることができない旨の規定が追加された。

(5) また，理事長の職務を規定する38条に，新たに6項として，管理組合と理事長との利益が相反する事項については，理事長は代表権を有せず，この場合は，監事又は理事長以外の理事が管理組合を代表する旨の規定が追加された。

(6) これらは，外部専門家の役員就任を可能とする選択肢を設けたことに伴い，マンションの資産価値の保全に努めるべき役員が，管理組合の利益を犠牲にして自己や第三者の利益を図るという利益相反行為を行うおそれのある取引に対する規制を行う必要性が高くなったことに伴う措置である。

しかし，これらの規定は，役員が外部専門家でない場合にも当然に適用される。また，管理会社が清掃，植栽などの現業について，自ら実施し，または子会社，関係会社等に対して発注を行う場合などについては，同様に管理組合の利益を図るという立場と，現業部門の利益を図るという立場が相反し

得る。このような場合についての発注についても利益相反の防止のため，取引の内容の開示を図ること，競争性のある取引とすることなど，これらの規定の趣旨を踏まえた取引の適正化のための措置を取ることも考えられる。

COLUMN：マンション管理における利益相反

(1) 誰が誰の利益を代弁するのか

マンション所有者，すなわち区分所有者の共通の利益は，区分所有権と土地持分権という財産権の維持確保であり，区分所有者の代表者にはこれら財産的価値を最大化させることが求められる。理事会方式における理事長，いわゆる第三者管理方式における管理者，いずれの基本的役割も，この点にあることに変わりがない。

この任に当たるのに，誰が適切なのだろうか。以下では株式会社組織を参考に検討する。

通常，株主の利益を最大化することを目的として取締役や代表取締役が株主により選任される。標準的な株式会社組織では，代表取締役や取締役は，株主の信任に応えて株価の向上のために経営の責任を担う。事業に必要な一定の品質を持つ資材や人材をできるだけ安く調達するとともに，生産する財やサービスをできるだけ高く消費者に評価，購入してもらうことにより，株主に還元される利潤の最大化を図ることがその責務となる。

このとき代表取締役は必ずしも株主である必要はなく，標準的な会社では，株主の一員であるか否か，また株式を多数所有するかどうかに拘らず，当該者の経営手腕に着目して選任される。さらに，少なくとも上場企業等のまっとうな会社組織では，ある会社の代表取締役が，自己が個人的に又は親族が経営する企業に対して，会社の物資等の調達を発注するようなことは行われない。通常このような行為は，株主利益の最大化と矛盾し，場合により背任行為として刑事罰の対象となるからである。

このように企業利益の最大化を目的として，利益相反を防ぐ仕組みを担保した上で，経営を専門家に委任することは，企業の所有者である株主にとって合理的な判断であるといえる。マンション管理に関しても，財産価値の維持向上を適切に図るためには，管理業者が清掃，植栽などの派生的業務を内生化する際，さら

に管理者として専門家を活用する際にも同様の仕組みが必要だろう。

　管理組合から具体的な業務について委託を受ける，いわゆる管理業者は，清掃，植栽，管理費徴収，修繕など多岐にわたる業務を実施する役割を担うが，これらを内生化し，または子会社等で受注することとするとき，委託者たる管理組合の利益と受託者たる管理業者の利益が相反する。法人組織であれ個人であれ，受託者業務を通じて当該事業者の収益の最大化を目指さねばならない主体であって，委託者の信任を得ることを前提としつつも，自己の利益を追求することが想定されているからである。

　このように，区分所有者の利益の追求と管理業者の利益の追求とは，立場，目的が異なるのみならず，派生的な業務を内生化するときには，本質的にトレードオフの関係にあり，どちらかを重視すれば他方が損なわれる関係にある。したがって，仮にこの両者が同一の人格に帰属する場合は，当該主体は，どちらの立場の者に対して，どれだけの利益を確保すべきかについて，そもそも異なる目的を持つ主体の利益追求という目的，規範に照らして，一義的な解が得られないという矛盾に陥ってしまう。

　このように仮に管理者を管理業者が兼ねるとき，あるいは管理業者が受託者であるとしても派生業務を業者内部ないし子会社で行うときなどでは，区分所有者の利益を最大化すべき立場と管理業者の利潤を最大化すべき立場とが同一人格に帰属し，実質的な双方代理が必然的に発生する。

　あるマンション管理業者と管理者が同一人であると仮定してみよう。この場合，植栽業務に関する下請作業をどの者にやらせるのかについて，管理者には裁量があるものとする。品質が低めの100万円での発注と品質が高めの200万円での発注があり得るとし，前者が当該管理業者と関係のない業者，後者が管理業者の子会社である場合，管理者イコール管理業務実施者はどちらを選択するだろうか。

　区分所有者を代表する立場では，場合により，不要不急のサービスは削って必須の業務に絞って実施者を選定すべきかもしれないし，高品質のサービスを選ぶことが有益かもしれない。しかし，仮にその選択が実は最適でない場合であっても，子会社による高価な業務を選ぶことが確実に利益になることがもともと運命付けられている立場の者に，関係の無い業者による廉価なサービスを選ぶ決断をする動機は生じようがない。要するに，バイアスの掛からない「中立公正」な判

断を担保することがきわめて困難な事態にいずれにせよ陥る。

　管理業者の役員ないし従業員としては，利益を出さなければ，管理業者の立場での忠実義務違反を招来することとなる。これに対して区分所有者を代理する立場では，区分所有建物価値の最大化に資するよう節約に努めなければ管理義務違反を招くことになる。もちろん，観念的にはこのような場合にも最適解があり得るかもしれない。実際，膨大な時間，労力，特殊な管理手法，データ等を駆使すれば，利益相反する者の判断を一定の中立基準でコントロールする手法が構築可能かもしれないが，そのような膨大な費用を掛けるくらいなら多くの場合，本来の矛盾することのない動機付けに照らしてのみ行動する者が，交渉し，自己の利益をシンプルに追求する中で生じる結果の方が，費用も少なく，両者ともに満足する公正な結論になる可能性が大きいだろう。

　この意味で，うまく基準を設定し，うまくモニタリングをすれば何とかなるという議論は空論に近い。双方代理的状況では，その者に何を目指すべきであるのかという目的や規範に関するミッションや基準は実際上定めようがなく，モチベーションを適切にコントロールすることは難しい。

(2) 管理業務の一括化に合理性はあるか

　このような疑問に対しては，例えばまとめて複数の業務を一括して請負（一括請負）させる方が区分所有者にとっても実利の生じる可能性がある，という議論もあり得る。例えば，管理に関するこまごまとした交渉のコストが小さくなり，業務を監督するための労力や時間も小さくなるとともに，窓口が一本化されることで指示も楽になるといったメリットは，一括請負には当然あり得る。しかし，一括請負が実を挙げるためには，事前に，発生する業務，工事内容，その頻度，品質，価格などについて十分に予測が成り立ち，しかもそのために必要な管理上の手続，手順や仕様が判明しているのでなければ，そもそも誰を一括請負者にすべきかに関して意味のある選定や比較のしようがない。むろん業務の性格は千差万別で，予測可能性にも濃淡があるが，事後的に個別的判断が必要な要素が多くなればなるほど，事前の段階における最適な解の選択は困難となる。そのような場合は，将来予測の不確実性を根拠とした受託者における委託者からの収奪，すなわちモラルハザードが生じるリスクが飛躍的に高まることとなる。

このような一括請負に近い方式として信託を検討してみよう。通常，信託は，金銭信託，不動産信託などの形態により，財産管理に用いられることが多い。受益者を保護することが前提ではあるが，財産管理業務は一般的に単純かつ事前予測が成り立ちやすい分野である。予め適切に基準や仕様を決めておきさえすれば，受益者の利益とならないような行為として契約条項に違反するか否かの判定も容易である。これに対してマンション管理は，複雑，多岐な業務が総合的に組み合わさり，しかも事前の予測が困難であって，通常の財産管理的信託などの対極にある複雑な業務であり，これらを同視することはできない。

　第三者による管理の必要性は，不在区分所有者が多い投資用マンションなどに関して強調されることが多い。しかし，このような性質を持つマンションでは区分所有者の利益を代弁する主体がそもそも不存在かほとんど存在していないことが前提になっている。このような性質を持つマンションで，そのような利益代弁機能がないままで第三者による管理をすることは，モラルハザード誘発という観点から言えば，むしろ不適切で危険である。たまたまモラルが高く知識技能に長けた聖人ないし神のような事業者であれば，一切腐敗堕落することなく業務遂行が可能かもしれない。しかし，聖人君子によって初めて可能となるような制度を一般的に仕組むことは間違っている。むしろ財産管理に関する管財人的な公正中立な第三者の任命などこそ求められる課題であろう。

ちなみに，信託，成年後見等における管理人や監督人等の監督的立場の者にあっては，自ら被後見人から金銭的利益を得る業務の受注を受けることは想定されていない。

(3) 理事長・管理者の責務は明解

　結局のところ，区分所有者の利益を代表する理事長，あるいは管理者の責務は，理事長が管理者を兼ねるこれまでの慣行による場合であっても，管理者に区分所有者以外の専門家を選任し，理事会や総会はその監視監督に徹する場合であっても，「同品質なら最も安く，同価格なら最も高品質な管理サービスを選択し，それにより区分所有者の財産権の価値最大化を図ること」に徹することだろう。

　仮に第三者の専門家を管理者に選任する場合も，管理者の業務は複雑多岐な管理業務の司令塔の役割に限定し，現業的な業務は包含することがないようにし，

一括請負は禁じることを原則とする必要があろう。したがって管理者として区分所有者の負担で発注等をする場合には，相手方の選定に関する適正さの確保，公正さの確保がきわめて重要となる。当然ながら，受注先が管理者の子会社，親族等利害関係者であるということは想定できず，このような関係が生じることのないよう，利害関係の厳格な遮断が必要である。入札の競争性の確保も同じく課題である。

　たまたま理事長や理事に，評判のよい清掃，植栽，修繕等の業者を兼ね，または身内に抱える者がいたとしても，たまたまそれが入札や相見積の結果，真に区分所有者全体の利益になるといった特殊な場合を除いては，管理者の人格を持つ者がそのような業務を受注することは，多くの関係者の不審を招くだろうから通常想定できない。

　利益相反に関しては，フランスやイタリアの制度が参考になる[4]。フランスでは，関連の現業部門に対して工事等を管理者が発注することに対しては，区分所有者が納得しないため，仮にそういった発注をしようとしても，あくまでもその発注が性能，価格面で区分所有者の利益になることが想定できる場合に限られる。系列会社への発注については，競争入札や，2社以上に見積りを取り，総会決定に基づく金額以上の発注については総会議決を経ることが必要であり，実際上グループ企業内企業が有利に受注することは困難である。イタリアでも，管理者業団体では，管理者が抱える各種現業部門との間で利益相反が起こらないよう，グループ企業や関係者が参加する場合には，その事実の開示を義務付けるなど弊害の防止に努めている。

　しかし，以上の議論は，必ずしも管理者が第三者の専門家である場合固有の論点ではない。既に例示したように，現実の管理組合では，区分所有者から選任されたとしても，理事長や一部役員が長期に任に当たり，利益相反，不正，不適切支出などが生じ，これらが管理組合内部で大きな問題となることも多い。これまでのようにいわば区分所有者による自ら管理による場合には，当事者としての参画という事実に目を奪われて，利益相反などに対する厳正な監督がかえっておろそかになってきた側面が否めない。

---

[4] 山岸・福井ほか（2012），福井（2016）。

むしろ，今般の改正のように，管理者には第三者の専門家が就任し得ることを正面から認めることによって，管理者に誰が就こうとも，およそ管理者が区分所有者の利益のみを伸長させるという目的から外れた行動を取らないよう，利益相反的行為に対して適切な防止措置を講じることがより重要となる。改正規約で37条の2が追加され，役員の利益相反取引について事前の理事会における承認が盛り込まれたことはこのような事情に対応している。もっとも，このことは仮に管理者が第三者の場合で当該管理者が派生的業務を内生化し，または子会社等に発注する場合にも，同様の規範として遵守させるよう規約に明文化することが妥当である。

　さらに，従来のように管理者が理事長を兼ねる場合には，管理会社が派生的業務についても包括的に実施することが依然として行われやすいが，この場合も，問題の構図は同様であるので，管理会社内部における派生的業務の発注が果たして区分所有者の利益と相反する可能性がないか否か，同様に改正規約37条の2の趣旨に沿った承認等を規約改正等によって行うことがやはり妥当である。

　二者の立場を兼ねる主体が，一連の受発注関係の中に表れないようにすることに特に意を用いることがとりわけ重要といえよう。

第2章 条文でみる改正のポイント

| 38条，40条，41条，51条，52条
| **12．理事，監事の機能強化等**

■改正規約・コメント
(規約)

> (理事長)
> 第38条 〈略〉
> 2・3 〈略〉
> 4 理事長は，○か月に1回以上，職務の執行の状況を理事会に報告しなければならない。
> 5・6 〈略〉

(コメント)

> 第38条関係
> ① 〈略〉
> ② 第4項は，理事長が職務の執行の状況を理事会に定期的に（例えば，「3か月に1回以上」等）報告すべき旨を定めたものである。
> ③ 〈略〉

(規約)

> (理事)
> 第40条 〈略〉
> 2 理事は，管理組合に著しい損害を及ぼすおそれのある事実があることを発見したときは，直ちに，当該事実を監事に報告しなければならない。
> 3 〈略〉

38条,40条,41条,51条,52条

(コメント)

第40条関係
(第2項関係)
　理事が,管理組合に著しい損害を及ぼすおそれのある事実があることを発見した場合,その事実を監事に報告する義務を課すことで,監事による監査の実施を容易にするために規定したものである。

(規約)

(監事)
第41条　監事は,管理組合の業務の執行及び財産の状況を監査し,その結果を総会に報告しなければならない。
2　監事は,いつでも,理事及び第38条第1項第二号に規定する職員に対して業務の報告を求め,又は業務及び財産の状況の調査をすることができる。
~~2~~ 3　監事は,管理組合の業務の執行及び財産の状況について不正があると認めるときは,臨時総会を招集することができる。
~~3~~ 4　監事は,理事会に出席して,必要があると認めるときは,意見を述べなければならないることができる。
5　監事は,理事が不正の行為をし,若しくは当該行為をするおそれがあると認めるとき,又は法令,規約,使用細則等,総会の決議若しくは理事会の決議に違反する事実若しくは著しく不当な事実があると認めるときは,遅滞なく,その旨を理事会に報告しなければならない。
6　監事は,前項に規定する場合において,必要があると認めるときは,理事長に対し,理事会の招集を請求することができる。
7　前項の規定による請求があった日から5日以内に,その請求があった日から2週間以内の日を理事会の日とする理事会の招集の通知が発せられない場合は,その請求をした監事は,理事会を招集することができる。

141

第2章 条文でみる改正のポイント

(コメント)

> 第41条関係
> ① 第1項では,監事の基本的な職務内容について定める。これには,理事が総会に提出しようとする議案を調査し,その調査の結果,法令又は規約に違反し,又は著しく不当な事項があると認めるときの総会への報告が含まれる。また,第2項は,第1項の規定を受けて,具体的な報告請求権と調査権について定めるものである。
> ② 第4項は,従来「できる規定」として定めていたものであるが,監事による監査機能の強化のため,理事会への出席義務を課すとともに,必要があるときは,意見を述べなければならないとしたものである。ただし,理事会は第52条に規定する招集手続を経た上で,第53条第1項の要件を満たせば開くことが可能であり,監事が出席しなかったことは,理事会における決議等の有効性には影響しない。
> ③ 第5項により監事から理事会への報告が行われた場合には,理事会は,当該事実について検討することが必要である。第5項に定める報告義務を履行するために必要な場合には,監事は,理事長に対し,理事会の招集を請求することができる旨を定めたのが,第6項である。さらに,第7項で,理事会の確実な開催を確保することとしている。

(規約)

> (理事会)
> 第51条 理事会は,理事をもって構成する。
> 2 理事会は,次に掲げる職務を行う。
>   一 規約若しくは使用細則等又は総会の決議により理事会の権限として定められた管理組合の業務執行の決定
>   二 理事の職務の執行の監督
>   三 理事長,副理事長及び会計担当理事の選任
> ~~2~~ 3 理事会の議長は,理事長が務める。

38条，40条，41条，51条，52条

(コメント)

> 第51条関係
> （第2項関係）
> 　管理組合の業務執行の決定だけでなく，業務執行の監視・監督機関としての機能を理事会が有することを明確化するとともに，第35条第3項の規定に基づく理事長等の選任を含め，理事会の職務について明示した。

(規約)

> （招集）
> 第52条　理事会は，理事長が招集する。
> 2　理事が○分の1以上の理事の同意を得て理事会の招集を請求した場合には，理事長は速やかに理事会を招集しなければならない。
> 3　前項の規定による請求があった日から○日以内に，その請求があった日から○日以内の日を理事会の日とする理事会の招集の通知が発せられない場合には，その請求をした理事は，理事会を招集することができる。
> ~~3~~ 4　理事会の招集手続については，第43条（建替え決議又はマンション敷地売却決議を会議の目的とする場合の第1項及び第4項から第 8 ~~7~~ 項までを除く。）の規定を準用する。この場合において，同条中「組合員」とあるのは「理事及び監事」と，同条第9項中「理事会の承認」とあるのは「理事及び監事の全員の同意」と読み替えるものとする。ただし，理事会において別段の定めをすることができる。

(コメント)

> 第52条関係
> 　各理事は，理事会の開催が必要であると考える場合には，理事長に対し，理事会の目的である事項を示して，理事会の招集を促すこともできる。ただし，理事長が招集しない場合には，第2項の手続により招集を請求することとなる。それでも理事長が招集の通知を発出しない場合には，招集を請求した理事が，理事会を招集できることとなる。

第2章 条文でみる改正のポイント

■ 解説 --

〈理事長,理事,理事会〉

(1) マンションの管理は,区分所有者全員から構成される管理組合が行うものであるが,管理会社に管理を委託しているマンションでは,管理会社が実務のほとんどを担当するのが通常である。

この関係から,管理会社に管理を委託しているマンションの管理組合の理事会の一義的な業務は,実態としては,基本的に「管理会社の実務(業務遂行状況)のチェック」であることになる。つまり,理事全員が管理委託契約の内容(契約している業務内容)を正しく把握し,契約に基づく業務がきちんと遂行されているかどうかはもとより,それらが区分所有者の立場から遂行されているかどうかを逐一チェックしなければならないことになる。これらをチェックして問題がある場合には,改善の申入れをするなどして,常に「区分所有者の共同の利益の増進」と「良好な住環境の確保」に努めることになる。

逆にいえば,管理を委託しているからといって,管理組合側で不利・不都合を我慢してまで管理会社の望む管理のメニュー等を受け入れたり,管理会社が区分所有者の立場に立って業務を遂行しているとは思えないような事態を黙認したりする必要はない。自分たちのマンションを自主的に管理するにあたって,進んで自分たちに不利・不都合な管理をするはずもないことは当然であり,委託管理の場合にも全く同じことがいえるからである。

まとめると,区分所有者の共同の利益を増進し,良好な住環境を確保するために,「管理組合を代表し,管理会社に対して必要な意見をきちんと言うこと」が管理を委託している管理組合の理事会の最も重要な業務のひとつであることになる。

マンション管理適正化法や,これに基づくマンション管理適正化指針からも,この最重要業務がきちんと行われて初めて,管理組合を主体的に運営している(=マンションを適正に管理している)といえることになると考えられる。

(2) 今回の改正では,マンションの適正な管理について区分所有法上の管理者として権限と責任を負う理事長に対し,定期的に職務の執行の状況を理事会に報告しなければならないとする規定を置いた(改正規約38条4項)。「〇

か月に1回以上」という定めについては，各マンションの実情を踏まえ，例えば，「3か月に1回以上」等，適宜に定めれば良い（コメント38条関係②）。

　なお，規約38条6項の追加については，「11．役員の利益相反取引の防止等」(131頁) を参照されたい。

(3)　また，改正規約40条2項において，理事は，管理組合に著しい損害を及ぼすおそれのある事実があることを発見したときは，直ちに，当該事実を監事に報告しなければならないことが新たに規定された。これは，監事による監査の実施を容易にするためのものであり（コメント40条関係），後述する監事の権限強化と相まって，管理組合における監査機能の強化を図るものである。

(4)　規約51条は理事会に関する規定であるが，今回の改正では，理事会の職務についての規定を新たに設け（改正規約51条2項），管理組合の職務として，管理組合の業務執行の決定や理事長等の選任のほか，理事の職務の執行の監督があることを明示した（コメント51条関係）。

(5)　理事会の招集に関する規約52条においては，理事による理事会の招集請求について定められているが（同条2項），理事長がこれに応じない場合の規定がなかった。今回の改正では，理事長が招集を行わなかった場合には，請求を行った理事が理事会を招集することができることが新たに規定された（改正規約52条3項）。

　なお，コメント52条関係では，理事はこの手続によることなく，理事長に（自主的に）招集するよう促すこともできることが確認的に記載された。ただし，理事長がこれに応じなければ，2項の招集請求，さらにこれにも応じなければ3項の招集手続に移行することになる。

〈監事〉

(6)　理事会が区分所有者のために誠実に業務を行っているかどうかを監査する者として，管理組合に監事が置かれる。監事は，業務及び会計の両面から理事会の実務を監査し，その結果を区分所有者に報告しなければならない。

　特に，委託管理方式下の監事は，管理会社に委託している業務について，理事会がきちんと実務チェックを行っているかどうか，また，何らかの工事等を行った場合において，その工事等が管理組合にとって真に必要な工事で

あったかどうか，所期の品質を得られているかどうかといったことについて，理事会に出席して聞き取りを行うなどして，理事会の業務執行（管理費等の使われ方）が適正であったかどうかといった点を一義的に監査することになる。

この監査は，時の監事に就任している個人本位な視点ではなく，常に区分所有者全員のために誠実に監査が行われなければならない。

年度を通じて理事会の業務執行が適正と認められる場合には，年度末に監査報告書（収支決算報告書の最終頁に綴じ込まれている場合が多い）に署名・押印して，総括的な監査報告とするのが通例と言えるが，監事が監査を行うべき時期は，何も年度末に限られているわけではない。

例えば，委託管理方式のマンションにおいて，管理会社が区分所有者の立場で契約業務を遂行していないことが明らかでありながら，理事会がこれを放置・容認するなど，理事の業務執行に著しい怠慢や背信（不正）が認められるケースが考えられる。

こうした事態等を認めた監事は，理事を信頼している（理事は，区分所有者全員のために誠実に業務を執行していると信じている）他の区分所有者に対し，一刻も早くこの事実を報告する必要があり，実際にもこれを報告するのが監事の重要な職務であることになる。

したがって，監事は，任期中の全期間にわたって理事会の業務執行状況等を監査しなければならず，そのためには理事会にも出席する必要があり，決して年度末になったら管理会社の指定の書類にサイン・押印することだけが監事の仕事なのではない。

前記のような「区分所有者に対する報告」を迅速に行えるようにするため，監事に対しては，いつでも単独で臨時総会を招集することができる規約上の権限が与えられている（規約41条3項〔改正前の2項〕）。

(7) このような監事の職務については，規約41条1項において基本的な内容が規定されているところであるが，今回の改正では，さらに，具体的な報告請求権と調査権について規定が置かれた（改正規約41条2項。コメント41条関係①）。

(8) 旧規約41条3項では，監事の理事会への出席と意見陳述について「できる規定」として定めていたところ，今回，監事による監査機能の強化のた

め，理事会への出席を義務とするとともに，必要があると認めるときは意見を述べなければならないとの規定に改められた（改正規約41条4項）。ただし，監事が出席しなかったことは，理事会における決議等の有効性には影響しない（コメント41条関係②）。

　(9)　上述(6)のとおり監事には臨時総会の招集権限があるが，従来，理事会の招集に関する規定は設けられていなかった。今回の改正では，実質的な監査機能の強化を図るため，監事が，理事の不正行為等について理事会に報告しなければならないことが新たに定められるとともに（改正規約41条5項），この報告義務を履行するために必要な場合における監事による理事長に対する理事会の招集請求（改正規約41条6項），さらに，理事長がこれに応じない場合の監事による招集手続（改正規約41条7項）が定められた（コメント41条関係③）。

第2章 条文でみる改正のポイント

46条，(10条，25条)
13. 総会の議決権割合，敷地の持分割合の考え方／総会における議決権の代理行使の範囲／総会への参加の促進

■ 改正規約・コメント

（規約）

（議決権）
第46条 〈略〉
2・3 〈略〉
4 組合員は，書面又は代理人によって議決権を行使することができる。
5 組合員が代理人により議決権を行使しようとする場合において，その代理人は，以下の各号に掲げる者でなければならない。
　一 その組合員の配偶者（婚姻の届出をしていないが事実上婚姻関係と同様の事情にある者を含む。）又は一親等の親族
　二 その組合員の住戸に同居する親族
　三 他の組合員
~~5~~ 6 組合員又は代理人は，代理権を証する書面を理事長に提出しなければならない。
〔※管理組合における電磁的方法の利用状況に応じて，次のように規定〕
(ア)電磁的方法が利用可能ではない場合
　（規定なし）
(イ)電磁的方法が利用可能な場合
~~6~~ 7 組合員は，第4項の書面による議決権の行使に代えて，電磁的方法によって議決権を行使することができる。

148

46条、(10条、25条)

（コメント）

第46条関係
① 議決権については，共用部分の共有持分の割合，あるいはそれを基礎としつつ賛否を算定しやすい数字に直した割合によることが適当である。
② 各住戸の面積があまり異ならない場合は，住戸1戸につき各1個の議決権により対応することも可能である。
　また，住戸の数を基準とする議決権と専有面積を基準とする議決権を併用することにより対応することも可能である。
③ ①や②の方法による議決権割合の設定は，各住戸が比較的均質である場合には妥当であるものの，高層階と低層階での眺望等の違いにより住戸の価値に大きな差が出る場合もあることのほか，民法第252条本文が共有物の管理に関する事項につき各共有者の持分の価格の過半数で決すると規定していることに照らして，新たに建てられるマンションの議決権割合について，より適合的な選択肢を示す必要があると考えられる。これにより，特に，大規模な改修や建替え等を行う旨を決定する場合，建替え前のマンションの専有部分の価値等を考慮して建替え後の再建マンションの専有部分を配分する場合等における合意形成の円滑化が期待できるといった考え方もある。
　このため，住戸の価値に大きな差がある場合においては，単に共用部分の共有持分の割合によるのではなく，専有部分の階数（眺望，日照等），方角（日照等）等を考慮した価値の違いに基づく価値割合を基礎として，議決権の割合を定めることも考えられる。
　この価値割合とは，専有部分の大きさ及び立地（階数・方角等）等を考慮した効用の違いに基づく議決権割合を設定するものであり，住戸内の内装や備付けの設備等住戸内の豪華さ等も加味したものではないことに留意する。
　また，この価値は，必ずしも各戸の実際の販売価格に比例するものではなく，全戸の販売価格が決まっていなくても，各戸の階数・方角（眺望，日照等）などにより，別途基準となる価値を設定し，その価値を基にし

た議決権割合を新築当初に設定することが想定される。ただし，前方に建物が建築されたことによる眺望の変化等の各住戸の価値に影響を及ぼすような事後的な変化があったとしても，それによる議決権割合の見直しは原則として行わないものとする。

なお，このような価値割合による議決権割合を設定する場合には，分譲契約等によって定まる敷地等の共有持分についても，価値割合に連動させることが考えられる。

③④ 特定の者について利害関係が及ぶような事項を決議する場合には，その特定の少数者の意見が反映されるよう留意する。

④⑤ 組合員が代理人によって議決権を行使する場合の代理人の範囲について規約に定めておくことも考えられるが，その場合には，総会は管理組合の最高の意思決定機関であることを踏まえると，代理人は，区分所有者としての組合員の意思が総会に適切に反映されるよう，区分所有者の立場から見て利害関係が一致すると考えられる者に限定することが望ましい。第5項は，この観点から，組合員が代理人によって議決権を行使する場合の代理人の範囲について規約に定めることとした場合の規定例である。また，総会の円滑な運営を図る観点から，代理人の欠格事由として暴力団員等を規約に定めておくことも考えられる。なお，成年後見人，財産管理人等の組合員の法定代理人については，法律上本人に代わって行為を行うことが予定されている者であり，当然に議決権の代理行使をする者の範囲に含まれる。

⑤⑥ 書面による議決権の行使とは，総会には出席しないで，総会の開催前に各議案ごとの賛否を記載した書面（いわゆる「議決権行使書」）を総会の招集者に提出することである。他方，代理人による議決権の行使とは，代理権を証する書面（いわゆる「委任状」）によって，組合員本人から授権を受けた代理人が総会に出席して議決権を行使することである。

このように，議決権行使書と委任状は，いずれも組合員本人が総会に出席せずに議決権の行使をする方法であるが，議決権行使書による場合は組合員自らが主体的に賛否の意思決定をするのに対し，委任状による場合は賛否の意思決定を代理人に委ねるという点で性格が大きく異なる

46条,(10条,25条)

ものである。そもそも総会が管理組合の最高の意思決定機関であることを考えると，組合員本人が自ら出席して，議場での説明や議論を踏まえて議案の賛否を直接意思表示することが望ましいのはもちろんである。しかし，やむを得ず総会に出席できない場合であっても，組合員の意思を総会に直接反映させる観点からは，議決権行使書によって組合員本人が自ら賛否の意思表示をすることが望ましく，そのためには，総会の招集の通知において議案の内容があらかじめなるべく明確に示されることが重要であることに留意が必要である。

⑥⑦ 代理人による議決権の行使として，誰を代理人とするかの記載のない委任状（いわゆる「白紙委任状」）が提出された場合には，当該委任状の効力や議決権行使上の取扱いについてトラブルとなる場合があるため，そのようなトラブルを防止する観点から，例えば，委任状の様式等において，委任状を用いる場合には誰を代理人とするかについて主体的に決定することが必要であること，適当な代理人がいない場合には代理人欄を空欄とせず議決権行使書によって自ら賛否の意思表示をすることが必要であること等について記載しておくことが考えられる。

（コメント）

第10条関係
① 共有持分の割合については，専有部分の床面積の割合によることとする。ただし，敷地については，公正証書によりその割合が定まっている場合，それに合わせる必要がある。
　登記簿に記載されている面積は，内のり計算によるが，共有持分の割合の基準となる面積は，壁心計算（界壁の中心線で囲まれた部分の面積を算出する方法をいう。）によるものとする。
② 敷地及び附属施設の共有持分は，規約で定まるものではなく，分譲契約等によって定まるものであるが，本条に確認的に規定したものである。なお，共用部分の共有持分は規約で定まるものである。
③ なお，第46条関係③で述べている価値割合による議決権割合を設定する場合には，分譲契約等によって定まる敷地等の共有持分についても，価

> 値割合に連動させることが考えられる。

(コメント)

> 第25条関係
> ①・② 〈略〉
> ③ 議決権割合の設定方法について，一戸一議決権（第46条関係②）や価値割合（第46条関係③）を採用する場合であっても，これとは別に管理費等の負担額については，第2項により，共用部分の共有持分に応じて算出することが考えられる。
> ④ 〈略〉

■解説1：総会の議決権割合，敷地の持分割合の考え方

(1) 旧規約では，総会における議決権について，コメント46条関係①において，「議決権については，共用部分の共有持分の割合，あるいはそれを基礎としつつ賛否を算定しやすい数字に直した割合によることが適当である」，また，同②において「各住戸の面積があまり異ならない場合は，住戸1戸につき各1個の議決権により対応することも可能である。また，住戸の数を基準とする議決権と専有面積を基準とする議決権を併用することにより対応することも可能である」とされていた。共用部分の共有持分の割合は，専有部分の床面積の割合によるとされており（区分所有法14条，コメント10条関係①），前者については，床面積割合をもとに議決権を定めるものと言い換えることができる。

そもそも民法では，共有物の管理は，「各共有者の持分の価格に従い，その過半数で決する」（252条）とされている。これに対して，コメント46条関係①・②で述べられている，共用部分の共有持分の割合とすることや住戸1戸につき各1個の議決権とする議決権割合の設定は，各住戸が比較的均質（超高層ではなく，間取りも均一的）であった時期には，この民法の考え方とあまり齟齬が生じていなかったと言える。

46条，(10条，25条)

　しかし，近年における超高層マンション等の出現により，高層階と低層階との間等では，共用部分の共有持分の割合（床面積割合）等によるのでは住戸の財産価値（眺望，景観，日照等の付加価値）が適正に反映されないケースがみられるようになってきた。

　(2)　そこで，改正規約のコメント46条関係③には，議決権割合の設定について，新たに専有部分の価値割合を基礎とした定め方についての記述が追加された。すなわち，「専有部分の価値割合」に応じた議決権割合の設定が新たな選択肢として加えられた。

　価値割合とは，専有部分の大きさ及び立地（階数・方角等）等を考慮した効用の違いに基づく議決権設定割合である。このような価値割合に基づく議決権割合の設定は，世界的にみれば珍しいものではない。たとえば前掲61頁以下のCOLUMNに記載されているように，フランスやイタリアにおいては，マンションの議決権は，住戸の価値等一定の基準に基づき新規物件では売主側が決定することが一般的である。ただし既存物件については，その住戸の価値に影響を与える眺望等に変更があっても，議決権割合を途中で変更することは稀である。

　このように新たに建てられるマンションを販売する際に，専有部分とその価値割合に基づく議決権割合及び敷地の持分割合の3点をセットにしてその住戸が販売される形式は，有力な選択肢となり得る。

　なお，敷地の持分割合については，コメント10条関係①に「敷地については，公正証書によりその割合が定まっている場合，それに合わせる必要がある」，また，同②に「敷地及び附属施設の共有部分は，規約で定まるものではなく，分譲契約等によって定まるものである」とあるとおりであり，今回の改正で規約上の変更はない。ただし，価値割合を採用する場合にはコメント10条関係③に新たに示されたとおり，敷地の持分割合についても価値割合に連動させることが考えられる。このためには，敷地の持分についても議決権割合（価値割合）と一致するように分譲契約等において適切に定められる必要がある。すなわち，新たに建てられるマンションの販売時にこのように適切に定められるのであれば，必ずしも敷地の持分割合を専有部分の床面積割合によって決める必要はない。

第2章 条文でみる改正のポイント

　このように，議決権割合と敷地の持分割合にともに価値割合を採用した場合について，他の場合と比較して，専有部分の床面積割合，議決権割合，敷地の持分割合の3者の関係をまとめると，次の表のようになる。

議決権が専有部分の面積比例の場合	議決権割合＝床面積割合＝土地の持分割合
一戸一議決権の場合	議決権割合≠床面積割合＝土地の持分割合
価値比例を採用する場合	議決権割合＝土地の持分割合≠床面積割合

　ただし，議決権割合については規約の変更等の手続により事後的に変更することが一応可能であるが，敷地の持分については当初の分譲契約の取決めを事後的に変更することはできない。したがって敷地の持分については，分譲当初にディベロッパー等が合理的に設定することがきわめて重要となる。

　(3)　以上のとおり，改正規約では，総会の議決権割合等について，床面積割合や一戸一議決権といった方法に加えて，新たに価値割合による設定方式という選択肢を追加した。これに対して管理費，修繕積立金の設定については，25条2項に「管理費等の額については，各区分所有者の共用部分の共有持分に応じて算出するものとする」とされており，変更はない。

　この点に関して，コメント25条関係③が追加され，「一戸一議決権（第46条関係②）や価値割合（第46条関係③）を採用する場合であっても，これとは別に管理費等の負担額については，第2項により，共用部分の共有持分に応じて算出することが考えられる」とされた。これは専有部分の床面積に比例して負担することを意味する。

　管理費や修繕積立金の設定は，基本的に，各住戸がもたらす負荷に連動するものと考えるのが妥当である。そして管理費，修繕積立金それぞれに係る負荷については，各住戸の専有部分の床面積に比例するものが多く（外壁，バルコニー，窓，共用の廊下等），それ以外はエレベーターや階段のように階数や各階ごとの頭数等に比例すると考えられる。しかし個々の要素に基づく厳密な算定は困難であり，全体としては専有部分の床面積を基にした設定方式とすることがふさわしいと考えられる。よって，総会の議決権割合等について床面積割合ではなく一戸一議決権や価値割合による場合であっても，管理費，修繕積立金の設定は，床面積割合に基づくことでよいのではないか。

46条，(10条，25条)

■ 解説２：総会における議決権の代理行使の範囲 -----------------------------------

(1) 総会における議決権行使は，区分所有者の重要な権利である。そのため，本来的にはみだりに（家族や同居人を含め）他者にゆだねることは望ましいことではない。しかし，現実には，区分所有者の都合がつかない，あるいは総会に出席できる健康状態でないということは十分にあり得る。その際に，議決権を放棄してしまうのでは，必ずしもマンションの適切な運営にはつながらない。そのため，議決権の代理行使を一定の範囲で認めることが必要となる。

(2) 旧規約では，46条4項において，「組合員は，書面又は代理人によって議決権を行使することができる」とあるのみで，代理人の資格については，限定がなかった。この点について，実は，2011年の改正前には，5項があり，「組合員が代理人により議決権を行使しようとする場合において，その代理人は，その組合員と同居する者若しくはその組合員の住戸を借り受けた者，又は他の組合員若しくはその組合員と同居する者でなければならない」と記載されていた。ここでは，3種類の者が代理人として想定されていた。第1は，(他の)組合員であり，同じ区分所有者として，資産保有者としての立場を有する。第2は，(本人または他の)組合員の同居人であり，世帯を同一にしているとすれば，組合員と比較的利害関係を共有していると推定できる者である。第3は，借家人であり，その当該物件に居住はしているものの，区分所有者は賃貸人であるために，利害関係を共有するとは必ずしも言えない者である。

(3) 総会は管理組合の最高の意思決定機関であるために，組合員とは利害関係が異なる可能性のある者が代理者となって議決に参加することは，組合員の財産保全について懸念があることになる。そのため，議決権行使はなるべく組合員との利害関係が一致する者のみと制限する方が，代理人を依頼する本人もさることながら，他の組合員にとっても財産権保護上，安心な仕組みとなる。2011年の改正時には，コメント46条関係④（今回改正後の⑤）として，代理人の範囲を規約に定める場合には「総会は管理組合の最高の意思決定機関であることを踏まえ，組合員の意思が総会に適切に反映されるよう，区分所有者の立場から利害関係が一致すると考えられる者に限定することが

第2章　条文でみる改正のポイント

望ましい」ことが新たに解説されるにとどまった。今回の改正では，このような観点から，さらに，組合員が代理人によって議決権を行使する場合の代理人の範囲について規約に定めることとした場合の規定例として，改正規約46条5項が新たに定められた（コメント46条関係⑤）。

(4)　改正規約46条5項では，組合員が代理人により議決権を行使しようとする場合において，その代理人は，以下の者でなければならないことが規定された。

①　その組合員の配偶者（婚姻の届出をしていないが事実上婚姻関係と同様の事情にある者を含む。）又は一親等の親族
②　その組合員の住戸に同居する親族
③　他の組合員

すなわち，2011年改正前の内容と比較すると，明確に借家人を排除する一方，（同居していないかもしれない）組合員の配偶者又は一親等の親族が加えられた。配偶者や一親等の親族の出席は，実態としてはしばしば行われており，規約を実態に合うように改変したものである。また，同居する者については，同居する親族のみに限定され，他の組合員については，他の組合員本人は認めるものの，他の組合員の同居者は除かれた。

(5)　借家人と区分所有者の利害が対立する例としては，区分所有者が建物の大規模修繕を行おうとする場合がある。この場合には，借家人が工事に伴い発生する騒音を理由に反対することが考えられる。また，区分所有者が建替えを行おうとする場合，借家人が安い家賃の住戸を退去せざるを得なくなることを理由に反対することが考えられる。このような状況はマンションの財産保全において根幹をゆるがす問題となりかねない。このように，借家人については，大規模修繕や建替え等の意思決定に当たって，財産保有者である組合員と利害の対立があり得る者であるため，代理人の範囲に含めることは適当でないと考えられる。

なお，他の法律の例では，会社法は，総会における議決権の代理行使の範囲について，特段の規定は設けていないが，実務上，定款において代理人を株主に限定しているのが一般であり，判例においても，このような定款の定めは有効であるとされている。また，農業協同組合法では，法律上，①他の

組合員，②組合員と同一世帯に属する者でなければ代理人になれない旨が規定されている。

　管理組合の場合，会社法を参考に，代理行使の範囲を他の組合員に限るのは，住戸に個別性があるというマンションの特性を考慮すると，別の住戸の所有者である他の組合員では当該組合員の財産権の利害を代弁できるとは限らず，狭すぎること，また，農業協同組合法を参考に，他の組合員のほか，同一世帯に属する者とすることは，マンション管理における利害の同一性という観点から適切な範囲の定めとなるかという問題がある。

　これらの点を勘案し，居住者の高齢化等の進行による代理行使の重要性や適切な資産管理の促進の必要性を踏まえ，管理組合における代理行使の範囲については，他の組合員とともに，財産権の保有者として組合員と利害関係が一致すると考えられる者として，組合員の推定相続人，例えば，配偶者又は一親等親族に対して認めることが適当であり，さらに，同居の親族については，同居を条件に農業協同組合法の②より広い範囲で親族による代理を認めてもよいと考えられたものである。

(6)　このほか，コメント46条関係⑤にもあるように，総会の円滑な運営を図る観点から，代理人の欠格事由として暴力団員等を規約に定めておくことを考えられる。また，成年後見人，財産管理人等の組合員の法定代理人については，法律上本人に代わって行為を行うことが予定されている者であり，当然に議決権の代理行使をする者の範囲に含まれる。

COLUMN：借家人が区分所有者を代理することの弊害

　借家人を代理人として認めることで実際にトラブルが生じている事例として次のようなものがある。管理者管理が実施されている都心部のマンションにおいて，総数の半数近い議決権を有する十数名の区分所有者（全員が非在住者）との間で，これらの区分所有者らが所有する20以上の専有部分の賃貸経営の効率化等を目的とした転貸借等を含む契約を締結し，事実上も当該専有部分の一次借受人となった不動産業者（以下「A不動産」という）が，これらの区分所有者（自社の顧客）らの代理人として総会に出席し，管理組合の運営に混乱が引き起こされているというものである。

第2章 条文でみる改正のポイント

> 具体的には，Ａ不動産自らがこのマンション（管理組合）の現任の管理者Ｂより格段に安価な報酬額で管理者業務の受託に対応し得ることを理由として，Ｂの選任（再任）の承認決議を目的とする通常総会の議案に対し，代理人のＡ不動産による反対の議決権行使が2年越しで繰り返された。この出来事と並行して，Ａ不動産の顧客に当たるこれらの区分所有者のうち，区分所有者総数及び議決権総数の各5分の1以上に当たる区分所有者を連名招集者として，Ａ不動産の管理者の選任の承認決議を目的とする臨時総会が2年越しで招集されたが，いずれも承認に至らなかった。
>
> ここにおいて連名招集者となった区分所有者らは，言わば議案提案者でありながら，Ａ不動産によって議長に担ぎ出された1名の区分所有者を除き，誰も総会の議場に出席することはなく，引き続きＡ不動産に議決権行使を委任していたが，この議場の光景を通じて，建前上はこれらの区分所有者の提案と位置付けられているＡ不動産の管理者の選任議案が，実はＡ不動産本位の戦略に過ぎず，これらの区分所有者の本意ではない可能性に過半の区分所有者が気付くことになったための結果と推測されている。
>
> 特定の区分所有者との間に上記のような契約関係を有し，すなわち当事者性を帯びた不動産業者等が管理組合の管理者を兼任することによって，利益相反関係が生じ，区分所有者全員にとって好ましくない結果を招くおそれが容易に考えられるが，代理人の資格要件から「組合員の専有部分を借り受けた者（賃借人）」を排除する新規約に準拠した規約事項が定められることで，こうした事態を防ぎ得ることになる。

■解説3：総会における白紙委任状の取扱い等
　(1)　区分所有法上は，総会における議決権は，書面又は代理人によって行使することができるとされており（39条2項），規約においても，「組合員は，書面又は代理人によって議決権を行使することができる」旨が確認的に定められている（規約46条4項）。すなわち，総会でやむを得ず欠席する場合には，議決権行使書によって賛否を表示するか，もしくは代理人に賛否を表示してもらうことになる。

158

46条, (10条, 25条)

　これまで総会の現場では, 居住者の高齢化等の進行や組合員の管理への無関心等から, 出席はもとより, 議決権行使書や委任状の提出さえ得られないことが多く, 管理組合の執行部が, 定足数を充足させるため, 組合員に対して事前に委任状や議決権行使書の提出を促し, 白紙委任状が提出された場合には, それを議長一任として処理して議案を通している実態があり, このような白紙委任状の取扱いをめぐってトラブルが生じているとの指摘もあった。また,「代理人を記載していないものは議長に一任したものとみなす」という取扱いは, 議長に委任状が集中して, 区分所有者の意図や議場での議論に反して議案が決定されてしまう事態を招きかねないという問題があった。

　(2) このような白紙委任状の問題については, コメント46条関係⑦(改正前の⑥)において, トラブル防止の観点から,「例えば, 委任状の様式等において, 委任状を用いる場合には誰を代理人とするかについて主体的に決定することが必要であること, 適当な代理人がいない場合には代理人欄を空欄とせず議決権行使書によって自ら賛否の意思表示をすることが必要であること等について記載しておくことが考えられる」と, できる限り白紙委任状によらないようにするよう解説されている。

　(3) また, コメント46条関係⑥(改正前の⑤)では, 規約46条4項において認める「書面による議決権の行使」と「代理人による議決権行使」のうち, 組合員の意思を総会に直接反映させる観点からは, 議決権行使書によって組合員本人が自ら賛否の意思表示をすることが望ましく, そのためには, 総会の招集の通知において議案の内容があらかじめなるべく明確に示されることが重要であることに留意が必要であることが解説されている。

　(4) 今回の改正では, このような従来からの解説内容に加え, コメント46条関係⑥において「そもそも総会が管理組合の最高の意思決定機関であることを考えると, 組合員本人が自ら出席して, 議場での説明や議論を踏まえて議案の賛否を直接意思表示することが望ましいのはもちろんである」ことが確認的に明記された。

　白紙委任状の抑制はもとより, それにとどまらず, 組合員の総会への出席が, 組合員による管理組合運営の基本であることを踏まえ, 積極的な出席と議論への参加を改めて促す解説内容となっている。

第 2 章　条文でみる改正のポイント

53条
14. 理事会における代理出席・議決権の代理行使

■改正規約・コメント

（規約）

> （理事会の会議及び議事）
> 第53条　理事会の会議は，理事の半数以上が出席しなければ開くことができず，その議事は出席理事の過半数で決する。
> 2〜4　〈略〉

（コメント）

> 第53条関係
> 　理事に事故があり，理事会に出席できない場合は，その配偶者又は一親等の親族に限り，代理出席を認める旨を規約に定めることもできる。
> ①　理事は，総会で選任され，組合員のため，誠実にその職務を遂行するものとされている。このため，理事会には本人が出席して，議論に参加し，議決権を行使することが求められる。
> ②　したがって，理事の代理出席（議決権の代理行使を含む。以下同じ。）を，規約において認める旨の明文の規定がない場合に認めることは適当でない。
> ③　「理事に事故があり，理事会に出席できない場合は，その配偶者又は一親等の親族（理事が，組合員である法人の職務命令により理事となった者である場合は，法人が推挙する者）に限り，代理出席を認める」旨を定める規約の規定は有効であると解されるが，あくまで，やむを得ない場合の代理出席を認めるものであることに留意が必要である。この場合においても，あらかじめ，総会において，それぞれの理事ごとに，理事の職務を代理するにふさわしい資質・能力を有するか否かを審議の上，その職務を代理する者を定めておくことが望ましい。
> 　なお，外部専門家など当人の個人的資質や能力等に着目して選任されている理事については，代理出席を認めることは適当でない。

④ 理事がやむを得ず欠席する場合には，代理出席によるのではなく，事前に議決権行使書又は意見を記載した書面を出せるようにすることが考えられる。これを認める場合には，理事会に出席できない理事が，あらかじめ通知された事項について，書面をもって表決することを認める旨を，規約の明文の規定で定めることが必要である。
⑤ 理事会に出席できない理事について，インターネット技術によるテレビ会議等での理事会参加や議決権行使を認める旨を，規約において定めることも考えられる。
⑥ 第2項は，本来，①のとおり，理事会には理事本人が出席して相互に議論することが望ましいところ，例外的に，第54条第1項第五号に掲げる事項については，申請数が多いことが想定され，かつ，迅速な審査を要するものであることから，書面又は電磁的方法（電子メール等）による決議を可能とするものである。
⑦ 第3項については，第37条の2関係を参照のこと。

■解説
(1) 理事は総会で選任され，組合員のために，誠実にその職務を執行すべきものである。このため，総会とは異なって，理事会には，理事本人が出席して，議論に参加し，議決権を行使することが求められる。したがって，理事会への理事の代理出席（議決権の代理行使を含む）は，規約に別段の定めがなければ認められないというべきである。規約53条1項の規定は，このような意味において，理事会には理事本人が出席しなければならないことを明らかにするものであって，この規定については，今回の改正前後で変更はない。

(2) 区分所有法には，そもそも理事会に関する規定がなく，したがって，理事会への代理出席や理事の議決権の代理行使に関する規定もない。

この点について，最高裁平成2年11月26日判決（民集44巻8号1137頁）は，「理事会を設けた場合の出席の要否及び議決権の行使の方法について，〔区分所有〕法は，これを自治的規範である規約に委ねているものと解するの

が相当」であり，「規約において〈中略〉理事会における出席及び議決権の行使について代理の可否，その要件及び被選任者の範囲を定めることも，可能というべきである」としたうえで，「理事に事故があり，理事会に出席できないときは，その配偶者又は一親等の親族に限り，これを代理出席させることができる」旨の規約の条項は，違法ではないと判示している。

これを受けて，旧コメント53条関係には，上記判決を参考にして，「理事に事故があり，理事会に出席できない場合は，その配偶者又は一親等の親族に限り，代理出席を認める旨を規約に定めることもできる」という記載があった。

(3) しかし，この判決は，区分所有建物の管理規約における理事の代理出席に係る規定が有効かどうかに疑義が生じていることについて，当該規約は違法とは言えず，委任する根拠となり得るという限定的な判断をしたに過ぎず，決して代理出席を認める規約を推奨するようなものではない。

(4) そもそも，理事は，当人の個人的資質やモラル（士気），適性，能力等に着目して総会で選任されるもの，すなわち，区分所有者らとの間の信認関係に基づいて選任されるものなのであるから，総会とは異なって，本来的に，代理にはなじまない。総会における発言や議決権行使は，区分所有者が各自の権利として自己の利害に基づいて行うものであるのに対し，理事は，区分所有者との信認関係に基づいて区分所有者のために行動すべき立場のものであって，理事個人のために発言したり議決権を行使したりするものではないのであるから，そもそも代理になじむものではないのである。このことは，株式会社において，総会には代理人を出席させることが認められているのに対して（会社法310条），取締役会には代理人を出席させることができないものと解釈されていることと同じである。また，近年の「一般社団法人及び一般財団法人に関する法律」に基づいて設置され，認定を受けた公益法人（以下「新公益法人」という）においても，理事会における議決権の代理行使はみとめられないものとされている。

なお，以上のことは，輪番によって選任された理事の場合も，全く同じである。輪番によって選任された理事も，区分所有者との信認関係によって選任されたものという点では，そうでない理事と何ら変わるところはないから

である。

　(5)　以上のことから，今回の改正では，理事会には理事本人が出席すべきことを定めた53条1項そのものは維持されたうえで，そのコメントの記載内容が見直された。すなわち，コメント53条関係において，従来の記載内容が削除され，新たに，理事会には理事本人が出席すべきものであるという原則が改めて確認される（コメント53条関係①）とともに，理事の代理出席（議決権の代理行使を含む）は規約に明文の規定がある場合を除いて認められるべきものではないこと（同②），また，代理出席を認める規約は，やむを得ない場合に限定されるべきことが明らかにされた（同③）。そのうえで，さらに，この場合においても，あらかじめ，総会において，それぞれの理事ごとに，理事の職務を代理するにふさわしい資質・能力を有するか否かを審議の上，その職務を代理する者を定めておくことが望ましいことも付記された（同③）。

　(6)　このように理事会への理事の代理出席は原則として認められないのであるが，そうであれば，出席者が少ない場合に理事会が成立しないことになるのではないかという疑問が呈されることがある。しかし，そのような事態を回避するための方法としては，事前に議決権行使書又は意見を記載した書面を出せるようにしておくことが考えられるし，テレビ会議での理事会参加や議決権行使も考えられてよい。ただし，このような方法を認めるためには，規約にかかる規定を明文で定めておく必要がある。今回の改正に際しては，この点についても，コメント53条関係④・⑤で解説されている。

　(7)　また，今回の改正では，役員の資格要件から組合員要件を削除して外部の専門家を理事等の役員として選任できるようにするためのモデル条項が付加的に設けられたが，このモデル条項を活用して，例えば，理事が輪番で選任されるような場合において理事会への出席が困難な区分所有者は，その配偶者等に理事としての適性がある場合には，これを，代理人ではなく，総会で，理事本人として選任しておいてもらう方法も考えられてよい。

　(8)　なお，今回の改正で新設された53条2項の規定は，「書面又は電磁的方法（電子メール等——筆者注）による決議」を可能とするものであって，理事会に出席できない理事のための「書面による議決権行使」のことではない

ので，両者を混同しないよう留意すべきである（「3．専有部分の修繕等及び窓ガラス等の改良」〔70頁〕を参照）。

(9) 今回の改正で新設された53条3項の規定に関しては「11．役員の利益相反取引の防止等」(131頁)を参照していただきたい。

〔参考〕

❶ 公益法人実務研究会編著『公益法人の理論と実務〔4訂〕』（公益法人協会，1991年）168頁

「理事会に理事の代理人が出席すること（委任状出席も含む）は，法人の規則に明文をもって規定されている場合，あるいは，それが明確な法人運営上の慣習に指示される場合，その他止むを得ない事情のある場合に限って可能なものである。」

❷ 社団法人〇〇協会定款の例（公益法人協会『公益法人の設立・運営・監督の手引〔5訂版〕』〔内閣総理大臣官房管理室編集協力，1998年〕）

「第26条　やむを得ない理由のために総会に出席できない正社員は，あらかじめ通知された事項について書面をもって表決し，又は他の正会員を代理人として表決を委任することができる。

　　　　第33条　理事会については，第24条から第27条の規定を準用する。」

❸ 内閣府「新たな公益法人制度への移行等に関するよくある質問（FAQ）」（平成25年6月版）における新公益法人における理事の代理行使に対する公式見解（要約）

「理事は，その個人的な能力や資質に着目し，法人運営を任されている者であることから，自ら理事会に出席し，議決権を行使することが求められる。また，理事会における協議と意見交換に参加していない者が，その情報を知る前に，事前に書面投票や電子投票を行うということは，責任ある議決権の行使とはならない。したがって，理事会が開催された場合には，議決権の代理行使及び書面又は電磁的方法による議決権の行使は認められていない。

　一般社団・財団法人法は，円滑な法人運営のため，『定款に定めを設けるこ

とにより，理事会の決議の目的である事項につき，理事全員が同意し，かつ，監事が異議を述べないときに限り，書面又は電磁的方法により決議することができる』とし，これにより，すべての理事の意向に基づく理事会決議を機動的に行うことができる。」

第2章 条文でみる改正のポイント

58条
15. 新年度予算成立までの経常的な支出に関する整理

■改正規約・コメント
（規約）

> （収支予算の作成及び変更）
> 第58条　理事長は，毎会計年度の収支予算案を通常総会に提出し，その承認を得なければならない。
> 2　〈略〉
> 3　理事長は，第56条に定める会計年度の開始後，第1項に定める承認を得るまでの間に，以下の各号に掲げる経費の支出が必要となった場合には，理事会の承認を得てその支出を行うことができる。
> 　一　第27条に定める通常の管理に要する経費のうち，経常的であり，かつ，第1項の承認を得る前に支出することがやむを得ないと認められるもの
> 　二　総会の承認を得て実施している長期の施工期間を要する工事に係る経費であって，第1項の承認を得る前に支出することがやむを得ないと認められるもの
> 4　理事長は，前項に定めるの規定に基づき行った支出を行ったときは，第1項に定めるの規定により収支予算案の承認を得たときは，当該収支予算案による支出とみなすために開催された通常総会において，その内容を報告しなければならない。この場合において，当該支出は，その他の収支予算とともに承認されたものとみなす。
> 5・6　〈略〉

（コメント）

> 第58条関係
> ①　通常総会は，第42条第3項で新会計年度開始以後2か月以内に招集することとしているため，新会計年度開始後，予算案の承認を得るまでに一定の期間を要することが通常である。第3項及び第4項の規定は，こ

のような期間において支出することがやむを得ない経費についての取扱いを明確化することにより，迅速かつ機動的な業務の執行を確保するものである。なお，第4項の規定については，<u>公益法人における実務運用を参考として，手続の簡素化・合理化を図ったものである。</u>

② ～ ⑤ 〈略〉

■ 解説
(1) 通常総会は，新会計年度開始以後2か月以内に招集することとしているため（規約42条3項），新会計年度開始後，予算案の承認を得るまでに一定の期間を要することが通常であるが，2011年改正前の規約においては，その間の経常的な経費の支出の取扱いについて規定が定められていなかった。

そこで，2011年の改正では，上記の間の経常的な支出等について，理事会の承認を得て支出することができることとされたが（規約58条3項），その場合，新年度予算の承認を得るために開催された通常総会において，その内容を報告しなければならないこととされた（旧規約58条4項）。

(2) 今回の改正では，この点について，公益法人における実務運用例を参考に，事務処理の更なる明確化・合理化が図られた。

すなわち，規約58条4項が改められ，会計年度開始後予算案の承認を得るまでの間の経常的な支出等について，58条1項の予算案の承認を得たときは，当該予算による支出とみなされることとなった。

あわせて，コメント58条関係①において，この改正の趣旨の解説が加えられた。

(3) なお，58条5項及び6項の追加については，「6．災害等の緊急時における意思決定手続等」（91頁）を参照のこと。

第2章 条文でみる改正のポイント

60条，(25条，26条)
16. 管理費等の滞納に対する措置

■改正規約・コメント

(規約)

> (管理費等の徴収)
> 第60条　管理組合は，第25条に定める管理費等及び第29条に定める使用料について，組合員が各自開設する預金口座から自動口座振替の方法により第62条に定める口座に受け入れることとし，当月分は前月の〇日別に定める徴収日までに一括して徴収する。ただし，臨時に要する費用として特別に徴収する場合には，別に定めるところによる。
> 2　組合員が前項の期日までに納付すべき金額を納付しない場合には，管理組合は，その未払金額について，年利〇％の遅延損害金と，違約金としての弁護士費用並びに督促及び徴収の諸費用を加算して，その組合員に対して請求することができる。
> <u>3　管理組合は，納付すべき金額を納付しない組合員に対し，督促を行うなど，必要な措置を講ずるものとする。</u>
> ~~3~~ 4　理事長は，未納の管理費等及び使用料の請求に関して，理事会の決議により，管理組合を代表して，訴訟その他法的措置を追行することができる。
> ~~4~~ 5　第2項に基づき請求した遅延損害金，弁護士費用並びに督促及び徴収の諸費用に相当する収納金は，第27条に定める費用に充当する。
> ~~5~~ 6　組合員は，納付した管理費等及び使用料について，その返還請求又は分割請求をすることができない。

(コメント)

> 第60条関係
> ①　〈略〉
> ②　徴収日を別に定めることとしているのは，管理業者や口座（金融機関）

の変更等に伴う納付期日の変更に円滑に対応できるようにするためである。
③ 管理費等の確実な徴収は，管理組合がマンションの適正な管理を行う上での根幹的な事項である。管理費等の滞納は，管理組合の会計に悪影響を及ぼすのはもちろんのこと，他の区分所有者への負担転嫁等の弊害もあることから，滞納された管理費等の回収は極めて重要であり，管理費等の滞納者に対する必要な措置を講じることは，管理組合（理事長）の最も重要な職務の一つであるといえる。管理組合が滞納者に対してとり得る各種の措置について段階的にまとめたフローチャート及びその解説を別添３に掲げたので，実務の参考とされたい。
④ 滞納管理費等に係る遅延損害金の利率の水準については，管理費等は，マンションの日々の維持管理のために必要不可欠なものであり，その滞納はマンションの資産価値や居住環境に影響し得ること，管理組合による滞納管理費等の回収は，専門的な知識・ノウハウを有し大数の法則が働く金融機関等の事業者による債権回収とは違い，手間や時間コストなどの回収コストが膨大となり得ること等から，利息制限法や消費者契約法等における遅延損害金利率よりも高く設定することも考えられる。
②⑤ 督促及び徴収に要する費用とは，次のような費用である。
　ア）配達証明付内容証明郵便による督促は，郵便代の実費及び事務手数料
　イ）支払督促申立その他の法的措置については，それに伴う印紙代，予納切手代，その他の実費
　ウ）その他督促及び徴収に要した費用
⑥ 第２項では，遅延損害金と，違約金としての弁護士費用並びに督促及び徴収の諸費用を加算して，その組合員に対して請求することが「できる」と規定しているが，これらについては，請求しないことについて合理的事情がある場合を除き，請求すべきものと考えられる。

第2章 条文でみる改正のポイント

(規約)

> (管理費等)
> 第25条 区分所有者は,敷地及び共用部分等の管理に要する経費に充てるため,次の費用(以下「管理費等」という。)を管理組合に納入しなければならない。
> 一 管理費
> 二 修繕積立金
> 2 〈略〉

(コメント)

> 第25条関係
> ①~③ 〈略〉
> ④ なお,管理費等の徴収や,滞納があった場合の取扱い等については,第60条を参照のこと。

(規約)

> (承継人に対する債権の行使)
> 第26条 管理組合が管理費等について有する債権は,区分所有者の包括承継人及び特定承継人に対しても行うことができる。

(コメント)

> 第26条関係
> 　以前は包括承継人についても記載していたが,包括承継人が債務を承継するのは当然であるため,削除した。

■解説 --------

(1) 管理費及び修繕積立金(以下「管理費等」という)の滞納がなされることがあるが,管理費等の確実な徴収は,管理組合がマンションの適切な管理を行う上での根幹的な事項であり,管理費等の滞納者に対する措置は,管理組合の最も重要な職務の一つである。管理組合が,管理費等の滞納への適切

60条, (25条, 26条)

な対策を怠れば、他の区分所有者への負担転嫁等の弊害も生ずることになる。

このように、マンションの適正な管理を行う上での根幹ともいえるほどのきわめて重要な事項である管理費の徴収に関して、その滞納が発生したときの対応の仕方についての記載等が、従来は必ずしも十分とはいえず、管理組合（具体的には理事）にとって、いつ、どのようにして滞納管理費の回収を行ったら良いのかについて明確な方針及び方法の提示が欠けていた。

具体的には、区分所有法7条の先取特権と通常の民事訴訟及び区分所有法59条の競売請求との関係、その行使の方法・要件などについて、専門家とは限らない管理組合の理事にとっては、よくわからないことが多く存在した。そのため、滞納管理費の回収を積極的に行わず放置することにより、高額の滞納者を発生させマンションの管理が十分に行えないような事態の出現さえ危惧される場合も生じることとなった。また、「年利〇％」と記載されている遅延損害金の額についても、必ずしも管理組合が自主的に適切な数字を入れられるとは限らないという問題があった。

(2) 今回の改正では、まず、管理組合が管理費等の滞納に対し、督促を行うなどの必要な措置を講ずる義務が明確に定められるとともに（改正規約60条3項）、コメント60条関係③において、滞納対策に関する基本的な考え方が解説された。あわせて、管理組合が滞納者に対して取り得る各種の措置について段階的にまとめたフローチャート及びその解説が示された（コメント別添3）。

(3) コメント別添3において示された、滞納管理費等の回収のための具体的な措置内容は、以下のとおりである。

① 督　促

管理組合は、滞納者に対して、滞納管理費等の支払の督促とともに、今後も滞納が継続する場合には、その状況に応じてさらなる措置を執ることになる旨を事前に警告する。

② 滞納者の保有財産の調査

滞納者の専有部分等について、抵当権の設定の有無を調査するとともに、専有部分等以外の資産について、現住所と最低限その直前に居住していた市区町村内と勤務先の市区町村内の調査を行うことが考えられる。

第2章 条文でみる改正のポイント

　金融資産については，金融機関が顧客情報の流出を懸念して本人の同意を求める可能性が考えられるため，管理規約に，滞納した場合には管理組合が滞納者の資産調査を行うことに区分所有者はあらかじめ同意するものとする規定を設け，区分所有者の同意を事前にとって銀行等から情報開示を得ることが考えられる。

　また，課税当局（地方自治体）の固定資産課税台帳については，本人の同意書（又はみなし同意の規約）を携えて調査することが考えられる。

　登記情報については，氏名等の情報では検索できないシステムになっているが，地番や家屋番号がわかれば情報が取得できるので，例えば，滞納者が直前に居住していた市区町村に保有する不動産があるか等について，地番や家屋番号を基に各登記所で確認の閲覧調査を行う。

③　区分所有法7条の先取特権の実行

　管理費等は，区分所有法7条の先取特権の対象（被保全債権）となっているため，訴訟によらず，いきなり競売を申し立てることにより，他の債権者に優先して弁済を受けることができる。したがって，上記②の調査の結果，先取特権の実行により当該マンションから管理費等の回収が可能な場合には，実効性のある回収措置となる。

　しかし，先取特権は，「区分所有権（共用部分に関する権利及び敷地利用権を含む。）及び建物に備え付けた動産」（同法7条）についてのみ実行可能であり，しかも，先取特権は公租公課及び抵当権等に劣後するため，抵当権が担保する融資残額が当該マンションの価値を上回る場合は，実効的な回収措置とはならない。

④　区分所有者の資産に対する強制執行

　先取特権を実行しようにも抵当権設定などの理由により回収に実効性がなく，他の保有財産の存在が判明した場合には，通常の差押えを行うことが考えられる。この通常の差押えの場合は，先取特権の場合と異なり，債務名義を取得することがまず必要であり，債務名義は，訴訟（訴額が60万円以下の場合は，「少額訴訟」により，比較的簡便な手続の利用が可能）を提起して取得する。しかし，訴訟の判決が出ても，それで直ちに滞納が回収できるわけではなく，滞納者が任意に支払わない場合には，さらに強制的に回収するため，区分所

有者の当該区分所有権以外の財産に対する強制執行をする必要がある。強制執行（差押え）については，対象資産の限定が基本的にはなく，滞納者の保有財産に対して強制執行（不動産執行，動産執行，債権執行）を行うことが考えられる。

　また，強制執行を行うためには，滞納者の保有財産がどこにあるかが判明してから行うべきである。一定の推測で絞り込みを行い，可能性のあるところに差押えをかけることは可能であるが，十分な回収ができない等の問題があるからである。

　なお，保有不動産の差押えの場合，先取特権と同様，抵当権等の優先債権が資産価値以上に設定されており，資産を処分しても弁済を受けられない状態（無剰余）であると，民事執行法63条の規定により強制執行による競売は取消しとなる（無剰余取消し）。

　現実には，滞納者の当該マンション以外の保有財産によっても滞納管理費等の回収を図ることが困難な場合が多く，区分所有法59条の区分所有権の競売請求によって滞納者を排除した上で，新しい区分所有者（特定承継人）から滞納管理費等の支払を受けること（区分所有法8条）が，有効な回収手段となるものと考えられる。

　⑤　区分所有法59条の区分所有権の競売請求

　ア　区分所有法7条の先取特権の実行と区分所有者の資産の差押えのどちらの措置を実施しても滞納額の全額を回収できなかった場合及び回収できないことが確実な場合，管理組合は，区分所有法59条の競売請求の可否について検討することとなる。

　「区分所有権の競売の請求」に基づく競売請求においては，抵当権等優先する債権があって民事執行法63条1項の剰余を生ずる見込みがない場合であっても，競売手続を実施することができるとした裁判例があり（東京高裁平成16年5月20日決定〔判タ1210号170頁〕），そのため，区分所有者がいわゆるオーバーローン状態でも競売請求が実施できる可能性がある。この場合には，区分所有法8条による特定承継人である競落人に滞納管理費等の支払を求めることができるため，滞納者を区分所有関係から排除した上で，新しい所有者から滞納管理費等の支払を受けることが可能となる。

第2章　条文でみる改正のポイント

　区分所有法59条の競売請求は、「他の方法によっては……区分所有者の共同生活の維持を図ることが困難であるとき」（同条）という要件を満たす場合に認められ、この要件については、これまでの裁判例によると、先取特権の実行やその他滞納者の財産に対する強制執行によっても滞納管理費等の回収を図ることができず、もはや59条の競売による以外に回収の方法がないことが明らかな場合（東京地裁平成18年6月27日判決〔判時1961号65頁〕ほか）とされている。

　これまでの裁判例によると、滞納が区分所有法6条の共同利益違反行為に該当すると認定した上で、預金債権の強制執行が不奏功に終わったことや、区分所有法7条による先取特権又は裁判所の判決に基づいて居室及びその敷地権の競売を申し立てたとしても抵当権等優先する債権が資産価値以上に設定されており、資産を処分しても弁済を受けられない状態であることを理由として取消しとなる可能性が高いこと等から、区分所有法59条の競売以外の方法では区分所有者の共同生活の維持を図ることが困難であると認定し、競売を認めたものがある（東京地裁平成17年5月13日判決〔判タ1218号311頁〕、東京地裁平成19年11月14日判決〔判タ1288号286頁〕）。

　イ　以上を踏まえ、59条競売が認められるための要件や管理組合が競売請求するための手順については、以下のようになる。

　区分所有権の競売請求の要件は「区分所有法第59条第1項」に定められており、同項の条文に沿うと、要件は次の3つに整理することができる。

a　区分所有者が6条1項に規定する行為をしたこと、又はその行為をするおそれがあること。

b　当該行為による区分所有者の共同生活上の障害が著しいこと。

c　他の方法によっては、その障害を除去して共用部分の利用の確保その他の区分所有者の共同生活の維持を図ることが困難であること。

　管理費等の支払義務は、区分所有建物等の管理に関する最も基本的な義務であることから、その著しい滞納は、aにいう6条1項に規定するいわゆる「共同利益背反行為」に該当すると考えられる。また、bにいう「区分所有者の共同生活上の障害が著しい」状態については、滞納期間、滞納額、未払いに対する過去の交渉経緯等、諸般の事情を考慮して最終的には裁判所にお

いて判断され，59条の競売請求を管理組合が検討・意思決定すべき時期としては，○か月以上滞納した場合には，それ以上督促しても当人から管理費等が支払われることが期待できないという実績があり，その結果，建物の適切な管理や計画的な大規模修繕の先送りや修繕項目の削減につながって，住環境の悪化や，躯体劣化，設備への支障が生じ，区分所有者の共同生活に著しい障害を与えるほどの資金不足となったときである。こうした事情のほか，個々のマンションの著しい障害の実態を適切に立証することによってbに該当すると判断される可能性が高くなると考えられる。

そして，cにいう「他の方法によっては，その障害を除去して共用部分の利用の確保その他の区分所有者の共同生活の維持を図ることが困難であること」については，先取特権の実行やその他滞納者の財産に対する強制執行によっても滞納管理費等の回収を図ることができない場合であることを要し，その前提として，可能な限り滞納者の保有財産の調査を行うべきである。なお，区分所有法59条による競売請求をするに当たって，区分所有法57条1項の差止請求や同法58条の専有部分の使用禁止の請求を経なければならないものではないと考えられる。

競売実行後は，区分所有法8条により，特定承継人は滞納額の弁済責任を負わなければならない。仮に，承継した滞納額の弁済を拒否した場合には，区分所有法7条の先取特権の実行により，回収を図ることが可能である。

(4) また，滞納管理費等に係る遅延損害金の利率の水準についての考え方が新たに示された（コメント60条関係④）。

滞納管理費等に係る遅延損害金の利率の水準については
・ 管理費等は，マンションの日々の維持管理のために必要不可欠なものであり，その滞納は区分所有者の共有財産であるマンションの資産価値や居住環境への重大な毀損に直結すること
・ 管理組合による滞納管理費等の回収は，専門的な知識・ノウハウを有し大数の法則が働く金融機関等の事業者による債権回収とは違い，手間や時間コストなどの回収コストが膨大となること

等により，利息制限法や消費者契約法等における遅延損害金利率よりも高く設定することができると考えられる。例えば，滞納管理費等に係る遅延損害

金の利率を30％と定めていたマンション管理規約について，公序良俗に反するものではないとされた裁判例がある（東京地裁平成20年1月18日判決〔判例集未登載〕）。

なお，弁護士費用については，平成16年の規約改正において，違約金としての弁護士費用を請求することができる規定が追加されているため，この規定に基づき徴収することができる。これは，民法420条により，違約金の定めは賠償額の予定額として有効であり，弁護士費用を違約金として請求することが可能となっているところ，規約の違約金条項により，区分所有者相互間の約束（管理組合すなわち所有者全員の組織体と組合員との間の約束）としてそのような合意が成立していることとなるからである。

また，規約60条2項は弁護士費用を請求できるという「できる」規定となっているが，コメント60条関係⑥にあるとおり，違約金として弁護士費用等を請求しないことが合理的事情のある場合に限り請求しないことができるが，基本的には請求するべきであるということに注意を要する。

(5) 以上より，専門家ではない管理組合の理事にとって管理費等の滞納への具体的な対応方法が明確になった。反面，このように具体的な対応方法が明確になったにもかかわらず，管理費等の回収のため必要な措置を行わない管理組合の理事に対しては，区分所有者から，なすべきことをなさないことを理由に損害賠償請求が行われることも考えられるので，十分に注意が必要であるとともに，管理組合の理事となった者は，積極的に管理費等の回収に取り組まれたい。

(6) このほか管理費等の徴収日を前月の○日までにと規定されていた部分については，徴収日は別途定めるところによると改正された（規約60条1項）。これは，コメント60条関係②のとおり，管理業者・口座（金融機関）の変更その他に伴う納付期日の変更に円滑に対応できるようにするためのものである。

(7) 管理費等について定める規約25条に関連しては，コメント25条関係④が追加された。また，承継人に対する債権の行使について定める規約26条から包括承継人に係る記述が削除されるとともに，コメント26条関係でその趣旨が解説された。

64条,（32条）

17. 会計情報や管理に関する情報の開示等

■改正規約・コメント

（規約）

〔※管理組合における電磁的方法の利用状況に応じて，次のように規定〕

（ア）電磁的方法が利用可能ではない場合

（帳票類等の作成，保管）

第64条　理事長は，会計帳簿，什器備品台帳，組合員名簿及びその他の帳票類を作成して保管し，組合員又は利害関係人の理由を付した書面による請求があったときは，これを閲覧させなければならない。この場合において，閲覧につき，相当の日時，場所等を指定することができる。

2　理事長は，第32条第三号の長期修繕計画書，同条第五号の設計図書及び同条第六号の修繕等の履歴情報を保管し，組合員又は利害関係人の理由を付した書面による請求があったときは，これらを閲覧させなければならない。この場合において，閲覧につき，相当の日時，場所等を指定することができる。

3　理事長は，第49条第3項（第53条第4項において準用される場合を含む。），本条第1項及び第2項並びに第72条第2項及び第4項の規定により閲覧の対象とされる管理組合の財務・管理に関する情報については，組合員又は利害関係人の理由を付した書面による請求に基づき，当該請求をした者が求める情報を記入した書面を交付することができる。この場合において，理事長は，交付の相手方にその費用を負担させることができる。

（イ）電磁的方法が利用可能な場合

（帳票類等の作成，保管）

第64条　理事長は，会計帳簿，什器備品台帳，組合員名簿及びその他の帳票類を，書面又は電磁的記録により作成して保管し，組合員又は利害関係人の理由を付した書面又は電磁的方法による請求があったときは，こ

第2章 条文でみる改正のポイント

れらを閲覧させなければならない。この場合において，閲覧につき，相当の日時，場所等を指定することができる。

2　理事長は，第32条第三号の長期修繕計画書，同条第五号の設計図書及び同条第六号の修繕等の履歴情報を，書面又は電磁的記録により保管し，組合員又は利害関係人の理由を付した書面又は電磁的方法による請求があったときは，これらを閲覧させなければならない。この場合において，閲覧につき，相当の日時，場所等を指定することができる。

3　理事長は，第49条第5項（第53条第4項において準用される場合を含む。），本条第1項及び第2項並びに第72条第2項及び第4項の規定により閲覧の対象とされる管理組合の財務・管理に関する情報については，組合員又は利害関係人の理由を付した書面又は電磁的方法による請求に基づき，当該請求をした者が求める情報を記入した書面を交付し，又は当該書面に記載すべき事項を電磁的方法により提供することができる。この場合において，理事長は，交付の相手方にその費用を負担させることができる。

4　電磁的記録により作成された書類等の閲覧については，第49条第5項に定める議事録の閲覧に関する規定を準用する。

（コメント）

第64条関係

①　第1項から第3項までにおける「利害関係人」については，コメント第49条関係①を参照のこと。

①②　作成，保管すべき帳票類としては，第64条第1項に規定するものの他，領収書や請求書，管理委託契約書，修繕工事請負契約書，駐車場使用契約書，保険証券などがある。

②③　組合員名簿の閲覧等に際しては，組合員のプライバシーに留意する必要がある。

④　第2項は，第32条で管理組合の業務として掲げられている各種書類等の管理について，第1項の帳票類と同様に，その保管及び閲覧に関する

64条,(32条)

業務を理事長が行うことを明確にしたものである。なお,理事長は,理事長の責めに帰すべき事由により第1項の帳票類又は第2項に掲げる書類が適切に保管されなかったため,当該帳票類又は書類を再作成することを要した場合には,その費用を負担する等の責任を負うものである。

⑤ 第3項は,組合員又は利害関係人が,管理組合に対し,第49条第3項(第53条第4項において準用される場合を含む。),本条第1項,第2項並びに第72条第2項及び第4項の閲覧ではなく,管理組合の財務・管理に関する情報のうち,自らが必要とする特定の情報のみを記入した書面の交付を求めることが行われている実態を踏まえ,これに対応する規定を定めるものである。書面交付の対象とする情報としては,大規模修繕工事等の実施状況,今後の実施予定,その裏付けとなる修繕積立金の積立ての状況(マンション全体の滞納の状況も含む)や,ペットの飼育制限,楽器使用制限,駐車場や駐輪場の空き状況等が考えられるが,その範囲については,交付の相手方に求める費用等とあわせ,細則で定めておくことが望ましい。別添4は,住戸の売却予定者(組合員)から依頼を受けた宅地建物取引業者が当面必要とすると考えられる情報を提供するための様式の一例に記載のある主な情報項目であり,上述の細則を定める場合の参考とされたい。

⑥ 第3項に規定する管理組合の財務・管理に関する情報については,これらの情報が外部に開示されることにより,優良な管理が行われているマンションほど市場での評価が高まることや,こうした評価を通じて管理の適正化が促されることが想定されることから,書面交付の対象者に住戸の購入予定者を含めて規定することも考えられる。一方で,開示には防犯上の懸念等もあることから,各マンションの個別の事情を踏まえて検討することが必要である。

(コメント)

第32条関係

①~④ 〈略〉

⑤ 管理組合が管理すべき設計図書は,適正化法第103条第1項に基づい

て宅地建物取引業者から交付される竣工時の付近見取図，配置図，仕様書（仕上げ表を含む。），各階平面図，2面以上の立面図，断面図又は矩計図，基礎伏図，各階床伏図，小屋伏図，構造詳細図及び構造計算書である。ただし，同条は，適正化法の施行（平成13年8月1日）前に建設工事が完了した建物の分譲については適用されてないこととなっており，これに該当するマンションには上述の図書が交付されていない場合もある。

　他方，建物の修繕に有用な書類としては，上述以外の設計関係書類（数量調書，竣工地積測量図等），特定行政庁関係書類（建築確認通知書，日影協定書等），消防関係書類，機械関係設備施設の関係書類，売買契約書関係書類等がある。

　このような各マンションの実態に応じて，具体的な図書を規約に記載することが望ましい。

⑥　修繕等の履歴情報とは，大規模修繕工事，計画修繕工事及び設備改修工事等の修繕の時期，箇所，費用及び工事施工者等や，設備の保守点検，建築基準法第12条第1項及び第 ~~2~~ 3 項の特殊建築物等の定期調査報告及び建築設備（昇降機を含む。）の定期検査報告，消防法第8条の2の2の防火対象物定期点検報告等の法定点検，耐震診断結果，石綿使用調査結果など，維持管理の情報であり，整理して後に参照できるよう管理しておくことが今後の修繕等を適切に実施するためにも有効な情報である。

⑦　管理組合が保管管理する書類等として，第三号に掲げる長期修繕計画書，第五号及び⑤に掲げる設計図書等，第六号及び⑥に掲げる修繕等の履歴情報が挙あげられるが，具体的な保管や閲覧については，第64条第2項で規定するとおり，理事長の責任により行うこととする。その他に，理事長が保管する書類等としては，第49条第3項で定める総会議事録，第53条第 ~~2~~ 4 項の規定に基づき準用される第49条第3項で定める理事会議事録，第64条及び第64条関係コメントに掲げる帳票類等，第72条で定める規約原本等が挙あげられる。

　このうち，総会議事録及び規約原本の保管は，区分所有法により管理者が保管することとされているものであり，この標準管理規約では理事長を管理者としていることから理事長が保管することとしている。

⑧・⑨ 〈略〉

■ 解説
（1）旧規約では，管理組合における文書の管理等について，文書の管理の主体が管理組合と理事長に分かれて複雑な規定内容となっていたこと，また，組合員や利害関係人にだけ，理由を付した書面による請求があった時に閲覧をさせるという規定があるのみであり，現在のように，様々な場面において多くの情報の開示が重要とされている時代の要請にそぐわないものとなっていた。

もとより，このような情報を真に必要としていないような純然たる第三者にまでオープンにする必要はないものの（さらに，このような情報を取得した者により悪用される危険も考えられる），新たに中古マンションを購入しようとしている者にとっては，そのマンションの設計図書や修繕などの履歴情報は，購入をするか否かの決定についての重要な情報となることは明らかであるし，きちんとした修繕等が行われているマンションであれば，必要な修繕が行われていないマンションに比べて，市場において高く評価されることもまた当然なのであるから，情報を開示することは中古マンションを売却したいと考えている現所有者にも大きなメリットをもたらすことになる。

さらには，情報の開示がなされないことを良いことにして，行うべき修繕等を行わないで放置するような怠惰な管理組合の存在を許すことにもなりかねないという問題が存した。

（2）すなわち，マンション管理組合の財務や管理に関する情報がマンション市場に広く開示されることによって，マンションの購入を検討している第三者によっても管理の状況等がモニタリングされることとなり，それを通じて，役員による適正な業務執行の推進が図られ，財産管理の面での組合員の利益の増進につながることが期待される。

一方，管理費の滞納状況等が外部に公開されることによってマンションの中古市場価格が低下することを懸念する考え方もあるが，悪い情報も含めてマンション管理に関する情報が広く公開されることが，各組合員が役員の業

務執行に対して強い関心を持つインセンティブとなり，これを通じた管理の適正化が期待できるため，結果的には，むしろ組合員全体の利益の増進につながることになる。

また，マンション管理組合の財務や管理に関する情報が公開された場合の悪用について懸念する向きもあるが，一方で，少なくとも中古マンションとして購入しようとする希望者に対し情報を公開することにより，優良な管理が行われているマンションほど有利になるというメリットもある。具体的には，優良な管理の行われているマンションほど価格が高くなると考えられる。

(3) 以上を踏まえ，規約の見直しが行われ，会計情報や管理に関する情報の開示等に関する規定の充実が図られるとともに，開示先の拡大についても各マンションが選択できることが解説された。

(4) 具体的には，まず，長期修繕計画書，設計図書及び修繕等の履歴情報について，組合員又は利害関係人の請求に基づく閲覧の規定が新たに設けられた（規約64条2項）。さらに，この規定の趣旨と理事長の書類の保管責任（文書を再作成する等のために要した費用の賠償責任）について新たに解説された（コメント64条関係④）。なお，「利害関係人」の定義については，コメント64条関係①において，コメント49条関係①を参照のこととされたが，これによれば，「利害関係人」とは，敷地，専有部分に対する担保権者，差押債権者，賃借人，組合員からの媒介の依頼を受けた宅地建物取引業者等法律上の利害関係がある者をいい，単に事実上利益や不利益を受けたりする者，親族関係にあるだけの者等は対象とはならない。

(5) また，規約64条1項（帳票類）及び2項（長期修繕計画書等）並びに72条2項及び4項（規約原本等）で閲覧の対象とされる管理組合の財務・管理に関する情報については，組合員又は利害関係人の請求に基づき，当該請求した者が求める情報を記入した書面を作成し，交付することができる旨が新たに規定された（規約64条3項）。さらに，この規定の趣旨がコメントで解説されるとともに，情報提供の対象範囲を具体的に細則で定めるに際し参考となる情報項目の例についてコメント別添4で掲げられた（コメント64条関係⑤）。また，これらの情報提供の対象者に住戸の購入予定者を含めて規定することも考えられるが，一方で，防犯上の懸念等もあることから，各マ

ンションの個別の事情を踏まえて検討することが必要である旨が解説された（コメント64条関係⑥）。

(6) なお，旧規約においては，規約，総会議事録，理事会議事録については，電磁的な記録で保管することも可能とされていたが，それ以外の設計図書，修繕履歴情報，会計帳簿，什器備品台帳，組合員名簿等については，電磁的記録による保管についての規定が設けられていなかった。そこで，これらの書類についても電磁的記録による保管について規定が設けられた（規約64条の(イ)電磁的方法が利用可能な場合）。

(7) 文書の種類によって管理主体が「管理組合」と「理事長」とに分かれていた旧規約の規定ぶりについても，実態を踏まえ，保管の責任者は「理事長」に統一された（規約64条，コメント32条関係⑦）。その関係で，コメント32条関係⑦の「管理組合が保管する書類等」との記載が「管理組合が管理する書類等」と修正された。

■資料

マンション標準管理規約及び同コメント（単棟型）

平成 28 年 3 月 14 日国土動指第 89 号, 国住マ第 60 号

資料

○○マンション管理規約

第1章 総則

（目的）
第1条 この規約は，○○マンションの管理又は使用に関する事項等について定めることにより，区分所有者の共同の利益を増進し，良好な住環境を確保することを目的とする。

（定義）
第2条 この規約において，次に掲げる用語の意義は，それぞれ当該各号に定めるところによる。
一 区分所有権 建物の区分所有等に関する法律（昭和37年法律第69号。以下「区分所有法」という。）第2条第1項の区分所有権をいう。
二 区分所有者 区分所有法第2条第2項の区分所有者をいう。
三 占有者 区分所有法第6条第3項の占有者をいう。
四 専有部分 区分所有法第2条第3項の専有部分をいう。
五 共用部分 区分所有法第2条第4項の共用部分をいう。
六 敷地 区分所有法第2条第5項の建物の敷地をいう。
七 共用部分等 共用部分及び附属施設をいう。
八 専用使用権 敷地及び共用部分等の一部について，特定の区分所有者が排他的に使用できる権利をいう。
九 専用使用部分 専用使用権の対象となっている敷地及び共用部分等の部分をいう。

（規約及び総会の決議の遵守義務）
第3条 区分所有者は，円滑な共同生活を維持するため，この規約及び総会の決議を誠実に遵守しなければならない。
2 区分所有者は，同居する者に対してこの規約及び総会の決議を遵守させなければならない。

（対象物件の範囲）
第4条 この規約の対象となる物件の範囲は，別表第1に記載された敷地，建物及び

附属施設（以下「対象物件」という。）とする。
（規約及び総会の決議の効力）
第5条　この規約及び総会の決議は，区分所有者の包括承継人及び特定承継人に対しても，その効力を有する。
2　占有者は，対象物件の使用方法につき，区分所有者がこの規約及び総会の決議に基づいて負う義務と同一の義務を負う。
（管理組合）
第6条　区分所有者は，区分所有法第3条に定める建物並びにその敷地及び附属施設の管理を行うための団体として，第1条に定める目的を達成するため，区分所有者全員をもって○○マンション管理組合（以下「管理組合」という。）を構成する。
2　管理組合は，事務所を○○内に置く。
3　管理組合の業務，組織等については，第6章に定めるところによる。

第2章　専有部分等の範囲

（専有部分の範囲）
第7条　対象物件のうち区分所有権の対象となる専有部分は，住戸番号を付した住戸とする。
2　前項の専有部分を他から区分する構造物の帰属については，次のとおりとする。
　一　天井，床及び壁は，躯体部分を除く部分を専有部分とする。
　二　玄関扉は，錠及び内部塗装部分を専有部分とする。
　三　窓枠及び窓ガラスは，専有部分に含まれないものとする。
3　第1項又は前項の専有部分の専用に供される設備のうち共用部分内にある部分以外のものは，専有部分とする。
（共用部分の範囲）
第8条　対象物件のうち共用部分の範囲は，別表第2に掲げるとおりとする。

第3章　敷地及び共用部分等の共有

（共有）
第9条　対象物件のうち敷地及び共用部分等は，区分所有者の共有とする。
（共有持分）

資料

第10条 各区分所有者の共有持分は，別表第3に掲げるとおりとする。
　（分割請求及び単独処分の禁止）
第11条 区分所有者は，敷地又は共用部分等の分割を請求することはできない。
2 区分所有者は，専有部分と敷地及び共用部分等の共有持分とを分離して譲渡，抵当権の設定等の処分をしてはならない。

　　第4章 用法

　（専有部分の用途）
第12条 区分所有者は，その専有部分を専ら住宅として使用するものとし，他の用途に供してはならない。
　（敷地及び共用部分等の用法）
第13条 区分所有者は，敷地及び共用部分等をそれぞれの通常の用法に従って使用しなければならない。
　（バルコニー等の専用使用権）
第14条 区分所有者は，別表第4に掲げるバルコニー，玄関扉，窓枠，窓ガラス，一階に面する庭及び屋上テラス（以下この条，第21条第1項及び別表第4において「バルコニー等」という。）について，同表に掲げるとおり，専用使用権を有することを承認する。
2 一階に面する庭について専用使用権を有している者は，別に定めるところにより，管理組合に専用使用料を納入しなければならない。
3 区分所有者から専有部分の貸与を受けた者は，その区分所有者が専用使用権を有しているバルコニー等を使用することができる。
　（駐車場の使用）
第15条 管理組合は，別添の図に示す駐車場について，特定の区分所有者に駐車場使用契約により使用させることができる。
2 前項により駐車場を使用している者は，別に定めるところにより，管理組合に駐車場使用料を納入しなければならない。
3 区分所有者がその所有する専有部分を，他の区分所有者又は第三者に譲渡又は貸与したときは，その区分所有者の駐車場使用契約は効力を失う。
　（敷地及び共用部分等の第三者の使用）
第16条 管理組合は，次に掲げる敷地及び共用部分等の一部を，それぞれ当該各号

に掲げる者に使用させることができる。
　一　管理事務室，管理用倉庫，機械室その他対象物件の管理の執行上必要な施設管理事務（マンションの管理の適正化の推進に関する法律（平成12年法律第149号。以下「適正化法」という。）第2条第六号の「管理事務」をいう。）を受託し，又は請け負った者
　二　電気室対象物件に電気を供給する設備を維持し，及び運用する事業者
　三　ガスガバナー当該設備を維持し，及び運用する事業者
2　前項に掲げるもののほか，管理組合は，総会の決議を経て，敷地及び共用部分等（駐車場及び専用使用部分を除く。）の一部について，第三者に使用させることができる。

（専有部分の修繕等）
第17条　区分所有者は，その専有部分について，修繕，模様替え又は建物に定着する物件の取付け若しくは取替え（以下「修繕等」という。）であって共用部分又は他の専有部分に影響を与えるおそれのあるものを行おうとするときは，あらかじめ，理事長（第35条に定める理事長をいう。以下同じ。）にその旨を申請し，書面による承認を受けなければならない。
2　前項の場合において，区分所有者は，設計図，仕様書及び工程表を添付した申請書を理事長に提出しなければならない。
3　理事長は，第1項の規定による申請について，理事会（第51条に定める理事会をいう。以下同じ。）の決議により，その承認又は不承認を決定しなければならない。
4　第1項の承認があったときは，区分所有者は，承認の範囲内において，専有部分の修繕等に係る共用部分の工事を行うことができる。
5　理事長又はその指定を受けた者は，本条の施行に必要な範囲内において，修繕等の箇所に立ち入り，必要な調査を行うことができる。この場合において，区分所有者は，正当な理由がなければこれを拒否してはならない。
6　第1項の承認を受けた修繕等の工事後に，当該工事により共用部分又は他の専有部分に影響が生じた場合には，当該工事を発注した区分所有者の責任と負担により必要な措置をとらなければならない。
7　区分所有者は，第1項の承認を要しない修繕等のうち，工事業者の立入り，工事の資機材の搬入，工事の騒音，振動，臭気等工事の実施中における共用部分又は他の専有部分への影響について管理組合が事前に把握する必要があるものを行おうとするときは，あらかじめ，理事長にその旨を届け出なければならない。

資 料

（使用細則）
第18条　対象物件の使用については，別に使用細則を定めるものとする。
（専有部分の貸与）
第19条　区分所有者は，その専有部分を第三者に貸与する場合には，この規約及び使用細則に定める事項をその第三者に遵守させなければならない。
2　前項の場合において，区分所有者は，その貸与に係る契約にこの規約及び使用細則に定める事項を遵守する旨の条項を定めるとともに，契約の相手方にこの規約及び使用細則に定める事項を遵守する旨の誓約書を管理組合に提出させなければならない。

〔※専有部分の貸与に関し，暴力団員への貸与を禁止する旨の規約の規定を定める場合〕

（暴力団員の排除）
第19条の2　区分所有者は，その専有部分を第三者に貸与する場合には，前条に定めるもののほか，次に掲げる内容を含む条項をその貸与に係る契約に定めなければならない。
一　契約の相手方が暴力団員（暴力団員による不当な行為の防止等に関する法律（平成3年法律第77号）第2条第六号に規定する暴力団員をいう。以下同じ。）ではないこと及び契約後において暴力団員にならないことを確約すること。
二　契約の相手方が暴力団員であることが判明した場合には，何らの催告を要せずして，区分所有者は当該契約を解約することができること。
三　区分所有者が前号の解約権を行使しないときは，管理組合は，区分所有者に代理して解約権を行使することができること。
2　前項の場合において，区分所有者は，前項第三号による解約権の代理行使を管理組合に認める旨の書面を提出するとともに，契約の相手方に暴力団員ではないこと及び契約後において暴力団員にならないことを確約する旨の誓約書を管理組合に提出させなければならない。

第5章　管理

第1節　総則

（区分所有者の責務）

第20条　区分所有者は，対象物件について，その価値及び機能の維持増進を図るため，常に適正な管理を行うよう努めなければならない。

（敷地及び共用部分等の管理）

第21条　敷地及び共用部分等の管理については，管理組合がその責任と負担においてこれを行うものとする。ただし，バルコニー等の保存行為（区分所有法第18条第1項ただし書の「保存行為」をいう。以下同じ。）のうち，通常の使用に伴うものについては，専用使用権を有する者がその責任と負担においてこれを行わなければならない。

2　専有部分である設備のうち共用部分と構造上一体となった部分の管理を共用部分の管理と一体として行う必要があるときは，管理組合がこれを行うことができる。

3　区分所有者は，第1項ただし書の場合又はあらかじめ理事長に申請して書面による承認を受けた場合を除き，敷地及び共用部分等の保存行為を行うことができない。ただし，専有部分の使用に支障が生じている場合に，当該専有部分を所有する区分所有者が行う保存行為の実施が，緊急を要するものであるときは，この限りでない。

4　前項の申請及び承認の手続については，第17条第2項，第3項，第5項及び第6項の規定を準用する。ただし，同条第5項中「修繕等」とあるのは「保存行為」と，同条第6項中「第1項の承認を受けた修繕等の工事後に，当該工事」とあるのは「第21条第3項の承認を受けた保存行為後に，当該保存行為」と読み替えるものとする。

5　第3項の規定に違反して保存行為を行った場合には，当該保存行為に要した費用は，当該保存行為を行った区分所有者が負担する。

6　理事長は，災害等の緊急時においては，総会又は理事会の決議によらずに，敷地及び共用部分等の必要な保存行為を行うことができる。

（窓ガラス等の改良）

第22条　共用部分のうち各住戸に附属する窓枠，窓ガラス，玄関扉その他の開口部に係る改良工事であって，防犯，防音又は断熱等の住宅の性能の向上等に資するも

のについては，管理組合がその責任と負担において，又，計画修繕としてこれを実施するものとする。

2 区分所有者は，管理組合が前項の工事を速やかに実施できない場合には，あらかじめ理事長に申請して書面による承認を受けることにより，当該工事を当該区分所有者の責任と負担において実施することができる。

3 前項の申請及び承認の手続については，第17条第2項，第3項，第5項及び第6項の規定を準用する。ただし，同条第5項中「修繕等」とあるのは「第22条第2項の工事」と，同条第6項中「第1項の承認を受けた修繕等の工事」とあるのは「第22条第2項の承認を受けた工事」と読み替えるものとする。

（必要箇所への立入り）

第23条 前2条により管理を行う者は，管理を行うために必要な範囲内において，他の者が管理する専有部分又は専用使用部分への立入りを請求することができる。

2 前項により立入りを請求された者は，正当な理由がなければこれを拒否してはならない。

3 前項の場合において，正当な理由なく立入りを拒否した者は，その結果生じた損害を賠償しなければならない。

4 前3項の規定にかかわらず，理事長は，災害，事故等が発生した場合であって，緊急に立ち入らないと共用部分等又は他の専有部分に対して物理的に又は機能上重大な影響を与えるおそれがあるときは，専有部分又は専用使用部分に自ら立ち入り，又は委任した者に立ち入らせることができる。

5 立入りをした者は，速やかに立入りをした箇所を原状に復さなければならない。

（損害保険）

第24条 区分所有者は，共用部分等に関し，管理組合が火災保険，地震保険その他の損害保険の契約を締結することを承認する。

2 理事長は，前項の契約に基づく保険金額の請求及び受領について，区分所有者を代理する。

第2節 費用の負担

（管理費等）

第25条 区分所有者は，敷地及び共用部分等の管理に要する経費に充てるため，次の費用（以下「管理費等」という。）を管理組合に納入しなければならない。

一 管理費

二　修繕積立金
2　管理費等の額については，各区分所有者の共用部分の共有持分に応じて算出するものとする。

（承継人に対する債権の行使）
第26条　管理組合が管理費等について有する債権は，区分所有者の特定承継人に対しても行うことができる。

（管理費）
第27条　管理費は，次の各号に掲げる通常の管理に要する経費に充当する。
　一　管理員人件費
　二　公租公課
　三　共用設備の保守維持費及び運転費
　四　備品費，通信費その他の事務費
　五　共用部分等に係る火災保険料，地震保険料その他の損害保険料
　六　経常的な補修費
　七　清掃費，消毒費及びごみ処理費
　八　委託業務費
　九　専門的知識を有する者の活用に要する費用
　十　管理組合の運営に要する費用
　十一　その他第32条に定める業務に要する費用（次条に規定する経費を除く。）

（修繕積立金）
第28条　管理組合は，各区分所有者が納入する修繕積立金を積み立てるものとし，積み立てた修繕積立金は，次の各号に掲げる特別の管理に要する経費に充当する場合に限って取り崩すことができる。
　一　一定年数の経過ごとに計画的に行う修繕
　二　不測の事故その他特別の事由により必要となる修繕
　三　敷地及び共用部分等の変更
　四　建物の建替え及びマンション敷地売却（以下「建替え等」という。）に係る合意形成に必要となる事項の調査
　五　その他敷地及び共用部分等の管理に関し，区分所有者全体の利益のために特別に必要となる管理
2　前項にかかわらず，区分所有法第62条第1項の建替え決議（以下「建替え決議」という。）又は建替えに関する区分所有者全員の合意の後であっても，マンション

資 料

の建替え等の円滑化に関する法律（平成14年法律第78号。以下「円滑化法」という。）第9条のマンション建替組合の設立の認可又は円滑化法第45条のマンション建替事業の認可までの間において，建物の建替えに係る計画又は設計等に必要がある場合には，その経費に充当するため，管理組合は，修繕積立金から管理組合の消滅時に建替え不参加者に帰属する修繕積立金相当額を除いた金額を限度として，修繕積立金を取り崩すことができる。

3 第1項にかかわらず，円滑化法第108条第1項のマンション敷地売却決議（以下「マンション敷地売却決議」という。）の後であっても，円滑化法第120条のマンション敷地売却組合の設立の認可までの間において，マンション敷地売却に係る計画等に必要がある場合には，その経費に充当するため，管理組合は，修繕積立金から管理組合の消滅時にマンション敷地売却不参加者に帰属する修繕積立金相当額を除いた金額を限度として，修繕積立金を取り崩すことができる。

4 管理組合は，第1項各号の経費に充てるため借入れをしたときは，修繕積立金をもってその償還に充てることができる。

5 修繕積立金については，管理費とは区分して経理しなければならない。

（使用料）

第29条 駐車場使用料その他の敷地及び共用部分等に係る使用料（以下「使用料」という。）は，それらの管理に要する費用に充てるほか，修繕積立金として積み立てる。

第6章 管理組合

第1節 組合員

（組合員の資格）

第30条 組合員の資格は，区分所有者となったときに取得し，区分所有者でなくなったときに喪失する。

（届出義務）

第31条 新たに組合員の資格を取得し又は喪失した者は，直ちにその旨を書面により管理組合に届け出なければならない。

第2節　管理組合の業務

（業務）
第32条　管理組合は，建物並びにその敷地及び附属施設の管理のため，次の各号に掲げる業務を行う。
　一　管理組合が管理する敷地及び共用部分等（以下本条及び第48条において「組合管理部分」という。）の保安，保全，保守，清掃，消毒及びごみ処理
　二　組合管理部分の修繕
　三　長期修繕計画の作成又は変更に関する業務及び長期修繕計画書の管理
　四　建替え等に係る合意形成に必要となる事項の調査に関する業務
　五　適正化法第103条第1項に定める，宅地建物取引業者から交付を受けた設計図書の管理
　六　修繕等の履歴情報の整理及び管理等
　七　共用部分等に係る火災保険，地震保険その他の損害保険に関する業務
　八　区分所有者が管理する専用使用部分について管理組合が行うことが適当であると認められる管理行為
　九　敷地及び共用部分等の変更及び運営
　十　修繕積立金の運用
　十一　官公署，町内会等との渉外業務
　十二　マンション及び周辺の風紀，秩序及び安全の維持，防災並びに居住環境の維持及び向上に関する業務
　十三　広報及び連絡業務
　十四　管理組合の消滅時における残余財産の清算
　十五　その他建物並びにその敷地及び附属施設の管理に関する業務

（業務の委託等）
第33条　管理組合は，前条に定める業務の全部又は一部を，マンション管理業者（適正化法第2条第八号の「マンション管理業者」をいう。）等第三者に委託し，又は請け負わせて執行することができる。

（専門的知識を有する者の活用）
第34条　管理組合は，マンション管理士（適正化法第2条第五号の「マンション管理士」をいう。）その他マンション管理に関する各分野の専門的知識を有する者に対し，管理組合の運営その他マンションの管理に関し，相談したり，助言，指導そ

の他の援助を求めたりすることができる。

第3節　役員

(役員)

第35条　管理組合に次の役員を置く。

一　理事長

二　副理事長　○名

三　会計担当理事　○名

四　理事（理事長，副理事長，会計担当理事を含む。以下同じ。）○名

五　監事　○名

2　理事及び監事は，組合員のうちから，総会で選任する。

3　理事長，副理事長及び会計担当理事は，理事のうちから，理事会で選任する。

外部専門家を役員として選任できることとする場合

2　理事及び監事は，総会で選任する。

3　理事長，副理事長及び会計担当理事は，理事のうちから，理事会で選任する。

4　組合員以外の者から理事又は監事を選任する場合の選任方法については細則で定める。

(役員の任期)

第36条　役員の任期は○年とする。ただし，再任を妨げない。

2　補欠の役員の任期は，前任者の残任期間とする。

3　任期の満了又は辞任によって退任する役員は，後任の役員が就任するまでの間引き続きその職務を行う。

4　役員が組合員でなくなった場合には，その役員はその地位を失う。

外部専門家を役員として選任できることとする場合

4　選任（再任を除く。）の時に組合員であった役員が組合員でなくなった場合には，その役員はその地位を失う。

（役員の欠格条項）
第36条の2　次の各号のいずれかに該当する者は，役員となることができない。
　一　成年被後見人若しくは被保佐人又は破産者で復権を得ないもの
　二　禁錮以上の刑に処せられ，その執行を終わり，又はその執行を受けることがなくなった日から5年を経過しない者
　三　暴力団員等（暴力団員又は暴力団員でなくなった日から5年を経過しない者をいう。）

（役員の誠実義務等）
第37条　役員は，法令，規約及び使用細則その他細則（以下「使用細則等」という。）並びに総会及び理事会の決議に従い，組合員のため，誠実にその職務を遂行するものとする。
2　役員は，別に定めるところにより，役員としての活動に応ずる必要経費の支払と報酬を受けることができる。

（利益相反取引の防止）
第37条の2　役員は，次に掲げる場合には，理事会において，当該取引につき重要な事実を開示し，その承認を受けなければならない。
　一　役員が自己又は第三者のために管理組合と取引をしようとするとき。
　二　管理組合が役員以外の者との間において管理組合と当該役員との利益が相反する取引をしようとするとき。

（理事長）
第38条　理事長は，管理組合を代表し，その業務を統括するほか，次の各号に掲げる業務を遂行する。
　一　規約，使用細則等又は総会若しくは理事会の決議により，理事長の職務として定められた事項
　二　理事会の承認を得て，職員を採用し，又は解雇すること。
2　理事長は，区分所有法に定める管理者とする。
3　理事長は，通常総会において，組合員に対し，前会計年度における管理組合の業務の執行に関する報告をしなければならない。
4　理事長は，○か月に1回以上，職務の執行の状況を理事会に報告しなければならない。
5　理事長は，理事会の承認を受けて，他の理事に，その職務の一部を委任することができる。

6 管理組合と理事長との利益が相反する事項については，理事長は，代表権を有しない。この場合においては，監事又は理事長以外の理事が管理組合を代表する。

（副理事長）

第39条 副理事長は，理事長を補佐し，理事長に事故があるときは，その職務を代理し，理事長が欠けたときは，その職務を行う。

（理事）

第40条 理事は，理事会を構成し，理事会の定めるところに従い，管理組合の業務を担当する。

2 理事は，管理組合に著しい損害を及ぼすおそれのある事実があることを発見したときは，直ちに，当該事実を監事に報告しなければならない。

3 会計担当理事は，管理費等の収納，保管，運用，支出等の会計業務を行う。

（監事）

第41条 監事は，管理組合の業務の執行及び財産の状況を監査し，その結果を総会に報告しなければならない。

2 監事は，いつでも，理事及び第38条第1項第二号に規定する職員に対して業務の報告を求め，又は業務及び財産の状況の調査をすることができる。

3 監事は，管理組合の業務の執行及び財産の状況について不正があると認めるときは，臨時総会を招集することができる。

4 監事は，理事会に出席し，必要があると認めるときは，意見を述べなければならない。

5 監事は，理事が不正の行為をし，若しくは当該行為をするおそれがあると認めるとき，又は法令，規約，使用細則等，総会の決議若しくは理事会の決議に違反する事実若しくは著しく不当な事実があると認めるときは，遅滞なく，その旨を理事会に報告しなければならない。

6 監事は，前項に規定する場合において，必要があると認めるときは，理事長に対し，理事会の招集を請求することができる。

7 前項の規定による請求があった日から5日以内に，その請求があった日から2週間以内の日を理事会の日とする理事会の招集の通知が発せられない場合は，その請求をした監事は，理事会を招集することができる。

第4節 総会

(総会)

第42条 管理組合の総会は，総組合員で組織する。

2　総会は，通常総会及び臨時総会とし，区分所有法に定める集会とする。

3　理事長は，通常総会を，毎年1回新会計年度開始以後2か月以内に招集しなければならない。

4　理事長は，必要と認める場合には，理事会の決議を経て，いつでも臨時総会を招集することができる。

5　総会の議長は，理事長が務める。

(招集手続)

第43条 総会を招集するには，少なくとも会議を開く日の2週間前（会議の目的が建替え決議又はマンション敷地売却決議であるときは2か月前）までに，会議の日時，場所及び目的を示して，組合員に通知を発しなければならない。

2　前項の通知は，管理組合に対し組合員が届出をしたあて先に発するものとする。ただし，その届出のない組合員に対しては，対象物件内の専有部分の所在地あてに発するものとする。

3　第1項の通知は，対象物件内に居住する組合員及び前項の届出のない組合員に対しては，その内容を所定の掲示場所に掲示することをもって，これに代えることができる。

4　第1項の通知をする場合において，会議の目的が第47条第3項第一号，第二号若しくは第四号に掲げる事項の決議又は建替え決議若しくはマンション敷地売却決議であるときは，その議案の要領をも通知しなければならない。

5　会議の目的が建替え決議であるときは，前項に定める議案の要領のほか，次の事項を通知しなければならない。

　一　建替えを必要とする理由

　二　建物の建替えをしないとした場合における当該建物の効用の維持及び回復（建物が通常有すべき効用の確保を含む。）をするのに要する費用の額及びその内訳

　三　建物の修繕に関する計画が定められているときは，当該計画の内容

　四　建物につき修繕積立金として積み立てられている金額

6　会議の目的がマンション敷地売却決議であるときは，第4項に定める議案の要領のほか，次の事項を通知しなければならない。

資　料

　　一　売却を必要とする理由
　　二　建築物の耐震改修の促進に関する法律（平成7年法律第123号）第2条第2項に規定する耐震改修（以下単に「耐震改修」という。）又はマンションの建替えをしない理由
　　三　耐震改修に要する費用の概算額
7　建替え決議又はマンション敷地売却決議を目的とする総会を招集する場合，少なくとも会議を開く日の1か月前までに，当該招集の際に通知すべき事項について組合員に対し説明を行うための説明会を開催しなければならない。
8　第45条第2項の場合には，第1項の通知を発した後遅滞なく，その通知の内容を，所定の掲示場所に掲示しなければならない。
9　第1項（会議の目的が建替え決議又はマンション敷地売却決議であるときを除く。）にかかわらず，緊急を要する場合には，理事長は，理事会の承認を得て，5日間を下回らない範囲において，第1項の期間を短縮することができる。
　　（組合員の総会招集権）
第44条　組合員が組合員総数の5分の1以上及び第46条第1項に定める議決権総数の5分の1以上に当たる組合員の同意を得て，会議の目的を示して総会の招集を請求した場合には，理事長は，2週間以内にその請求があった日から4週間以内の日（会議の目的が建替え決議又はマンション敷地売却決議であるときは，2か月と2週間以内の日）を会日とする臨時総会の招集の通知を発しなければならない。
2　理事長が前項の通知を発しない場合には，前項の請求をした組合員は，臨時総会を招集することができる。

〔※管理組合における電磁的方法の利用状況に応じて，次のように規定〕

(ア) 電磁的方法が利用可能ではない場合
3　前2項により招集された臨時総会においては，第42条第5項にかかわらず，議長は，総会に出席した組合員（書面又は代理人によって議決権を行使する者を含む。）の議決権の過半数をもって，組合員の中から選任する。

(イ) 電磁的方法が利用可能な場合
3　前2項により招集された臨時総会においては，第42条第5項にかかわらず，議長は，総会に出席した組合員（書面，電磁的方法（電子情報処理組織を使用する方法その他の情報通信の技術を利用する方法であって次項に定めるものを

いう。以下同じ。）又は代理人によって議決権を行使する者を含む。）の議決権の過半数をもって，組合員の中から選任する。
4　前項の電磁的方法は，次に掲げる方法によるものとする。
　一　送信者の使用に係る電子計算機と受信者の使用に係る電子計算機とを電気通信回線で接続した電子情報処理組織を使用する方法であって，当該電気通信回線を通じて情報が送信され，受信者の使用に係る電子計算機に備えられたファイルに当該情報が記録されるもの
　二　磁気ディスクその他これに準ずる方法により一定の情報を確実に記録しておくことができる物をもって調製するファイルに情報を記録したもの（以下「電磁的記録」という。）を交付する方法

（出席資格）
第45条　組合員のほか，理事会が必要と認めた者は，総会に出席することができる。
2　区分所有者の承諾を得て専有部分を占有する者は，会議の目的につき利害関係を有する場合には，総会に出席して意見を述べることができる。この場合において，総会に出席して意見を述べようとする者は，あらかじめ理事長にその旨を通知しなければならない。

（議決権）
第46条　各組合員の議決権の割合は，別表第5に掲げるとおりとする。
2　住戸1戸が数人の共有に属する場合，その議決権行使については，これら共有者をあわせて一の組合員とみなす。
3　前項により一の組合員とみなされる者は，議決権を行使する者1名を選任し，その者の氏名をあらかじめ総会開会までに理事長に届け出なければならない。
4　組合員は，書面又は代理人によって議決権を行使することができる。
5　組合員が代理人により議決権を行使しようとする場合において，その代理人は，以下の各号に掲げる者でなければならない。
　一　その組合員の配偶者（婚姻の届出をしていないが事実上婚姻関係と同様の事情にある者を含む。）又は一親等の親族
　二　その組合員の住戸に同居する親族
　三　他の組合員
6　組合員又は代理人は，代理権を証する書面を理事長に提出しなければならない。

〔※管理組合における電磁的方法の利用状況に応じて，次のように規定〕

(ア) 電磁的方法が利用可能ではない場合
　（規定なし）

(イ) 電磁的方法が利用可能な場合
　7　組合員は，第4項の書面による議決権の行使に代えて，電磁的方法によって議決権を行使することができる。

（総会の会議及び議事）
第47条　総会の会議は，前条第1項に定める議決権総数の半数以上を有する組合員が出席しなければならない。

2　総会の議事は，出席組合員の議決権の過半数で決する。

3　次の各号に掲げる事項に関する総会の議事は，前項にかかわらず，組合員総数の4分の3以上及び議決権総数の4分の3以上で決する。
　一　規約の制定，変更又は廃止
　二　敷地及び共用部分等の変更（その形状又は効用の著しい変更を伴わないもの及び建築物の耐震改修の促進に関する法律第25条第2項に基づく認定を受けた建物の耐震改修を除く。）
　三　区分所有法第58条第1項，第59条第1項又は第60条第1項の訴えの提起
　四　建物の価格の2分の1を超える部分が滅失した場合の滅失した共用部分の復旧
　五　その他総会において本項の方法により決議することとした事項

4　建替え決議は，第2項にかかわらず，組合員総数の5分の4以上及び議決権総数の5分の4以上で行う。

5　マンション敷地売却決議は，第2項にかかわらず，組合員総数，議決権総数及び敷地利用権の持分の価格の各5分の4以上で行う。

〔※管理組合における電磁的方法の利用状況に応じて，次のように規定〕

(ア) 電磁的方法が利用可能ではない場合
　6　前5項の場合において，書面又は代理人によって議決権を行使する者は，出席組合員とみなす。

(イ) 電磁的方法が利用可能な場合
　6　前5項の場合において，書面，電磁的方法又は代理人によって議決権を行使する者は，出席組合員とみなす。

7 第3項第一号において，規約の制定，変更又は廃止が一部の組合員の権利に特別の影響を及ぼすべきときは，その承諾を得なければならない。この場合において，その組合員は正当な理由がなければこれを拒否してはならない。

8 第3項第二号において，敷地及び共用部分等の変更が，専有部分又は専用使用部分の使用に特別の影響を及ぼすべきときは，その専有部分を所有する組合員又はその専用使用部分の専用使用を認められている組合員の承諾を得なければならない。この場合において，その組合員は正当な理由がなければこれを拒否してはならない。

9 第3項第三号に掲げる事項の決議を行うには，あらかじめ当該組合員又は占有者に対し，弁明する機会を与えなければならない。

10 総会においては，第43条第1項によりあらかじめ通知した事項についてのみ，決議することができる。

（議決事項）

第48条 次の各号に掲げる事項については，総会の決議を経なければならない。

一 収支決算及び事業報告
二 収支予算及び事業計画
三 管理費等及び使用料の額並びに賦課徴収方法
四 規約及び使用細則等の制定，変更又は廃止
五 長期修繕計画の作成又は変更
六 第28条第1項に定める特別の管理の実施並びにそれに充てるための資金の借入れ及び修繕積立金の取崩し
七 第28条第2項及び第3項に定める建替え等に係る計画又は設計等の経費のための修繕積立金の取崩し
八 修繕積立金の保管及び運用方法
九 第21条第2項に定める管理の実施
十 区分所有法第57条第2項及び前条第3項第三号の訴えの提起並びにこれらの訴えを提起すべき者の選任
十一 建物の一部が滅失した場合の滅失した共用部分の復旧
十二 区分所有法第62条第1項の場合の建替え及び円滑化法第108条第1項の場合のマンション敷地売却
十三 役員の選任及び解任並びに役員活動費の額及び支払方法
十四 組合管理部分に関する管理委託契約の締結
十五 その他管理組合の業務に関する重要事項

資 料

〔※管理組合における電磁的方法の利用状況に応じて，次のように規定〕

|ア| 電磁的方法が利用可能ではない場合

（議事録の作成，保管等）

第49条 総会の議事については，議長は，議事録を作成しなければならない。

2　議事録には，議事の経過の要領及びその結果を記載し，議長及び議長の指名する2名の総会に出席した組合員がこれに署名押印しなければならない。

3　理事長は，議事録を保管し，組合員又は利害関係人の書面による請求があったときは，議事録の閲覧をさせなければならない。この場合において，閲覧につき，相当の日時，場所等を指定することができる。

4　理事長は，所定の掲示場所に，議事録の保管場所を掲示しなければならない。

（書面による決議）

第50条 規約により総会において決議をすべき場合において，組合員全員の承諾があるときは，書面による決議をすることができる。

2　規約により総会において決議すべきものとされた事項については，組合員全員の書面による合意があったときは，書面による決議があったものとみなす。

3　規約により総会において決議すべきものとされた事項についての書面による決議は，総会の決議と同一の効力を有する。

4　前条第3項及び第4項の規定は，書面による決議に係る書面について準用する。

5　総会に関する規定は，書面による決議について準用する。

|イ| 電磁的方法が利用可能な場合

（議事録の作成，保管等）

第49条 総会の議事については，議長は，書面又は電磁的記録により，議事録を作成しなければならない。

2　議事録には，議事の経過の要領及びその結果を記載し，又は記録しなければならない。

3　前項の場合において，議事録が書面で作成されているときは，議長及び議長の指名する2名の総会に出席した組合員がこれに署名押印しなければならない。

4　第2項の場合において，議事録が電磁的記録で作成されているときは，当該電磁的記録に記録された情報については，議長及び議長の指名する2名の総会に出席した組合員が電子署名（電子署名及び認証業務に関する法律（平成12

年法律第102号）第2条第1項の「電子署名」をいう。以下同じ。）をしなければならない。

5 理事長は，議事録を保管し，組合員又は利害関係人の書面又は電磁的方法による請求があったときは，議事録の閲覧（議事録が電磁的記録で作成されているときは，当該電磁的記録に記録された情報の内容を紙面又は出力装置の映像面に表示する方法により表示したものの当該議事録の保管場所における閲覧をいう。）をさせなければならない。この場合において，閲覧につき，相当の日時，場所等を指定することができる。

6 理事長は，所定の掲示場所に，議事録の保管場所を掲示しなければならない。

（書面又は電磁的方法による決議）

第50条 規約により総会において決議をすべき場合において，組合員全員の承諾があるときは，書面又は電磁的方法による決議をすることができる。ただし，電磁的方法による決議に係る組合員の承諾については，あらかじめ，組合員に対し，その用いる電磁的方法の種類及び内容を示し，書面又は電磁的方法による承諾を得なければならない。

2 前項の電磁的方法の種類及び内容は，次に掲げる事項とする。

一 第44条第4項各号に定める電磁的方法のうち，送信者が使用するもの

二 ファイルへの記録の方式

3 規約により総会において決議すべきものとされた事項については，組合員の全員の書面又は電磁的方法による合意があったときは，書面又は電磁的方法による決議があったものとみなす。

4 規約により総会において決議すべきものとされた事項についての書面又は電磁的方法による決議は，総会の決議と同一の効力を有する。

5 前条第5項及び第6項の規定は，書面又は電磁的方法による決議に係る書面並びに第1項及び第3項の電磁的方法が行われた場合に当該電磁的方法により作成される電磁的記録について準用する。

6 総会に関する規定は，書面又は電磁的方法による決議について準用する。

資　料

第5節　理事会

（理事会）

第51条　理事会は，理事をもって構成する。

2　理事会は，次に掲げる職務を行う。
　一　規約若しくは使用細則等又は総会の決議により理事会の権限として定められた管理組合の業務執行の決定
　二　理事の職務の執行の監督
　三　理事長，副理事長及び会計担当理事の選任

3　理事会の議長は，理事長が務める。

（招集）

第52条　理事会は，理事長が招集する。

2　理事が○分の1以上の理事の同意を得て理事会の招集を請求した場合には，理事長は速やかに理事会を招集しなければならない。

3　前項の規定による請求があった日から○日以内に，その請求があった日から○日以内の日を理事会の日とする理事会の招集の通知が発せられない場合には，その請求をした理事は，理事会を招集することができる。

4　理事会の招集手続については，第43条（建替え決議又はマンション敷地売却決議を会議の目的とする場合の第1項及び第4項から第8項までを除く。）の規定を準用する。この場合において，同条中「組合員」とあるのは「理事及び監事」と，同条第9項中「理事会の承認」とあるのは「理事及び監事の全員の同意」と読み替えるものとする。ただし，理事会において別段の定めをすることができる。

（理事会の会議及び議事）

第53条　理事会の会議は，理事の半数以上が出席しなければ開くことができず，その議事は出席理事の過半数で決する。

2　次条第1項第五号に掲げる事項については，理事の過半数の承諾があるときは，書面又は電磁的方法による決議によることができる。

3　前2項の決議について特別の利害関係を有する理事は，議決に加わることができない。

〔※管理組合における電磁的方法の利用状況に応じて，次のように規定〕

|㋐| 電磁的方法が利用可能ではない場合 |

4　議事録については，第49条（第4項を除く。）の規定を準用する。ただし，第49条第2項中「総会に出席した組合員」とあるのは「理事会に出席した理事」と読み替えるものとする。

|㋑| 電磁的方法が利用可能な場合 |

4　議事録については，第49条（第6項を除く。）の規定を準用する。ただし，第49条第3項中「総会に出席した組合員」とあるのは「理事会に出席した理事」と読み替えるものとする。

（議決事項）

第54条　理事会は，この規約に別に定めるもののほか，次の各号に掲げる事項を決議する。

一　収支決算案，事業報告案，収支予算案及び事業計画案

二　規約及び使用細則等の制定，変更又は廃止に関する案

三　長期修繕計画の作成又は変更に関する案

四　その他の総会提出議案

五　第17条，第21条及び第22条に定める承認又は不承認

六　第58条第3項に定める承認又は不承認

七　第60条第4項に定める未納の管理費等及び使用料の請求に関する訴訟その他法的措置の追行

八　第67条に定める勧告又は指示等

九　総会から付託された事項

十　災害等により総会の開催が困難である場合における応急的な修繕工事の実施等

2　第48条の規定にかかわらず，理事会は，前項第十号の決議をした場合においては，当該決議に係る応急的な修繕工事の実施に充てるための資金の借入れ及び修繕積立金の取崩しについて決議することができる。

（専門委員会の設置）

第55条　理事会は，その責任と権限の範囲内において，専門委員会を設置し，特定の課題を調査又は検討させることができる。

2　専門委員会は，調査又は検討した結果を理事会に具申する。

第7章　会計

（会計年度）

第56条　管理組合の会計年度は，毎年○月○日から翌年○月○日までとする。

（管理組合の収入及び支出）

第57条　管理組合の会計における収入は，第25条に定める管理費等及び第29条に定める使用料によるものとし，その支出は第27条から第29条に定めるところにより諸費用に充当する。

（収支予算の作成及び変更）

第58条　理事長は，毎会計年度の収支予算案を通常総会に提出し，その承認を得なければならない。

2　収支予算を変更しようとするときは，理事長は，その案を臨時総会に提出し，その承認を得なければならない。

3　理事長は，第56条に定める会計年度の開始後，第1項に定める承認を得るまでの間に，以下の各号に掲げる経費の支出が必要となった場合には，理事会の承認を得てその支出を行うことができる。

一　第27条に定める通常の管理に要する経費のうち，経常的であり，かつ，第1項の承認を得る前に支出することがやむを得ないと認められるもの

二　総会の承認を得て実施している長期の施工期間を要する工事に係る経費であって，第1項の承認を得る前に支出することがやむを得ないと認められるもの

4　前項の規定に基づき行った支出は，第1項の規定により収支予算案の承認を得たときは，当該収支予算案による支出とみなす。

5　理事会が第54条第1項第十号の決議をした場合には，理事長は，同条第2項の決議に基づき，その支出を行うことができる。

6　理事長は，第21条第6項の規定に基づき，敷地及び共用部分等の保存行為を行う場合には，そのために必要な支出を行うことができる。

（会計報告）

第59条　理事長は，毎会計年度の収支決算案を監事の会計監査を経て，通常総会に報告し，その承認を得なければならない。

（管理費等の徴収）

第60条　管理組合は，第25条に定める管理費等及び第29条に定める使用料について，

組合員が各自開設する預金口座から口座振替の方法により第62条に定める口座に受け入れることとし，当月分は別に定める徴収日までに一括して徴収する。ただし，臨時に要する費用として特別に徴収する場合には，別に定めるところによる。

2 組合員が前項の期日までに納付すべき金額を納付しない場合には，管理組合は，その未払金額について，年利○％の遅延損害金と，違約金としての弁護士費用並びに督促及び徴収の諸費用を加算して，その組合員に対して請求することができる。

3 管理組合は，納付すべき金額を納付しない組合員に対し，督促を行うなど，必要な措置を講ずるものとする。

4 理事長は，未納の管理費等及び使用料の請求に関して，理事会の決議により，管理組合を代表して，訴訟その他法的措置を追行することができる。

5 第2項に基づき請求した遅延損害金，弁護士費用並びに督促及び徴収の諸費用に相当する収納金は，第27条に定める費用に充当する。

6 組合員は，納付した管理費等及び使用料について，その返還請求又は分割請求をすることができない。

（管理費等の過不足）

第61条 収支決算の結果，管理費に余剰を生じた場合には，その余剰は翌年度における管理費に充当する。

2 管理費等に不足を生じた場合には，管理組合は組合員に対して第25条第2項に定める管理費等の負担割合により，その都度必要な金額の負担を求めることができる。

（預金口座の開設）

第62条 管理組合は，会計業務を遂行するため，管理組合の預金口座を開設するものとする。

（借入れ）

第63条 管理組合は，第28条第1項に定める業務を行うため必要な範囲内において，借入れをすることができる。

〔※管理組合における電磁的方法の利用状況に応じて，次のように規定〕

［ア］ 電磁的方法が利用可能ではない場合

（帳票類等の作成，保管）

第64条 理事長は，会計帳簿，什器備品台帳，組合員名簿及びその他の帳票類を作成して保管し，組合員又は利害関係人の理由を付した書面による請求があ

ったときは、これらを閲覧させなければならない。この場合において、閲覧につき、相当の日時、場所等を指定することができる。

2　理事長は、第32条第三号の長期修繕計画書、同条第五号の設計図書及び同条第六号の修繕等の履歴情報を保管し、組合員又は利害関係人の理由を付した書面による請求があったときは、これらを閲覧させなければならない。この場合において、閲覧につき、相当の日時、場所等を指定することができる。

3　理事長は、第49条第3項（第53条第4項において準用される場合を含む。）、本条第1項及び第2項並びに第72条第2項及び第4項の規定により閲覧の対象とされる管理組合の財務・管理に関する情報については、組合員又は利害関係人の理由を付した書面による請求に基づき、当該請求をした者が求める情報を記入した書面を交付することができる。この場合において、理事長は、交付の相手方にその費用を負担させることができる。

（イ）電磁的方法が利用可能な場合

（帳票類等の作成、保管）

第64条　理事長は、会計帳簿、什器備品台帳、組合員名簿及びその他の帳票類を、書面又は電磁的記録により作成して保管し、組合員又は利害関係人の理由を付した書面又は電磁的方法による請求があったときは、これらを閲覧させなければならない。この場合において、閲覧につき、相当の日時、場所等を指定することができる。

2　理事長は、第32条第三号の長期修繕計画書、同条第五号の設計図書及び同条第六号の修繕等の履歴情報を、書面又は電磁的記録により保管し、組合員又は利害関係人の理由を付した書面又は電磁的方法による請求があったときは、これらを閲覧させなければならない。この場合において、閲覧につき、相当の日時、場所等を指定することができる。

3　理事長は、第49条第5項（第53条第4項において準用される場合を含む。）、本条第1項及び第2項並びに第72条第2項及び第4項の規定により閲覧の対象とされる管理組合の財務・管理に関する情報については、組合員又は利害関係人の理由を付した書面又は電磁的方法による請求に基づき、当該請求をした者が求める情報を記入した書面を交付し、又は当該書面に記載すべき事項を電磁的方法により提供することができる。この場合において、理事長は、交付の相手方にその費用を負担させることができる。

4　電磁的記録により作成された書類等の閲覧については、第49条第5項に定

める議事録の閲覧に関する規定を準用する。

（消滅時の財産の清算）
第65条　管理組合が消滅する場合，その残余財産については，第10条に定める各区分所有者の共用部分の共有持分割合に応じて各区分所有者に帰属するものとする。

第8章　雑則

（義務違反者に対する措置）
第66条　区分所有者又は占有者が建物の保存に有害な行為その他建物の管理又は使用に関し区分所有者の共同の利益に反する行為をした場合又はその行為をするおそれがある場合には，区分所有法第57条から第60条までの規定に基づき必要な措置をとることができる。

（理事長の勧告及び指示等）
第67条　区分所有者若しくはその同居人又は専有部分の貸与を受けた者若しくはその同居人（以下「区分所有者等」という。）が，法令，規約又は使用細則等に違反したとき，又は対象物件内における共同生活の秩序を乱す行為を行ったときは，理事長は，理事会の決議を経てその区分所有者等に対し，その是正等のため必要な勧告又は指示若しくは警告を行うことができる。
2　区分所有者は，その同居人又はその所有する専有部分の貸与を受けた者若しくはその同居人が前項の行為を行った場合には，その是正等のため必要な措置を講じなければならない。
3　区分所有者等がこの規約若しくは使用細則等に違反したとき，又は区分所有者等若しくは区分所有者等以外の第三者が敷地及び共用部分等において不法行為を行ったときは，理事長は，理事会の決議を経て，次の措置を講ずることができる。
　一　行為の差止め，排除又は原状回復のための必要な措置の請求に関し，管理組合を代表して，訴訟その他法的措置を追行すること
　二　敷地及び共用部分等について生じた損害賠償金又は不当利得による返還金の請求又は受領に関し，区分所有者のために，訴訟において原告又は被告となること，その他法的措置をとること
4　前項の訴えを提起する場合，理事長は，請求の相手方に対し，違約金としての弁護士費用及び差止め等の諸費用を請求することができる。

211

資　料

5　前項に基づき請求した弁護士費用及び差止め等の諸費用に相当する収納金は，第27条に定める費用に充当する。

6　理事長は，第3項の規定に基づき，区分所有者のために，原告又は被告となったときは，遅滞なく，区分所有者にその旨を通知しなければならない。この場合には，第43条第2項及び第3項の規定を準用する。

（合意管轄裁判所）

第68条　この規約に関する管理組合と組合員間の訴訟については，対象物件所在地を管轄する○○地方（簡易）裁判所をもって，第一審管轄裁判所とする。

2　第48条第十号に関する訴訟についても，前項と同様とする。

（市及び近隣住民との協定の遵守）

第69条　区分所有者は，管理組合が○○市又は近隣住民と締結した協定について，これを誠実に遵守しなければならない。

（細則）

第70条　総会及び理事会の運営，会計処理，管理組合への届出事項等については，別に細則を定めることができる。

（規約外事項）

第71条　規約及び使用細則等に定めのない事項については，区分所有法その他の法令の定めるところによる。

2　規約，使用細則等又は法令のいずれにも定めのない事項については，総会の決議により定める。

〔※管理組合における電磁的方法の利用状況に応じて，次のように規定〕

㋐　電磁的方法が利用可能ではない場合

（規約原本等）

第72条　この規約を証するため，区分所有者全員が記名押印した規約を1通作成し，これを規約原本とする。

2　規約原本は，理事長が保管し，区分所有者又は利害関係人の書面による請求があったときは，規約原本の閲覧をさせなければならない。

3　規約が規約原本の内容から総会決議により変更されているときは，理事長は，1通の書面に，現に有効な規約の内容と，その内容が規約原本及び規約変更を決議した総会の議事録の内容と相違ないことを記載し，署名押印した上で，この書面を保管する。

4 区分所有者又は利害関係人の書面による請求があったときは，理事長は，規約原本，規約変更を決議した総会の議事録及び現に有効な規約の内容を記載した書面（以下「規約原本等」という。）並びに現に有効な第18条に基づく使用細則及び第70条に基づく細則その他の細則の内容を記載した書面（以下「使用細則等」という。）の閲覧をさせなければならない。

5 第2項及び前項の場合において，理事長は，閲覧につき，相当の日時，場所等を指定することができる。

6 理事長は，所定の掲示場所に，規約原本等及び使用細則等の保管場所を掲示しなければならない。

(イ) 電磁的方法が利用可能な場合

（規約原本等）

第72条 この規約を証するため，区分所有者全員が書面に記名押印又は電磁的記録に電子署名した規約を1通作成し，これを規約原本とする。

2 規約原本は，理事長が保管し，区分所有者又は利害関係人の書面又は電磁的方法による請求があったときは，規約原本の閲覧をさせなければならない。

3 規約が規約原本の内容から総会決議により変更されているときは，理事長は，1通の書面又は電磁的記録に，現に有効な規約の内容と，その内容が規約原本及び規約変更を決議した総会の議事録の内容と相違ないことを記載又は記録し，署名押印又は電子署名した上で，この書面又は電磁的記録を保管する。

4 区分所有者又は利害関係人の書面又は電磁的方法による請求があったときは，理事長は，規約原本，規約変更を決議した総会の議事録及び現に有効な規約の内容を記載した書面又は記録した電磁的記録（以下「規約原本等」という。）並びに現に有効な第18条に基づく使用細則及び第70条に基づく細則その他の細則の内容を記載した書面又は記録した電磁的記録（以下「使用細則等」という。）の閲覧をさせなければならない。

5 第2項及び前項の場合において，理事長は，閲覧につき，相当の日時，場所等を指定することができる。

6 理事長は，所定の掲示場所に，規約原本等及び使用細則等の保管場所を掲示しなければならない。

7 電磁的記録により作成された規約原本等及び使用細則等の閲覧については，第49条第5項に定める議事録の閲覧に関する規定を準用する。

資　料

附　則

（規約の発効）
第1条　この規約は，平成〇年〇月〇日から効力を発する。

別表第1　対象物件の表示

物　件　名		
敷地	所　在　地	
	面　積	
	権　利　関　係	
建物	構　造　等	造　地上　階　地下　階　塔屋 階建共同住宅 延べ面積　　　㎡　建築面積　　　㎡
	専　有　部　分	住戸戸数　　　　戸 延べ面積　　　㎡
附属施設		塀，フェンス，駐車場，通路，自転車置場，ごみ集積所，排水溝，排水口，外灯設備，植栽，掲示板，専用庭，プレイロット等建物に附属する施設

別表第2　共用部分の範囲

1　エントランスホール，廊下，階段，エレベーターホール，エレベーター室，共用トイレ，屋上，屋根，塔屋，ポンプ室，自家用電気室，機械室，受水槽室，高置水槽室，パイプスペース，メーターボックス（給湯器ボイラー等の設備を除く。），内外壁，界壁，床スラブ，床，天井，柱，基礎部分，バルコニー等専有部分に属さない「建物の部分」

2　エレベーター設備，電気設備，給水設備，排水設備，消防・防災設備，インターネット通信設備，テレビ共同受信設備，オートロック設備，宅配ボックス，避雷設備，集合郵便受箱，各種の配線配管（給水管については，本管から各住戸メーターを含む部分，雑排水管及び汚水管については，配管継手及び立て管）等専有部分に属さない「建物の附属物」

3　管理事務室，管理用倉庫，清掃員控室，集会室，トランクルーム，倉庫及びそれらの附属物

別表第3　敷地及び共用部分等の共有持分割合

住戸番号＼持分割合	敷地及び附属施設	共用部分
○○号室	○○○分の○○	○○○分の○○
○○号室	○○○分の○○	○○○分の○○
○○号室	○○○分の○○	○○○分の○○
○○号室	○○○分の○○	○○○分の○○
○○号室	○○○分の○○	○○○分の○○
・	・	・
・	・	・
・	・	・
・	・	・
合　計	○○○分の○○○	○○○分の○○○

別表第4　バルコニー等の専用使用権

区分＼専用使用部分	バルコニー	玄関扉，窓枠，窓ガラス	1階に面する庭	屋上テラス
1　位置	各住戸に接するバルコニー	各住戸に付属する玄関扉，窓枠，窓ガラス	別添図のとおり	別添図のとおり
2　専用使用権者	当該専有部分の区分所有者	同　左	○○号室住戸の区分所有者	○○号室住戸の区分所有者

別表第5　議決権割合

住戸番号	議決権割合	住戸番号	議決権割合
○○号室	○○○分の○○	○○号室	○○○分の○○
○○号室	○○○分の○○	○○号室	○○○分の○○
○○号室	○○○分の○○	○○号室	○○○分の○○
○○号室	○○○分の○○	○○号室	○○○分の○○
○○号室	○○○分の○○	○○号室	○○○分の○○
・	・	・	・
・	・	・	・
・	・	・	・
・	・	・	・
		合　計	○○○分の○○○

資　料

マンション標準管理規約（単棟型）コメント

全般関係

　①　マンションが重要な居住形態となっている中で，マンションの快適な居住環境を確保するため，区分所有者は，具体的な住まい方のルールを定めておくことが重要であるとともに，社会的には，マンションを社会的資産として，その資産価値を保全することが要請されている。

　このような状況の中で，管理組合はマンションを適正に管理するよう努め，国は情報提供等の措置を講ずるよう努めなければならない旨の適正化法の規定を踏まえ，国は，管理組合が，各マンションの実態に応じて，管理規約を制定，変更する際の参考として，このマンション標準管理規約及びマンション標準管理規約コメントを作成し，その周知を図るものである。

　②　この標準管理規約が対象としているのは，一般分譲の住居専用の単棟型マンションで，各住戸の床面積等が，均質のものもバリエーションのあるものも含めている。

　いわゆる等価交換により特定の者が多数の住戸を区分所有する場合，一部共用部分が存する場合，管理組合を法人とする場合等は別途考慮するものとする。

　なお，店舗併用等の複合用途型マンション及び数棟のマンションが所在する団地型マンションについては，それぞれについて標準管理規約を示しているので，それらを参考とするものとする。

　③　近年，マンションの高経年化の進行等による管理の困難化やマンションの高層化・大規模化等による管理の高度化・複雑化が進んでおり，これらの課題への対応の一つとして，外部の専門家の活用が考えられる。以前から，管理組合がマンション管理士等の専門家に対し，相談，助言，指導その他の援助を求めることについては規定してきたが（第34条参照），さらに進んで，外部の専門家が直接管理組合の運営に携わることも想定する必要がある。このような外部の専門家には，管理の執行を担うという点から，特に，管理規約，管理の委託，修繕，建替え等に関する広範な知識が必要とされ，例えば，第33条及び第34条関係②に挙げるような者が外部の専門家として想定される。

　外部の専門家が管理組合の運営に携わる際の基本的なパターンとしては，別添１に示したとおり，(1)理事・監事外部専門家型又は理事長外部専門家型，(2)外部管理者理事会監督型，(3)外部管理者総会監督型の三つが想定される。

この標準管理規約は、理事会を中心とした管理組合の運営を想定したものであり、第35条第2項において組合員要件を外した場合には、(1)理事・監事外部専門家型又は理事長外部専門家型による外部の専門家の活用を可能とするように規定を整備している。

なお、(2)、(3)を採用しようとする場合における規定の整備の考え方については別添1に示すとおりである。

④ この標準管理規約で示している事項については、マンションの規模、居住形態等それぞれのマンションの個別の事情を考慮して、必要に応じて、合理的に修正し活用することが望ましい。

なお、別に定められる公正証書による規約と一覧性をもたせることが望ましい。

第5条関係

包括承継は相続、特定承継は売買及び交換等の場合をいう。賃借人は、占有者に当たる。

第6条関係

管理組合は、「建物並びにその敷地及び附属施設の管理を行うための団体」（区分所有法第3条）であって、マンションの管理をより円滑に実施し、もって区分所有者の共同の利益の増進と良好な住環境の確保を図るため構成するものであり、区分所有者全員が加入するものである。区分所有法によれば、区分所有者の数が2名以上の管理組合は法人となることができるが、この規約では管理組合を法人とはしていない。したがって、ここにいう管理組合は権利能力なき社団である。

管理組合は、区分所有者全員の強制加入の団体であって、脱退の自由がないことに伴い、任意加入の団体と異なり、区分所有者は全て管理組合の意思決定に服する義務を負うこととなることから、管理組合の業務は、区分所有法第3条の目的の範囲内に限定される。ただし、建物等の物理的な管理自体ではなくても、それに附随し又は附帯する事項は管理組合の目的の範囲内である。各専有部分の使用に関する事項でも、区分所有者の共同利益に関する事項は目的に含まれる。その意味で、区分所有法第3条の「管理」概念は、専有部分の使用方法の規制、多数決による建替え決議など、団体的意思決定に服すべき事項も広く包摂するといえる。なお、管理組合内部における意思決定や業務執行についての統制も、法と規約に基づき行われることが要請されていることに留意する必要がある。

資　料

第7条関係

① 専有部分として倉庫又は車庫を設けるときは，「倉庫番号を付した倉庫」又は「車庫番号を付した車庫」を加える。また，全ての住戸に倉庫又は車庫が附属しているのではない場合は，管理組合と特定の者との使用契約により使用させることとする。

② 利用制限を付すべき部分及び複数の住戸によって利用される部分を共用部分とし，その他の部分を専有部分とした。この区分は必ずしも費用の負担関係と連動するものではない。

利用制限の具体的内容は，建物の部位によって異なるが，外観を構成する部分については加工等外観を変更する行為を禁止し，主要構造部については構造的変更を禁止する趣旨である。

③ 第1項は，区分所有権の対象となる専有部分を住戸部分に限定したが，この境界について疑義を生じることが多いので第2項で限界を明らかにしたものである。

④ 雨戸又は網戸がある場合は，第2項第三号に追加する。

（第3項関係）

⑤ 「専有部分の専用に供される」か否かは，設備機能に着目して決定する。

第10条関係

① 共有持分の割合については，専有部分の床面積の割合によることとする。ただし，敷地については，公正証書によりその割合が定まっている場合，それに合わせる必要がある。

登記簿に記載されている面積は，内のり計算によるが，共有持分の割合の基準となる面積は，壁心計算（界壁の中心線で囲まれた部分の面積を算出する方法をいう。）によるものとする。

② 敷地及び附属施設の共有持分は，規約で定まるものではなく，分譲契約等によって定まるものであり，本条に確認的に規定したものである。なお，共用部分の共有持分は規約で定まるものである。

③ なお，第46条関係③で述べている価値割合による議決権割合を設定する場合には，分譲契約等によって定まる敷地等の共有持分についても，価値割合に連動させることが考えられる。

第11条関係

① 住戸を他の区分所有者又は第三者に貸与することは本条の禁止に当たらない。

② 倉庫又は車庫も専有部分となっているときは、倉庫（車庫）のみを他の区分所有者に譲渡する場合を除き、住戸と倉庫（車庫）とを分離し、又は専有部分と敷地及び共用部分等の共有持分とを分離して譲渡、抵当権の設定等の処分をしてはならない旨を規定する。

第12条関係
① 住宅としての使用は、専ら居住者の生活の本拠があるか否かによって判断する。したがって利用方法は、生活の本拠であるために必要な平穏さを有することを要する。
② 暴力団の排除のため、暴力団事務所としての使用や、暴力団員を反復して出入りさせる等の行為について禁止する旨の規定を追加することも考えられる。

第13条関係
「通常の用法」の具体的内容は、使用細則で定めることとする。
例えば、「自転車は、一階の○○に置きます。それ以外の場所に置いてはいけません。」

第14条関係
① バルコニー等については、専有部分と一体として取り扱うのが妥当であるため、専用使用権について定めたものである。
② 専用使用権は、その対象が敷地又は共用部分等の一部であることから、それぞれの通常の用法に従って使用すべきこと、管理のために必要がある範囲内において、他の者の立入りを受けることがある等の制限を伴うものである。また、工作物設置の禁止、外観変更の禁止等は使用細則で物件ごとに言及するものとする。
③ バルコニー及び屋上テラスが全ての住戸に附属しているのではない場合には、別途専用使用料の徴収について規定することもできる。

第15条関係
① 本条は、マンションの住戸の数に比べて駐車場の収容台数が不足しており、駐車場の利用希望者（空き待ち）が多い場合を前提としている。
近時、駐車場の需要が減少しており、空き区画が生じているケースもある。駐車場収入は駐車場の管理に要する費用に充てられるほか、修繕積立金として積み立てられるため（第29条）、修繕積立金不足への対策等の観点から組合員以外の者に使用料を

資 料

徴収して使用させることも考えられる。その場合、税務上、全てが収益事業として課税されるケースもあるが、区分所有者を優先する条件を設定している等のケースでは、外部貸しのみが課税対象となり区分所有者が支払う使用料は共済事業として非課税とする旨の国税庁の見解（「マンション管理組合が区分所有者以外の者へのマンション駐車場の使用を認めた場合の収益事業の判定について（照会）」（平成24年2月3日国住マ第43号）及びこれに対する回答（平成24年2月13日））が公表されているため、参照されたい。

② ここで駐車場と同様に扱うべきものとしては、倉庫等がある。

③ 本条の規定のほか、使用者の選定方法をはじめとした具体的な手続、使用者の遵守すべき事項等駐車場の使用に関する事項の詳細については、「駐車場使用細則」を別途定めるものとする。また、駐車場使用契約の内容（契約書の様式）についても駐車場使用細則に位置付け、あらかじめ総会で合意を得ておくことが望ましい。

④ 駐車場使用契約は、次のひな型を参考とする。

駐車場使用契約書

○○マンション管理組合（以下「甲」という。）は、○○マンションの区分所有者である○○（以下「乙」という。）と、○○マンションの駐車場のうち別添の図に示す○○の部分につき駐車場使用契約を締結する。当該部分の使用に当たっては、乙は下記の事項を遵守するものとし、これに違反した場合には、甲はこの契約を解除することができる。

記

1　契約期間は、平成　年　月　日から平成　年　月　日までとする。ただし、乙がその所有する専有部分を他の区分所有者又は第三者に譲渡又は貸与したときは、本契約は効力を失う。

2　月額○○円の駐車場使用料を前月の○日までに甲に納入しなければならない。

3　別に定める駐車場使用細則を遵守しなければならない。

4　当該駐車場に常時駐車する車両の所有者、車両番号及び車種をあらかじめ甲に届け出るものとする。

---

⑤ 車両の保管責任については、管理組合が負わない旨を駐車場使用契約又は駐車場使用細則に規定することが望ましい。

⑥ 駐車場使用細則、駐車場使用契約等に、管理費、修繕積立金の滞納等の規約違

反の場合は，契約を解除できるか又は次回の選定時の参加資格をはく奪することができる旨の規定を定めることもできる。

⑦　駐車場使用者の選定は，最初に使用者を選定する場合には抽選，2回目以降の場合には抽選又は申込順にする等，公平な方法により行うものとする。

　また，マンションの状況等によっては，契約期間終了時に入れ替えるという方法又は契約の更新を認めるという方法等について定めることも可能である。例えば，駐車場使用契約に使用期間を設け，期間終了時に公平な方法により入替えを行うこと（定期的な入替え制）が考えられる。

　なお，駐車場が全戸分ある場合であっても，平置きか機械式か，屋根付きの区画があるかなど駐車場区画の位置等により利便性・機能性に差異があるような場合には，マンションの具体的な事情に鑑みて，上述の方法による入替えを行うことも考えられる。

　駐車場の入替えの実施に当たっては，実施の日時に，各区分所有者が都合を合わせることが必要であるが，それが困難なため実施が難しいという場合については，外部の駐車場等に車を移動させておく等の対策が考えられる。

⑧　駐車場が全戸分ない場合等には，駐車場使用料を近傍の同種の駐車場料金と均衡を失しないよう設定すること等により，区分所有者間の公平を確保することが必要である。なお，近傍の同種の駐車場料金との均衡については，利便性の差異も加味して考えることが必要である。

　また，平置きか機械式か，屋根付きの区画があるかなど駐車場区画の位置等による利便性・機能性の差異や，使用料が高額になっても特定の位置の駐車場区画を希望する者がいる等の状況に応じて，柔軟な料金設定を行うことも考えられる。

第16条関係

①　有償か無償かの区別，有償の場合の使用料の額等について使用条件で明らかにすることとする。

②　第2項の対象となるのは，広告塔，看板等である。

第17条関係

①　区分所有者は，区分所有法第6条第1項の規定により，専有部分の増築又は建物の主要構造部に影響を及ぼす行為を実施することはできない。

②　修繕等のうち，第1項の承認を必要とするものは，「共用部分又は他の専有部

資　料

分に影響を与えるおそれのある」ものである。具体例としては，床のフローリング，ユニットバスの設置，主要構造部に直接取り付けるエアコンの設置，配管（配線）の枝管（枝線）の取付け・取替え，間取りの変更等がある。その範囲，承認を必要とする理由及び審査すべき点については，別添2に考え方を示している。

③　本条は，配管（配線）の枝管（枝線）の取付け，取替え工事に当たって，共用部分内に係る工事についても，理事長の承認を得れば，区分所有者が行うことができることも想定している。

④　専有部分の修繕等の実施は，共用部分に関係してくる場合もあることから，ここでは，そのような場合も想定し，区分所有法第18条第1項の共用部分の管理に関する事項として，同条第2項の規定により，規約で別の方法を定めたものである。

なお，区分所有法第17条第1項の共用部分の変更に該当し，集会の決議を経ることが必要となる場合もあることに留意する必要がある。

⑤　承認を行うに当たっては，専門的な判断が必要となる場合も考えられることから，専門的知識を有する者（建築士，建築設備の専門家等）の意見を聴く等により専門家の協力を得ることを考慮する。

特に，フローリング工事の場合には，構造，工事の仕様，材料等により影響が異なるので，専門家への確認が必要である。

⑥　承認の判断に際して，調査等により特別な費用がかかる場合には，申請者に負担させることが適当である。

⑦　工事の躯体に与える影響，防火，防音等の影響，耐力計算上の問題，他の住戸への影響等を考慮して，承認するかどうか判断する。考え方については別添2を参照のこと。なお，承認の判断に当たっては，マンションの高経年化に伴い専有部分の修繕等の必要性が増加することも踏まえ，過度な規制とならないようにすること，修繕技術の向上により，新たな工事手法に係る承認申請がされた場合にも，別添2に示された考え方を参考にすればよいことに留意する。なお，工事内容が上下左右の区分所有者に対して著しい影響を与えるおそれがあると判断される場合には，当該区分所有者の同意を必要とすることも考えられる。

⑧　承認の申請先等は理事長であるが，承認，不承認の判断はあくまで理事会の決議によるものである（第54条第1項第五号参照）。

⑨　なお，老朽化が進む等，近い将来に，建替え若しくはマンション敷地売却（以下「建替え等」という。）が想定されるマンションにおいて，高額な費用をかけて専有部分の大規模な修繕等を行う区分所有者がいた場合には，その工事から数年後に建

替え等の検討が始まると，当該区分所有者にとって二重の出費ともなりかねないほか，合意形成に支障が生ずる可能性がある。このため，近い将来に建替え等の検討の可能性があるマンションにおいては，修繕等について理事長の承認を求めてくる区分所有者に対して，近い将来に建替え等が検討される可能性がある旨の注意喚起を行うことが望ましい。なお，注意喚起があった上で，実際に修繕等を行うか否かはあくまで当該区分所有者の判断である。

⑩ 第5項の立入り，調査に関しては，施工状況を確認する必要があるものについて，工事中の現場で管理組合の理事等（又は組合から依頼を受けた技術者）が立ち会って確認することが考えられる。人手や工期などにより実際に立ち会うことが難しい場合には，抜き打ちで検査することをアナウンスしたり，工事業者に写真等の記録を取らせ報告させたりすることが考えられる。施工状況を確認する場合，図面の読み方や工事の進め方を知っている外部の専門家の協力が必要になる。確認が必要なものとしては，例えば，次のようなものが考えられる。

・ 全面リフォームを行う工事について，壁，床等をはがして耐力壁を撤去しないか，工事対象を確認する。
・ 躯体コンクリートにスリーブをあける際やアンカーを打ち込む際に，鉄筋を探査してから穴をあけているか，手順を確認する。

⑪ 第6項は，第1項の承認が，修繕等の工事の結果，共用部分又は他の専有部分に生じた事後的な影響について，当該工事を発注した区分所有者の責任や負担を免責するものではないことを確認的に定める趣旨である。

なお，工事を発注する場合には，工事業者と協議した上で，契約書に事後的な影響が生じた場合の責任の所在と補償等についても明記することが適切である。

また，管理組合等が専有部分の修繕の記録を保管しておくため，工事業者から工事完了報告書等を提出させることも考えられる。

⑫ 第7項は，第1項の承認を要しない修繕等であっても，工事の実施期間中において，共用部分又は他の専有部分に対し，工事業者の立入り，工事の資機材の搬入，工事の騒音，振動，臭気等の影響が想定されることから，管理組合が事前に把握する必要があるため，事前に届出を求めるものである。なお，第1項の場合と異なり，工事の過程における影響を問題とするものであり，工事の結果による事後的な影響を問題とする趣旨ではないことに留意する。また，他の居住者等に影響を与えることが考えられるため，上記届出に加えて工事内容等を掲示する等の方法により，他の区分所有者等へ周知を図ることが適当である。

資 料

　なお，上記届出を要する工事の範囲等の考え方は，別添2を参照のこと。
　⑬　本条の承認を受けないで，専有部分の修繕等の工事を行った場合には，第67条の規定により，理事長は，その是正等のため必要な勧告又は指示若しくは警告を行うか，その差止め，排除又は原状回復のための必要な措置等をとることができる。第5項の立入り，調査の結果，理事長に申請又は届出を行った内容と異なる内容の工事が行われている等の事実が確認された場合も，同様である。
　⑭　本条の規定のほか，具体的な手続，区分所有者の遵守すべき事項等詳細については，使用細則に別途定めるものとする。その際，上述した別添2の内容についても，各マンションの実情に応じて，参考にするとともに，必要に応じて，専門的知識を有する者の意見を聴くことが望ましい。
　⑮　申請書及び承認書の様式は，次のとおりとする。

専有部分修繕等工事申請書

平成　年　月　日

○○マンション管理組合
　理事長　○○○○　殿

氏　名　○○○○

　下記により，専有部分の修繕等の工事を実施することとしたいので，○○マンション管理規約第17条の規定に基づき申請します。

記

1　対象住戸　　○○号室
2　工事内容
3　工事期間　　平成　年　月　日から
　　　　　　　平成　年　月　日まで
4　施工業者
5　添付書類　　設計図，仕様書及び工程表

コメント第18条関係

```
            専有部分修繕等工事承認書
                              平成　年　月　日
  ○○○○　殿

   平成　年　月　日に申請のありました○○号室における専有部分の修繕等の
  工事については，実施することを承認します。
  （条件）


                              ○○マンション管理組合
                              理事長　○○○○
```

第18条関係

①　使用細則で定めることが考えられる事項としては，動物の飼育やピアノ等の演奏に関する事項等専有部分の使用方法に関する規制や，駐車場，倉庫等の使用方法，使用料等敷地，共用部分の使用方法や対価等に関する事項等が挙げられ，このうち専有部分の使用に関するものは，その基本的な事項は規約で定めるべき事項である。

なお，使用細則を定める方法としては，これらの事項を一つの使用細則として定める方法と事項ごとに個別の細則として定める方法とがある。

②　犬，猫等のペットの飼育に関しては，それを認める，認めない等の規定は規約で定めるべき事項である。基本的な事項を規約で定め，手続等の細部の規定を使用細則等に委ねることは可能である。

なお，飼育を認める場合には，動物等の種類及び数等の限定，管理組合への届出又は登録等による飼育動物の把握，専有部分における飼育方法並びに共用部分の利用方法及びふん尿の処理等の飼育者の守るべき事項，飼育に起因する被害等に対する責任，違反者に対する措置等の規定を定める必要がある。

③　ペット飼育を禁止する場合，容認する場合の規約の例は，次のとおりである。

225

資 料

> ペットの飼育を禁止する場合
>
> （ペット飼育の禁止）
> 第○条　区分所有者及び占有者は，専有部分，共用部分の如何を問わず，犬・猫等の動物を飼育してはならない。ただし，専ら専有部分内で，かつ，かご・水槽等内のみで飼育する小鳥・観賞用魚類（金魚・熱帯魚等）等を，使用細則に定める飼育方法により飼育する場合，及び身体障害者補助犬法に規定する身体障害者補助犬（盲導犬，介助犬及び聴導犬）を使用する場合は，この限りではない。
>
> ペットの飼育を容認する場合
>
> （ペットの飼育）
> 第○条　ペット飼育を希望する区分所有者及び占有者は，使用細則及びペット飼育に関する細則を遵守しなければならない。ただし，他の区分所有者又は占有者からの苦情の申し出があり，改善勧告に従わない場合には，理事会は，飼育禁止を含む措置をとることができる。

第19条関係

①　規約の効力は対象物件の使用方法につき占有者にも及ぶが，本条は，それ以外に，区分所有者がその専有部分を第三者に貸与する場合に，区分所有者がその第三者に，この規約及び使用細則に定める事項を遵守させる義務を定めたものである。

②　第三者が遵守すべき事項は，この規約及び使用細則に定める事項のうち，対象物件の使用に関する事項とする。

③　貸与に係る契約書に記載する条項及び管理組合に提出する誓約書の様式は次のとおりとする。

コメント第19条関係

賃貸借契約書

○○条　賃借人は，対象物件の使用，収益に際して，○○マンション管理規約及び同使用細則に定める事項を誠実に遵守しなければならない。
2　賃借人が，前項に規定する義務に違反したときは，賃貸人は，本契約を解除することができる。

誓　約　書

私は，○○○○（賃貸人）との○○マンション○○号室（以下「対象物件」という。）の賃貸借契約の締結に際し，下記事項を誓約します。

記

対象物件の使用に際しては○○マンション管理規約及び同使用細則に定める事項を誠実に遵守すること。

平成　年　月　日
○○マンション管理組合
理　事　長　　○○○○　殿

　　　　　　　　　　　　　　　住所
　　　　　　　　　　　　　　　氏名　　　　　　㊞

---

④　区分所有者は，その専有部分を第三者に貸与している間（当該専有部分から転出する場合のみならず，転出後さらに転居する場合も含む。）は，現に居住する住所，電話番号等の連絡先を管理組合に届け出なければならない旨を規約に定めることも，区分所有者に連絡がつかない場合を未然に回避する観点から有効である。また，長期間不在にする場合も，届出の規定を設けることが有効である。
　なお，上述の定めをした場合であっても，届出をしない区分所有者に対する総会招集手続については，第43条第2項及び第3項によることとなる。

資　料

第19条の2関係

①　第19条の2は、専有部分の貸与に関し、暴力団員への貸与を禁止する旨の規約の規定を定める場合の規定例である。なお、必要に応じ、暴力団員だけでなく、暴力団関係者や準構成員等を追加する場合は、その範囲について、各都道府県が定めている暴力団排除条例などを参考に規定することが考えられる。

　第19条の2第1項第二号又は同項第三号の前提となる区分所有者の解約権は、区分所有者と第三者との間の契約における解除原因に係る特約を根拠とするものであり、管理組合は、区分所有者から当該解約権行使の代理権の授与を受けて（具体的には同条第2項に規定する解約権の代理行使を認める書面の提出を受ける。）、区分所有者に代理して解約権を行使する。管理組合の解約権の代理行使は、理事会決議事項とすることも考えられるが、理事会で決定することを躊躇するケースもあり得ることから、総会決議によることが望ましい。

②　なお、暴力団員への譲渡については、このような賃貸契約に係るものと同様の取決めを区分所有者間で結ぶといった対応をすることが考えられる。

　また、暴力団事務所としての使用等の禁止については、第12条関係コメントを参照。敷地内における暴力行為や威嚇行為等の禁止については、第67条第1項の「共同生活の秩序を乱す行為」や区分所有法第6条第1項の「共同の利益に反する行為」等に該当するものとして、法的措置をはじめとする必要な措置を講ずることが可能であると考えられる。

③　なお、措置の実行等に当たっては、暴力団関係者かどうかの判断や、訴訟等の措置を遂行する上での理事長等の身の安全の確保等のため、警察当局や暴力追放運動推進センターとの連携が重要であり、必要に応じて協力を要請することが望ましい。

第21条関係

①　第1項及び第3項は、区分所有法第18条第1項ただし書において、保存行為は、各共有者がすることができると定められていることに対し、同条第2項に基づき、規約で別段の定めをするものである。

②　駐車場の管理は、管理組合がその責任と負担で行う。

③　バルコニー等の管理のうち、管理組合がその責任と負担において行わなければならないのは、計画修繕等である。

④　本条第1項ただし書の「通常の使用に伴う」保存行為とは、バルコニーの清掃や窓ガラスが割れた時の入替え等である。

⑤　バルコニー等の経年劣化への対応については，③のとおり管理組合がその責任と負担において，計画修繕として行うものである。

ただし，バルコニー等の劣化であっても，長期修繕計画作成ガイドラインにおいて管理組合が行うものとされている修繕等の周期と比べ短い期間で発生したものであり，かつ，他のバルコニー等と比較して劣化の程度が顕著である場合には，特段の事情がない限りは，当該バルコニー等の専用使用権を有する者の「通常の使用に伴う」ものとして，その責任と負担において保存行為を行うものとする。なお，この場合であっても，結果として管理組合による計画修繕の中で劣化が解消されるのであれば，管理組合の負担で行われることとなる。

⑥　バルコニー等の破損が第三者による犯罪行為等によることが明らかである場合の保存行為の実施については，通常の使用に伴わないものであるため，管理組合がその責任と負担においてこれを行うものとする。ただし，同居人や賃借人等による破損については，「通常の使用に伴う」ものとして，当該バルコニー等の専用使用権を有する者がその責任と負担において保存行為を行うものとする。

⑦　第2項の対象となる設備としては，配管，配線等がある。

⑧　配管の清掃等に要する費用については，第27条第三号の「共用設備の保守維持費」として管理費を充当することが可能であるが，配管の取替え等に要する費用のうち専有部分に係るものについては，各区分所有者が実費に応じて負担すべきものである。

⑨　第3項ただし書は，例えば，台風等で住戸の窓ガラスが割れた場合に，専有部分への雨の吹き込みを防ぐため，割れたものと同様の仕様の窓ガラスに張り替えるというようなケースが該当する。また，第5項は，区分所有法第19条に基づき，規約で別段の定めをするものである。

承認の申請先等は理事長であるが，承認，不承認の判断はあくまで理事会の決議によるものである（第54条第1項第五号参照）。

⑩　区分所有法第26条第1項では，敷地及び共用部分等の保存行為の実施が管理者（本標準管理規約では理事長）の権限として定められている。第6項では，災害等の緊急時における必要な保存行為について，理事長が単独で判断し実施できることを定めるものである。災害等の緊急時における必要な保存行為としては，共用部分等を維持するための緊急を要する行為又は共用部分等の損傷・滅失を防止して現状の維持を図るための比較的軽度の行為が該当する。後者の例としては，給水管・排水管の補修，共用部分等の被災箇所の点検，破損箇所の小修繕等が挙げられる。この場合に必

資 料

要な支出については，第58条第6項及びコメント第58条関係⑤を参照のこと。

⑪ 災害等の緊急時において，保存行為を超える応急的な修繕行為の実施が必要であるが，総会の開催が困難である場合には，理事会においてその実施を決定することができることとしている（第54条第1項第十号及びコメント第54条関係①を参照。）。しかし，大規模な災害や突発的な被災では，理事会の開催も困難な場合があることから，そのような場合には，保存行為に限らず，応急的な修繕行為の実施まで理事長単独で判断し実施することができる旨を，規約において定めることも考えられる。更に，理事長をはじめとする役員が対応できない事態に備え，あらかじめ定められた方法により選任された区分所有者等の判断により保存行為や応急的な修繕行為を実施することができる旨を，規約において定めることも考えられる。なお，理事長等が単独で判断し実施することができる保存行為や応急的な修繕行為に要する費用の限度額について，予め定めておくことも考えられる。

⑫ 第6項の災害等の緊急時における必要な保存行為の実施のほか，平時における専用使用権のない敷地又は共用部分等の保存行為について，理事会の承認を得て理事長が行えるとすることや，少額の保存行為であれば理事長に一任することを，規約において定めることも考えられる。その場合，理事長単独で判断し実施することができる保存行為に要する費用の限度額について，予め定めておくことも考えられる。

第22条関係

① 窓枠，窓ガラス及び玄関扉（玄関扉にあっては，錠及び内部塗装部分を除く。以下「開口部」という。）については，第7条第2項第二号及び第三号において専有部分に含まれないこととされていること，専有部分に属さない「建物の部分」については，第8条に基づく別表第2において共用部分とされていることから，開口部は共用部分として扱うこととなる。

② また，区分所有法は，その形状又は効用の著しい変更を伴わない共用部分の変更について，集会の普通決議により決することを定めている。

③ 第1項は，防犯，防音又は断熱等の住宅の性能の向上のため行われる開口部の改良工事については，原則として，他の共用部分と同様に計画修繕の対象とすべき旨を規定したものである。

④ 第2項は，開口部の改良工事については，治安上の問題を踏まえた防犯性能の向上や，結露から発生したカビやダニによるいわゆるシックハウス問題を改善するための断熱性の向上等，一棟全戸ではなく一部の住戸において緊急かつ重大な必要性が

生じる場合もあり得ることに鑑み，計画修繕によりただちに開口部の改良を行うことが困難な場合には，専有部分の修繕等における手続と同様の手続により，各区分所有者の責任と負担において工事を行うことができるよう規定したものである。

承認の申請先等は理事長であるが，承認，不承認の判断はあくまで理事会の決議によるものである（第54条第1項第五号参照）。

⑤ また，第2項及び第3項は，マンションでは通常個々の専有部分に係る開口部（共用部分）が形状や材質において大きく異なるような状況は考えられないことから，当該開口部の改良工事についてもその方法や材質・形状等に問題のないものは，施工の都度総会の決議を求めるまでもなく，専有部分の修繕等における手続と同様の手続により，各区分所有者の責任と負担において実施することを可能とする趣旨である。承認申請の対象範囲，審査する内容等の考え方については，別添2を参照されたい。

⑥ 「共用部分のうち各住戸に附属する窓枠，窓ガラス，玄関扉その他の開口部に係る改良工事であって，防犯，防音又は断熱等の住宅の性能の向上等に資するもの」の工事の具体例としては，防犯・防音・断熱性等により優れた複層ガラスやサッシ等への交換，既設のサッシへの内窓又は外窓の増設等が考えられる。

⑦ 本条の規定のほか，具体的な工事内容，区分所有者の遵守すべき事項等詳細については，細則に別途定めるものとする。その際，上述の別添2の内容についても，各マンションの実情に応じて，参考にするとともに，必要に応じて，専門的知識を有する者の意見を聴くことが望ましい。

⑧ 申請書及び承認書の様式は，専有部分の修繕に関する様式に準じて定めるものとする。

第23条関係

（第4項関係）

① 第4項の緊急の立入りが認められるのは，災害時等における共用部分に係る緊急的な工事に伴い必要な場合や，専有部分における大規模な水漏れ等，そのまま放置すれば，他の専有部分や共用部分に対して物理的に又は機能上重大な影響を与えるおそれがある場合に限られるものである。

② 第4項の規定の実効性を高めるため，管理組合が各住戸の合い鍵を預かっておくことを定めることも考えられるが，プライバシーの問題等があることから，各マンションの個別の事情を踏まえて検討する必要がある。

資　料

第25条関係
　①　管理費等の負担割合を定めるに当たっては，使用頻度等は勘案しない。
　②　管理費のうち，管理組合の運営に要する費用については，組合費として管理費とは分離して徴収することもできる。
　③　議決権割合の設定方法について，一戸一議決権（第46条関係②）や価値割合（第46条関係③）を採用する場合であっても，これとは別に管理費等の負担額については，第2項により，共用部分の共有持分に応じて算出することが考えられる。
　④　なお，管理費等の徴収や，滞納があった場合の取扱い等については，第60条を参照のこと。

第26条関係
　以前は包括承継人についても記載していたが，包括承継人が債務を承継するのは当然であるため，削除した。

第27条関係
　①　管理組合の運営に要する費用には役員活動費も含まれ，これについては一般の人件費等を勘案して定めるものとするが，役員は区分所有者全員の利益のために活動することに鑑み，適正な水準に設定することとする。なお，コメント第37条関係②を参照のこと。
　②　従来，本条第十号に掲げる管理費の使途及び第32条の管理組合の業務として，「地域コミュニティにも配慮した居住者間のコミュニティ形成（に要する費用）」が掲げられていた。これは，日常的なトラブルの未然防止や大規模修繕工事等の円滑な実施などに資するコミュニティ形成について，マンションの管理という管理組合の目的の範囲内で行われることを前提に規定していたものである。しかしながら，「地域コミュニティにも配慮した居住者間のコミュニティ形成」との表現には，定義のあいまいさから拡大解釈の懸念があり，とりわけ，管理組合と自治会，町内会等とを混同することにより，自治会費を管理費として一体で徴収し自治会費を払っている事例や，自治会的な活動への管理費の支出をめぐる意見対立やトラブル等が生じている実態もあった。一方，管理組合による従来の活動の中でいわゆるコミュニティ活動と称して行われていたもののうち，例えば，マンションやその周辺における美化や清掃，景観形成，防災・防犯活動，生活ルールの調整等で，その経費に見合ったマンションの資産価値の向上がもたらされる活動は，それが区分所有法第3条に定める管理組合の目

的である「建物並びにその敷地及び附属施設の管理」の範囲内で行われる限りにおいて可能である。

　以上を明確にするため，第十号及び第32条第十五号を削除するとともに，第32条第十二号を「マンション及び周辺の風紀，秩序及び安全の維持，防災並びに居住環境の維持及び向上に関する業務」と改めることとした。

　また，従来，第十二号に「その他敷地及び共用部分等の通常の管理に要する費用」が掲げられていたが，第32条に定める業務との関連が不明確であったことから，「その他第32条に定める業務に要する費用（次条に規定する経費を除く。）」と改めることとした。上述の第32条第十二号の業務に要する費用は，本号あるいは別の号の経費として支出することが可能である。

　③　管理組合は，区分所有法第3条に基づき，区分所有者全員で構成される強制加入の団体であり，居住者が任意加入する地縁団体である自治会，町内会等とは異なる性格の団体であることから，管理組合と自治会，町内会等との活動を混同することのないよう注意する必要がある。

　各居住者が各自の判断で自治会又は町内会等に加入する場合に支払うこととなる自治会費又は町内会費等は，地域住民相互の親睦や福祉，助け合い等を図るために居住者が任意に負担するものであり，マンションを維持・管理していくための費用である管理費等とは別のものである。

　自治会費又は町内会費等を管理費等と一体で徴収している場合には，以下の点に留意すべきである。
ア　自治会又は町内会等への加入を強制するものとならないようにすること。
イ　自治会又は町内会等への加入を希望しない者から自治会費又は町内会費等の徴収を行わないこと。
ウ　自治会費又は町内会費等を管理費とは区分経理すること。
エ　管理組合による自治会費又は町内会費等の代行徴収に係る負担について整理すること。

　④　上述のような管理組合の法的性質からすれば，マンションの管理に関わりのない活動を行うことは適切ではない。例えば，一部の者のみに対象が限定されるクラブやサークル活動経費，主として親睦を目的とする飲食の経費などは，マンションの管理業務の範囲を超え，マンション全体の資産価値向上等に資するとも言い難いため，区分所有者全員から強制徴収する管理費をそれらの費用に充てることは適切ではなく，管理費とは別に，参加者からの直接の支払や積立て等によって費用を賄うべきである。

233

第 28 条関係

① 対象物件の経済的価値を適正に維持するためには，一定期間ごとに行う計画的な維持修繕工事が重要であるので，修繕積立金を必ず積み立てることとしたものである。

② 分譲会社が分譲時において将来の計画修繕に要する経費に充当していくため，一括して購入者より修繕積立基金として徴収している場合や，修繕時に，既存の修繕積立金の額が修繕費用に不足すること等から，一時負担金が区分所有者から徴収される場合があるが，これらについても修繕積立金として積み立てられ，区分経理されるべきものである。

③ 円滑化法に基づく建替組合によるマンション建替事業における建替えまでのプロセスの概要は，円滑化法の制定を踏まえ作成された「マンションの建替えに向けた合意形成に関するマニュアル」（平成15年1月国土交通省公表）によれば，次のとおりである。

A. 建替え決議までのプロセス

(ア) 準備段階：一部の区分所有者から建替えの発意がなされ，それに賛同する有志により，建替えを提起するための基礎的な検討が行われる段階であり，「管理組合として建替えの検討を行うことの合意を得ること」を目標とする。

(イ) 検討段階：管理組合として，修繕・改修との比較等による建替えの必要性，建替えの構想について検討する段階であり，「管理組合として，建替えを必要として計画することの合意を得ること」を目標とする。

(ウ) 計画段階：管理組合として，各区分所有者の合意形成を図りながら，建替えの計画を本格的に検討する段階であり，「建替え計画を策定するともに，それを前提とした建替え決議を得ること」を目標とする。

B. 建替え決議後のプロセス

(ア) 建替組合の設立段階：定款及び事業計画を定め，都道府県知事等の認可を受けて建替組合を設立する段階。

(イ) 権利変換段階：権利変換計画を策定し，同計画に関し都道府県知事等の認可を受け，権利変換を行う段階。

(ウ) 工事実施段階：建替え工事を施工し，工事完了時にマンション建替事業に係る清算を行う段階。

(エ) 再入居と新管理組合の設立段階：新マンションに入居し，新マンションの管理組

④ ③のプロセスのうち、③のA(イ)及び(ウ)の段階においては、管理組合が建替えの検討のため、調査を実施する。調査の主な内容は、再建マンションの設計概要、マンションの取壊し及び再建マンションの建築に要する費用の概算額やその費用分担、再建マンションの区分所有権の帰属に関する事項等である。

⑤ ③のプロセスのうち、③のB(ア)の段階においても、修繕積立金を取り崩すことのできる場合があることを定めたのが第2項である。

⑥ ③のプロセスによらず、円滑化法第45条のマンション建替事業の認可に基づく建替え、又は区分所有者の全員合意に基づく任意の建替えを推進する場合であっても、必要に応じて、第1項及び第2項、又は第2項と同様の方法により、修繕積立金を取り崩すことは可能である。ただし、任意の組織に関しては、その設立時期について管理組合内で共通認識を得ておくことが必要である。

⑦ 円滑化法に基づくマンション敷地売却組合によるマンション敷地売却事業のプロセスの概要は、平成26年の円滑化法の改正を踏まえ作成された「耐震性不足のマンションに係るマンション敷地売却ガイドライン」（平成26年12月国土交通省公表）を参考とされたい。この場合にも、建替えの場合と同様に、第1項及び第3項に基づき、必要に応じて、修繕積立金を取り崩すことは可能である。

⑧ 建替え等に係る調査に必要な経費の支出は、各マンションの実態に応じて、管理費から支出する旨管理規約に規定することもできる。

第29条関係

機械式駐車場を有する場合は、その維持及び修繕に多額の費用を要することから、管理費及び修繕積立金とは区分して経理することもできる。

第31条関係

届出書の様式は、次のとおりとする。

資 料

```
                    届 出 書
                                    平成  年  月  日
○○マンション管理組合
  理事長 ○○○○ 殿

  ○○マンションにおける区分所有権の取得及び喪失について，下記のとおり届
け出ます。
                      記
1 対象住戸              ○○号室
2 区分所有権を取得した者    氏名
3 区分所有権を喪失した者    氏名
                       住所（移転先）
4 区分所有権の変動の年月日  平成 年 月 日
5 区分所有権の変動の原因
```

第32条関係

① 建物を長期にわたって良好に維持・管理していくためには，一定の年数の経過ごとに計画的に修繕を行っていくことが必要であり，その対象となる建物の部分，修繕時期，必要となる費用等について，あらかじめ長期修繕計画として定め，区分所有者の間で合意しておくことは，円滑な修繕の実施のために重要である。

② 長期修繕計画の内容としては次のようなものが最低限必要である。

1 計画期間が25年程度以上であること。なお，新築時においては，計画期間を30年程度にすると，修繕のために必要な工事をほぼ網羅できることとなる。

2 計画修繕の対象となる工事として外壁補修，屋上防水，給排水管取替え，窓及び玄関扉等の開口部の改良等が掲げられ，各部位ごとに修繕周期，工事金額等が定められているものであること。

3 全体の工事金額が定められたものであること。
   また，長期修繕計画の内容については定期的な（おおむね5年程度ごとに）見直しをすることが必要である。

③ 長期修繕計画の作成又は変更及び修繕工事の実施の前提として，劣化診断（建物診断）を管理組合として併せて行う必要がある。

④　長期修繕計画の作成又は変更に要する経費及び長期修繕計画の作成等のための劣化診断（建物診断）に要する経費の充当については，管理組合の財産状態等に応じて管理費又は修繕積立金のどちらからでもできる。

ただし，修繕工事の前提としての劣化診断（建物診断）に要する経費の充当については，修繕工事の一環としての経費であることから，原則として修繕積立金から取り崩すこととなる。

⑤　管理組合が管理すべき設計図書は，適正化法第103条第1項に基づいて宅地建物取引業者から交付される竣工時の付近見取図，配置図，仕様書（仕上げ表を含む。），各階平面図，2面以上の立面図，断面図又は矩計図，基礎伏図，各階床伏図，小屋伏図，構造詳細図及び構造計算書である。ただし，同条は，適正化法の施行（平成13年8月1日）前に建設工事が完了した建物の分譲については適用されてないこととなっており，これに該当するマンションには上述の図書が交付されていない場合もある。

他方，建物の修繕に有用な書類としては，上述以外の設計関係書類（数量調書，竣工地積測量図等），特定行政庁関係書類（建築確認通知書，日影協定書等），消防関係書類，機械関係設備施設の関係書類，売買契約書関係書類等がある。

このような各マンションの実態に応じて，具体的な図書を規約に記載することが望ましい。

⑥　修繕等の履歴情報とは，大規模修繕工事，計画修繕工事及び設備改修工事等の修繕の時期，箇所，費用及び工事施工者等や，設備の保守点検，建築基準法第12条第1項及び第3項の特殊建築物等の定期調査報告及び建築設備（昇降機を含む。）の定期検査報告，消防法第8条の2の2の防火対象物定期点検報告等の法定点検，耐震診断結果，石綿使用調査結果など，維持管理の情報であり，整理して後に参照できるよう管理しておくことが今後の修繕等を適切に実施するためにも有効な情報である。

⑦　管理組合が管理する書類等として，第三号に掲げる長期修繕計画書，第五号及び⑤に掲げる設計図書等，第六号及び⑥に掲げる修繕等の履歴情報が挙げられるが，具体的な保管や閲覧については，第64条第2項で規定するとおり，理事長の責任により行うこととする。その他に，理事長が保管する書類等としては，第49条第3項で定める総会議事録，第53条第4項の規定に基づき準用される第49条第3項で定める理事会議事録，第64条及び第64条関係コメントに掲げる帳票類等，第72条で定める規約原本等が挙げられる。

このうち，総会議事録及び規約原本の保管は，区分所有法により管理者が保管することとされているものであり，この標準管理規約では理事長を管理者としていること

資　料

から理事長が保管することとしている。

　⑧　従来，第十五号に定める管理組合の業務として，「地域コミュニティにも配慮した居住者間のコミュニティ形成」が掲げられていたが，「コミュニティ」という用語の概念のあいまいさから拡大解釈の懸念があり，とりわけ，管理組合と自治会，町内会等とを混同することにより，自治会的な活動への管理費の支出をめぐる意見対立やトラブル等が生じている実態もあった。一方，管理組合による従来の活動の中でいわゆるコミュニティ活動と称して行われていたもののうち，例えば，マンションやその周辺における美化や清掃，景観形成，防災・防犯活動，生活ルールの調整等で，その経費に見合ったマンションの資産価値の向上がもたらされる活動は，それが区分所有法第3条に定める管理組合の目的である「建物並びにその敷地及び附属施設の管理」の範囲内で行われる限りにおいて可能である。なお，これに該当しない活動であっても，管理組合の役員等である者が個人の資格で参画することは可能である。

　以上を明確にするため，区分所有法第3条を引用し，第32条本文に「建物並びにその敷地及び附属施設の管理のため」を加え，第十五号を削除し，併せて，周辺と一体となって行われる各業務を再整理することとし，従来第十二号に掲げていた「風紀，秩序及び安全の維持に関する業務」，従来第十三号に掲げていた「防災に関する業務」及び「居住環境の維持及び向上に関する業務」を，新たに第十二号において「マンション及び周辺の風紀，秩序及び安全の維持，防災並びに居住環境の維持及び向上に関する業務」と規定することとした。なお，改正の趣旨等の詳細については，第27条関係②～④を参照のこと。

　⑨　建替え等により消滅する管理組合は，管理費や修繕積立金等の残余財産を清算する必要がある。なお，清算の方法については，各マンションの実態に応じて規定を整備しておくことが望ましい。

第33条関係

　第三者に委託する場合は，マンション標準管理委託契約書による。

第33条及び第34条関係

　①　マンションは一つの建物を多くの人が区分して所有するという形態ゆえ，利用形態の混在による権利・利用関係の複雑さ，建物構造上の技術的判断の難しさなどを踏まえ，建物を維持していく上で区分所有者間の合意形成を進めることが必要である。

　このような中で，マンションを適切に維持，管理していくためには，法律や建築技

術等の専門的知識が必要となることから，管理組合は，マンション管理業者等第三者に管理事務を委託したり，マンション管理士その他マンション管理に関する各分野の専門的知識を有する者に対し，管理組合の運営その他マンションの管理に関し，相談したり，助言，指導その他の援助を求めたりするなど，専門的分野にも適切に対応しつつ，マンション管理を適正に進めることが求められる。

なお，外部の専門家が直接管理組合の運営に携わる場合の考え方については，全般関係③，別添1等を参照のこと。

② 管理組合が支援を受けることが有用な専門的知識を有する者としては，マンション管理士のほか，マンションの権利・利用関係や建築技術に関する専門家である，弁護士，司法書士，建築士，行政書士，公認会計士，税理士等の国家資格取得者や，区分所有管理士，マンションリフォームマネジャー等の民間資格取得者などが考えられる。

③ 専門的知識を有する者の活用の具体例としては，管理組合は，専門的知識を有する者に，管理規約改正原案の作成，管理組合における合意形成の調整に対する援助，建物や設備の劣化診断，安全性診断の実施の必要性についての助言，診断項目，内容の整理等を依頼することが考えられる。

第35条関係

① 管理組合は，建物，敷地等の管理を行うために区分所有者全員で構成される団体であることを踏まえ，役員の資格要件を，当該マンションへの居住の有無に関わりなく区分所有者であるという点に着目して，「組合員」としているが，全般関係③で示したとおり，必要に応じて，マンション管理に係る専門知識を有する外部の専門家の選任も可能とするように当該要件を外すことも考えられる。この場合においては，「外部専門家を役員として選任できることとする場合」の第4項のように，選任方法について細則で定める旨の規定を置くことが考えられる。この場合の専門家としては，マンション管理士のほか弁護士，建築士などで，一定の専門的知見を有する者が想定され，当該マンションの管理上の課題等に応じて適切な専門家を選任することが重要である。

なお，それぞれのマンションの実態に応じて，「〇〇マンションに現に居住する組合員」（（注）平成23年改正前の標準管理規約における役員の資格要件）とするなど，居住要件を加えることも考えられる。

② 理事の員数については次のとおりとする。

資 料

1　おおむね10～15戸につき1名選出するものとする。
2　員数の範囲は，最低3名程度，最高20名程度とし，○～○名という枠により定めることもできる。
③　200戸を超え，役員数が20名を超えるような大規模マンションでは，理事会のみで，実質的検討を行うのが難しくなるので，理事会の中に部会を設け，各部会に理事会の業務を分担して，実質的な検討を行うような，複層的な組織構成，役員の体制を検討する必要がある。
　この場合，理事会の運営方針を決めるため，理事長，副理事長（各部の部長と兼任するような組織構成が望ましい。）による幹部会を設けることも有効である。なお，理事会運営細則を別途定め，部会を設ける場合は，理事会の決議事項につき決定するのは，あくまで，理事全員による理事会であることを明確にする必要がある。
④　本標準管理規約における管理組合は，権利能力なき社団であることを想定しているが（コメント第6条関係参照），役員として意思決定を行えるのは自然人であり，法人そのものは役員になることができないと解すべきである。したがって，法人が区分所有する専有部分があるマンションにおいて，法人関係者が役員になる場合には，管理組合役員の任務に当たることを当該法人の職務命令として受けた者等を選任することが一般的に想定される。外部専門家として役員を選任する場合であって，法人，団体等から派遣を受けるときも，同様に，当該法人，団体等から指定された者（自然人）を選任することが一般的に想定される。なお，法人の役職員が役員になった場合においては，特に利益相反取引について注意が必要である（第37条の2関係参照）。
⑤　第4項の選任方法に関する細則の内容としては，選任の対象となる外部の専門家の要件や選任の具体的な手続等を想定している。なお，⑥及び第36条の2関係②について併せて参照のこと。
⑥　外部の専門家を役員として選任する場合には，その者が期待された能力等を発揮して管理の適正化，財産の価値の最大化を実現しているか監視・監督する仕組みが必要である。このための一方策として，法人・団体から外部の専門家の派遣を受ける場合には，派遣元の法人・団体等による報告徴収や業務監査又は外部監査が行われることを選任の要件として，第4項の細則において定めることが考えられる。

第36条関係

①　役員の任期については，組合の実情に応じて1～2年で設定することとし，選任に当たっては，その就任日及び任期の期限を明確にする。

②　業務の継続性を重視すれば、役員は半数改選とするのもよい。この場合には、役員の任期は2年とする。

③　第4項は、組合員から選任された役員が組合員でなくなった場合の役員の地位についての規定である。第35条第2項において組合員要件を外した場合には、「外部専門家を役員として選任できることとする場合」のような規定とすべきである。それは、例えば、外部の専門家として選任された役員は、専門家としての地位に着目して役員に選任されたものであるから、当該役員が役員に選任された後に組合員となった場合にまで、組合員でなくなれば当然に役員としての地位も失うとするのは相当でないためである。

④　役員が任期途中で欠けた場合、総会の決議により新たな役員を選任することが可能であるが、外部の専門家の役員就任の可能性や災害時等緊急時の迅速な対応の必要性を踏まえると、規約において、あらかじめ補欠を定めておくことができる旨規定するなど、補欠の役員の選任方法について定めておくことが望ましい。また、組合員である役員が転出、死亡その他の事情により任期途中で欠けた場合には、組合員から補欠の役員を理事会の決議で選任することができると、規約に規定することもできる。

なお、理事や監事の員数を、○〜○名という枠により定めている場合には、その下限の員数を満たさなくなったときに、補欠を選任することが必要となる。

第36条の2関係

①　選択肢として、役員の資格を組合員に限定することを改め外部の専門家を役員に選任することができるようにしたことを踏まえ、役員の欠格条項を定めるものである。なお、暴力団員等の範囲については、公益社団法人及び公益財団法人の認定等に関する法律（平成18年法律第49号）を参考にした。

②　外部の専門家からの役員の選任について、第35条第4項として細則で選任方法を定めることとする場合、本条に定めるほか、細則において、次のような役員の欠格条項を定めることとする。

ア　個人の専門家の場合
・マンション管理に関する各分野の専門的知識を有する者から役員を選任しようとする場合にあっては、マンション管理士の登録の取消し又は当該分野に係る資格についてこれと同様の処分を受けた者

イ　法人から専門家の派遣を受ける場合（アに該当する者に加えて）
次のいずれかに該当する法人から派遣される役職員は、外部専門家として役員と

資　料

なることができない。
・　銀行取引停止処分を受けている法人
・　管理業者の登録の取消しを受けた法人

第 37 条関係
（第 1 項関係）
①　役員は，管理組合の財産の毀損の防止及びそのために必要な措置を講じるよう努めるものとする。特に，外部の専門家の役員就任に当たっては，判断・執行の誤りによる財産毀損に係る賠償責任保険への加入に努め，保険限度額の充実等にも努めるべきである。さらに，故意・重過失による財産毀損は，保険の対象外のため，財産的基礎の充実による自社（者）補償や積立て等による団体補償の検討等にも取り組むよう努めるべきである。

（第 2 項関係）
②　マンションの高経年化，区分所有者の高齢化，住戸の賃貸化・空室化等の進行による管理の困難化やマンションの高層化・大規模化等による管理の高度化・複雑化が進んでおり，マンションの円滑な管理のために，外部の専門家の役員就任も考えられるところである。この場合，当該役員に対して，必要経費とは別に，理事会での協議・意見交換の参画等に伴う負担と，実際の業務の困難性や専門的技能・能力等による寄与などを総合的に考慮して，報酬を支払うことも考えられる。その際，理事会の議事録の閲覧（第 53 条第 4 項）の活用等により，役員の業務の状況を適切に認知・確認することが望ましい。

第 37 条の 2 関係
役員は，マンションの資産価値の保全に努めなければならず，管理組合の利益を犠牲にして自己又は第三者の利益を図ることがあってはならない。とりわけ，外部の専門家の役員就任を可能とする選択肢を設けたことに伴い，このようなおそれのある取引に対する規制の必要性が高くなっている。そこで，役員が，利益相反取引（直接取引又は間接取引）を行おうとする場合には，理事会で当該取引につき重要な事実を開示し，承認を受けなければならないことを定めるものである。

なお，同様の趣旨により，理事会の決議に特別の利害関係を有する理事は，その議決に加わることができない旨を規定する（第 53 条第 3 項）とともに，管理組合と理事長との利益が相反する事項については，監事又は当該理事以外の理事が管理組合を

代表する旨を規定する（第38条第6項）こととしている。

第38条関係

① 例えば植栽による日照障害などの日常生活のトラブルの対応において，日照障害における植栽の伐採などの重要な問題に関しては総会の決議により決定することが望ましい。

② 第4項は，理事長が職務の執行の状況を理事会に定期的に（例えば，「3か月に1回以上」等）報告すべき旨を定めたものである。

③ 第6項については，第37条の2関係を参照のこと。

第40条関係

（第2項関係）

理事が，管理組合に著しい損害を及ぼすおそれのある事実があることを発見した場合，その事実を監事に報告する義務を課すことで，監事による監査の実施を容易にするために規定したものである。

第41条関係

① 第1項では，監事の基本的な職務内容について定める。これには，理事が総会に提出しようとする議案を調査し，その調査の結果，法令又は規約に違反し，又は著しく不当な事項があると認めるときの総会への報告が含まれる。また，第2項は，第1項の規定を受けて，具体的な報告請求権と調査権について定めるものである。

② 第4項は，従来「できる規定」として定めていたものであるが，監事による監査機能の強化のため，理事会への出席義務を課すとともに，必要があるときは，意見を述べなければならないとしたものである。ただし，理事会は第52条に規定する招集手続を経た上で，第53条第1項の要件を満たせば開くことが可能であり，監事が出席しなかったことは，理事会における決議等の有効性には影響しない。

③ 第5項により監事から理事会への報告が行われた場合には，理事会は，当該事実について検討することが必要である。第5項に定める報告義務を履行するために必要な場合には，監事は，理事長に対し，理事会の招集を請求することができる旨を定めたのが，第6項である。さらに，第7項で，理事会の確実な開催を確保することとしている。

資　料

第 42 条関係

（第 5 項関係）

総会において，議長を選任する旨の定めをすることもできる。

第 43 条関係

（第 3 項，第 8 項関係）

所定の掲示場所は，建物内の見やすい場所に設けるものとする。以下同じ。

第 44 条関係

①　電磁的方法による議決権行使の具体例には，電子メールの送信やウェブサイト（ホームページ）への書込みの利用，フロッピーディスクや CD-ROM の交付による方法等がある。

②　電磁的方法の一部のみ利用可能な管理組合は，電磁的方法の利用状況に応じた規約を制定することが望ましい。例えば，電子メールの送受信やウェブサイト（ホームページ）への書込みは利用できないが，フロッピーディスクに記録されている内容の読込み及び表示は可能な場合，第 44 条において(イ)を選択した上で第 44 条第 4 項第一号は規定しないことが望ましい。

第 45 条関係

理事会が必要と認める者の例としては，マンション管理業者，管理員，マンション管理士等がある。

第 46 条関係

①　議決権については，共用部分の共有持分の割合，あるいはそれを基礎としつつ賛否を算定しやすい数字に直した割合によることが適当である。

②　各住戸の面積があまり異ならない場合は，住戸 1 戸につき各 1 個の議決権により対応することも可能である。

また，住戸の数を基準とする議決権と専有面積を基準とする議決権を併用することにより対応することも可能である。

③　①や②の方法による議決権割合の設定は，各住戸が比較的均質である場合には妥当であるものの，高層階と低層階での眺望等の違いにより住戸の価値に大きな差が出る場合もあることのほか，民法第 252 条本文が共有物の管理に関する事項につき各

共有者の持分の価格の過半数で決すると規定していることに照らして，新たに建てられるマンションの議決権割合について，より適合的な選択肢を示す必要があると考えられる。これにより，特に，大規模な改修や建替え等を行う旨を決定する場合，建替え前のマンションの専有部分の価値等を考慮して建替え後の再建マンションの専有部分を配分する場合等における合意形成の円滑化が期待できるといった考え方もある。

このため，住戸の価値に大きな差がある場合においては，単に共用部分の共有持分の割合によるのではなく，専有部分の階数（眺望，日照等），方角（日照等）等を考慮した価値の違いに基づく価値割合を基礎として，議決権の割合を定めることも考えられる。

この価値割合とは，専有部分の大きさ及び立地（階数・方角等）等を考慮した効用の違いに基づく議決権割合を設定するものであり，住戸内の内装や備付けの設備等住戸内の豪華さ等も加味したものではないことに留意する。

また，この価値は，必ずしも各戸の実際の販売価格に比例するものではなく，全戸の販売価格が決まっていなくても，各戸の階数・方角（眺望，日照等）などにより，別途基準となる価値を設定し，その価値を基にした議決権割合を新築当初に設定することが想定される。ただし，前方に建物が建築されたことによる眺望の変化等の各住戸の価値に影響を及ぼすような事後的な変化があったとしても，それによる議決権割合の見直しは原則として行わないものとする。

なお，このような価値割合による議決権割合を設定する場合には，分譲契約等によって定まる敷地等の共有持分についても，価値割合に連動させることが考えられる。

④ 特定の者について利害関係が及ぶような事項を決議する場合には，その特定の少数者の意見が反映されるよう留意する。

⑤ 総会は管理組合の最高の意思決定機関であることを踏まえると，代理人は，区分所有者としての組合員の意思が総会に適切に反映されるよう，区分所有者の立場から見て利害関係が一致すると考えられる者に限定することが望ましい。第5項は，この観点から，組合員が代理人によって議決権を行使する場合の代理人の範囲について規約に定めることとした場合の規定例である。また，総会の円滑な運営を図る観点から，代理人の欠格事由として暴力団員等を規約に定めておくことも考えられる。なお，成年後見人，財産管理人等の組合員の法定代理人については，法律上本人に代わって行為を行うことが予定されている者であり，当然に議決権の代理行使をする者の範囲に含まれる。

⑥ 書面による議決権の行使とは，総会には出席しないで，総会の開催前に各議案

資 料

ごとの賛否を記載した書面（いわゆる「議決権行使書」）を総会の招集者に提出することである。他方，代理人による議決権の行使とは，代理権を証する書面（いわゆる「委任状」）によって，組合員本人から授権を受けた代理人が総会に出席して議決権を行使することである。

このように，議決権行使書と委任状は，いずれも組合員本人が総会に出席せずに議決権の行使をする方法であるが，議決権行使書による場合は組合員自らが主体的に賛否の意思決定をするのに対し，委任状による場合は賛否の意思決定を代理人に委ねるという点で性格が大きく異なるものである。そもそも総会が管理組合の最高の意思決定機関であることを考えると，組合員本人が自ら出席して，議場での説明や議論を踏まえて議案の賛否を直接意思表示することが望ましいのはもちろんである。しかし，やむを得ず総会に出席できない場合であっても，組合員の意思を総会に直接反映させる観点からは，議決権行使書によって組合員本人が自ら賛否の意思表示をすることが望ましく，そのためには，総会の招集の通知において議案の内容があらかじめなるべく明確に示されることが重要であることに留意が必要である。

⑦ 代理人による議決権の行使として，誰を代理人とするかの記載のない委任状（いわゆる「白紙委任状」）が提出された場合には，当該委任状の効力や議決権行使上の取扱いについてトラブルとなる場合があるため，そのようなトラブルを防止する観点から，例えば，委任状の様式等において，委任状を用いる場合には誰を代理人とするかについて主体的に決定することが必要であること，適当な代理人がいない場合には代理人欄を空欄とせず議決権行使書によって自ら賛否の意思表示をすることが必要であること等について記載しておくことが考えられる。

第 47 条関係

① 第2項は，議長を含む出席組合員（書面又は代理人によって議決権を行使する者を含む。）の議決権の過半数で決議し，過半数の賛成を得られなかった議事は否決とすることを意味するものである。

② 特に慎重を期すべき事項を特別の決議によるものとした。あとの事項は，会議運営の一般原則である多数決によるものとした。

③ 区分所有法では，共用部分の変更に関し，区分所有者及び議決権の各4分の3以上の多数による集会の決議（特別多数決議）で決することを原則としつつ，その形状又は効用の著しい変更を伴わない共用部分の変更については区分所有者及び議決権の各過半数によることとしている（なお，共用部分の変更が専有部分の使用に特別の

コメント第47条関係

影響を及ぼすべきときは，区分所有法第17条第2項（第18条第3項において準用する場合を含む。）の規定に留意が必要である。（第8項参照））。

建物の維持・保全に関して，区分所有者は協力してその実施に努めるべきであることを踏まえ，機動的な実施を可能とするこの区分所有法の規定を，標準管理規約上も確認的に規定したのが第47条第3項第二号である。

なお，建築物の耐震改修の促進に関する法律第25条の規定により，要耐震改修認定区分所有建築物の耐震改修については，区分所有法の特例として，敷地及び共用部分等の形状又は効用の著しい変更に該当する場合であっても，過半数の決議（普通決議）で実施可能となっている。

④　第1項に基づき議決権総数の半数を有する組合員が出席する総会において，第2項に基づき出席組合員の議決権の過半数で決議（普通決議）される事項は，総組合員の議決権総数の4分の1の賛成により決議されることに鑑み，例えば，大規模修繕工事のように多額の費用を要する事項については，組合員総数及び議決権総数の過半数で，又は議決権総数の過半数で決する旨規約に定めることもできる。

⑤　このような規定の下で，各工事に必要な総会の決議に関しては，例えば次のように考えられる。ただし，基本的には各工事の具体的内容に基づく個別の判断によることとなる。

ア）バリアフリー化の工事に関し，建物の基本的構造部分を取り壊す等の加工を伴わずに階段にスロープを併設し，手すりを追加する工事は普通決議により，階段室部分を改造したり，建物の外壁に新たに外付けしたりして，エレベーターを新たに設置する工事は特別多数決議により実施可能と考えられる。

イ）耐震改修工事に関し，柱やはりに炭素繊維シートや鉄板を巻き付けて補修する工事や，構造躯体に壁や筋かいなどの耐震部材を設置する工事で基本的構造部分への加工が小さいものは普通決議により実施可能と考えられる。

ウ）防犯化工事に関し，オートロック設備を設置する際，配線を，空き管路内に通したり，建物の外周に敷設したりするなど共用部分の加工の程度が小さい場合の工事や，防犯カメラ，防犯灯の設置工事は普通決議により，実施可能と考えられる。

エ）IT化工事に関し，光ファイバー・ケーブルの敷設工事を実施する場合，その工事が既存のパイプスペースを利用するなど共用部分の形状に変更を加えることなく実施できる場合や，新たに光ファイバー・ケーブルを通すために，外壁，耐力壁等に工事を加え，その形状を変更するような場合でも，建物の躯体部分に相当程度の加工を要するものではなく，外観を見苦しくない状態に復元するのであれば，普通

資 料

決議により実施可能と考えられる。
オ) 計画修繕工事に関し，鉄部塗装工事，外壁補修工事，屋上等防水工事，給水管更生・更新工事，照明設備，共聴設備，消防用設備，エレベーター設備の更新工事は普通決議で実施可能と考えられる。
カ) その他，集会室，駐車場，駐輪場の増改築工事などで，大規模なものや著しい加工を伴うものは特別多数決議により，窓枠，窓ガラス，玄関扉等の一斉交換工事，既に不要となったダストボックスや高置水槽等の撤去工事は普通決議により，実施可能と考えられる。

⑥ 建替え決議及びマンション敷地売却決議の賛否は，売渡し請求の相手方になるかならないかに関係することから，賛成者，反対者が明確にわかるよう決議することが必要である。なお，第4項及び第5項の決議要件については，法定の要件を確認的に規定したものである。

第49条関係

① 第3項の「利害関係人」とは，敷地，専有部分に対する担保権者，差押え債権者，賃借人，組合員からの媒介の依頼を受けた宅地建物取引業者等法律上の利害関係がある者をいい，単に事実上利益や不利益を受けたりする者，親族関係にあるだけの者等は対象とはならない。

② 電磁的記録の具体例には，磁気ディスク，磁気テープ，フロッピーディスク等のような磁気的方式によるもの，ICカード，ICメモリー等のような電子的方式によるもの，CD-ROMのような光学的方式によるものなどによって調製するファイルに情報を記録したものがある。

③ 電子署名及び認証業務に関する法律第2条第1項の電子署名とは，電磁的記録（電子的方式，磁気的方式その他人の知覚によっては認識することができない方式で作られる記録であって，電子計算機による情報処理の用に供されるもの）に記録することができる情報について行われる措置であって，次のア) 及びイ) のいずれにも該当するものである。
ア) 当該情報が当該措置を行ったものの作成に係るものであることを示すためのものであること。
イ) 当該情報について改変が行われていないかどうかを確認することができるものであること。

第51条関係

（第2項関係）

　管理組合の業務執行の決定だけでなく，業務執行の監視・監督機関としての機能を理事会が有することを明確化するとともに，第35条第3項の規定に基づく理事長等の選任を含め，理事会の職務について明示した。

第52条関係

　各理事は，理事会の開催が必要であると考える場合には，理事長に対し，理事会の目的である事項を示して，理事会の招集を促すこともできる。ただし，理事長が招集しない場合には，第2項の手続により招集を請求することとなる。それでも理事長が招集の通知を発出しない場合には，招集を請求した理事が，理事会を招集できることとなる。

第53条関係

①　理事は，総会で選任され，組合員のため，誠実にその職務を遂行するものとされている。このため，理事会には本人が出席して，議論に参加し，議決権を行使することが求められる。

②　したがって，理事の代理出席（議決権の代理行使を含む。以下同じ。）を，規約において認める旨の明文の規定がない場合に認めることは適当でない。

③　「理事に事故があり，理事会に出席できない場合は，その配偶者又は一親等の親族（理事が，組合員である法人の職務命令により理事となった者である場合は，法人が推挙する者）に限り，代理出席を認める」旨を定める規約の規定は有効であると解されるが，あくまで，やむを得ない場合の代理出席を認めるものであることに留意が必要である。この場合においても，あらかじめ，総会において，それぞれの理事ごとに，理事の職務を代理するにふさわしい資質・能力を有するか否かを審議の上，その職務を代理する者を定めておくことが望ましい。

　なお，外部専門家など当人の個人的資質や能力等に着目して選任されている理事については，代理出席を認めることは適当でない。

④　理事がやむを得ず欠席する場合には，代理出席によるのではなく，事前に議決権行使書又は意見を記載した書面を出せるようにすることが考えられる。これを認める場合には，理事会に出席できない理事が，あらかじめ通知された事項について，書面をもって表決することを認める旨を，規約の明文の規定で定めることが必要である。

資　料

　⑤　理事会に出席できない理事について，インターネット技術によるテレビ会議等での理事会参加や議決権行使を認める旨を，規約において定めることも考えられる。
　⑥　第2項は，本来，①のとおり，理事会には理事本人が出席して相互に議論することが望ましいところ，例外的に，第54条第1項第五号に掲げる事項については，申請数が多いことが想定され，かつ，迅速な審査を要するものであることから，書面又は電磁的方法（電子メール等）による決議を可能とするものである。
　⑦　第3項については，第37条の2関係を参照のこと。

第54条関係
　①　第1項第十号の「災害等により総会の開催が困難である場合における応急的な修繕工事の実施等」の具体的内容については，次のとおりである。
ア）緊急対応が必要となる災害の範囲としては，地震，台風，集中豪雨，竜巻，落雷，豪雪，噴火などが考えられる。なお，「災害等」の「等」の例としては，災害と連動して又は単独で発生する火災，爆発，物の落下などが該当する。
イ）「総会の開催が困難である場合」とは，避難や交通手段の途絶等により，組合員の総会への出席が困難である場合である。
ウ）「応急的な修繕工事」は，保存行為に限られるものではなく，二次被害の防止や生活の維持等のために緊急対応が必要な，共用部分の軽微な変更（形状又は効用の著しい変更を伴わないもの）や狭義の管理行為（変更及び保存行為を除く，通常の利用，改良に関する行為）も含まれ，例えば，給水・排水，電気，ガス，通信といったライフライン等の応急的な更新，エレベーター附属設備の更新，炭素繊維シート巻付けによる柱の応急的な耐震補強などが「応急的な修繕工事」に該当する。また，「応急的な修繕工事の実施等」の「等」としては，被災箇所を踏まえた共用部分の使用方法の決定等が該当する。
　なお，理事会の開催も困難な場合の考え方については，第21条関係⑪を参照のこと。
　②　第2項は，応急的な修繕工事の実施に伴い必要となる資金の借入れ及び修繕積立金の取崩しについて，第48条の規定によれば総会の決議事項であるところ，第1項第十号の決議に基づき実施する場合には，理事会で決議することができるとするものである。
　③　①のほかにも，共用部分の軽微な変更及び狭義の管理行為については，大規模マンションなど，それぞれのマンションの実態に応じて，機動的な組合運営を行う観点から，これらのうち特定の事項について，理事会の決議事項として規約に定めるこ

とも可能である。その場合には，理事の行為が自己契約，双方代理など組合員全体の利益に反することとならないよう監事による監視機能の強化を図るなどの取組み，理事会活動の事前・事後の組合員に対する透明性の確保等について配慮することが必要である。

第55条関係

① 専門委員会の検討対象が理事会の責任と権限を越える事項である場合や，理事会活動に認められている経費以上の費用が専門委員会の検討に必要となる場合，運営細則の制定が必要な場合等は，専門委員会の設置に総会の決議が必要となる。

② 専門委員会は，検討対象に関心が強い組合員を中心に構成されるものである。必要に応じ検討対象に関する専門的知識を有する者（組合員以外も含む。）の参加を求めることもできる。

第58条関係

① 通常総会は，第42条第3項で新会計年度開始以後2か月以内に招集することとしているため，新会計年度開始後，予算案の承認を得るまでに一定の期間を要することが通常である。第3項及び第4項の規定は，このような期間において支出することがやむを得ない経費についての取扱いを明確化することにより，迅速かつ機動的な業務の執行を確保するものである。なお，第4項の規定については，公益法人における実務運用を参考として，手続の簡素化・合理化を図ったものである。

② 第3項第一号に定める経費とは，第27条各号に定める経費のうち，経常的であり，かつ，第1項の承認を得る前に支出することがやむを得ないと認められるものであることから，前年の会計年度における同経費の支出額のおよその範囲内であることが必要である。

③ 第3項第二号に定める経費とは，総会の承認を得て実施している工事であって，その工事の性質上，施工期間が長期となり，二つの会計年度を跨ってしまうことがやむを得ないものであり，総会の承認を得た会計年度と異なる会計年度の予算として支出する必要があるものであって，かつ，第1項の承認を得る前に支出することがやむを得ないと認められるものであることが必要である。

④ 第5項は，第54条第2項の決議に基づき，理事長が支出を行うことができることについて定めるものである。

⑤ 第6項は，第21条第6項の規定に基づき，災害等の緊急時において敷地及び

資　料

共用部分等の保存行為を行う場合に，理事長が支出を行うことができることについて定めるものである。

第60条関係

①　管理費等に関し，組合員が各自開設する預金口座から管理組合の口座に受け入れる旨を規定する第1項の規定は，マンションの管理の適正化の推進に関する法律施行規則（平成13年国土交通省令第110号。以下「適正化法施行規則」という。）第87条第2項第一号イの方法（収納口座の名義人を管理組合又は管理者とする場合に限る。）又は同号ハの方法を前提とした規定であり，これ以外の方法をとる場合には，その実状にあった規定とする必要がある。その際，管理費等の管理をマンション管理業者に委託する場合には，適正化法施行規則第87条第2項に定める方法に則した管理方法とする必要がある。

②　徴収日を別に定めることとしているのは，管理業者や口座（金融機関）の変更等に伴う納付期日の変更に円滑に対応できるようにするためである。

③　管理費等の確実な徴収は，管理組合がマンションの適正な管理を行う上での根幹的な事項である。管理費等の滞納は，管理組合の会計に悪影響を及ぼすのはもちろんのこと，他の区分所有者への負担転嫁等の弊害もあることから，滞納された管理費等の回収は極めて重要であり，管理費等の滞納者に対する必要な措置を講じることは，管理組合（理事長）の最も重要な職務の一つであるといえる。管理組合が滞納者に対してとり得る各種の措置について段階的にまとめたフローチャート及びその解説を別添3に掲げたので，実務の参考とされたい。

④　滞納管理費等に係る遅延損害金の利率の水準については，管理費等は，マンションの日々の維持管理のために必要不可欠なものであり，その滞納はマンションの資産価値や居住環境に影響し得ること，管理組合による滞納管理費等の回収は，専門的な知識・ノウハウを有し大数の法則が働く金融機関等の事業者による債権回収とは違い，手間や時間コストなどの回収コストが膨大となり得ること等から，利息制限法や消費者契約法等における遅延損害金利率よりも高く設定することも考えられる。

⑤　督促及び徴収に要する費用とは，次のような費用である。

ア）配達証明付内容証明郵便による督促は，郵便代の実費及び事務手数料

イ）支払督促申立その他の法的措置については，それに伴う印紙代，予納切手代，その他の実費

ウ）その他督促及び徴収に要した費用

⑥　第2項では，遅延損害金と，違約金としての弁護士費用並びに督促及び徴収の諸費用を加算して，その組合員に対して請求することが「できる」と規定しているが，これらについては，請求しないことについて合理的事情がある場合を除き，請求すべきものと考えられる。

第62条関係

預金口座に係る印鑑等の保管にあたっては，施錠の可能な場所（金庫等）に保管し，印鑑の保管と鍵の保管を理事長と副理事長に分けるなど，適切な取扱い方法を検討し，その取扱いについて総会の承認を得て細則等に定めておくことが望ましい。

第64条関係

①　第1項から第3項までにおける「利害関係人」については，コメント第49条関係①を参照のこと。

②　作成，保管すべき帳票類としては，第64条第1項に規定するものの他，領収書や請求書，管理委託契約書，修繕工事請負契約書，駐車場使用契約書，保険証券などがある。

③　組合員名簿の閲覧等に際しては，組合員のプライバシーに留意する必要がある。

④　第2項は，第32条で管理組合の業務として掲げられている各種書類等の管理について，第1項の帳票類と同様に，その保管及び閲覧に関する業務を理事長が行うことを明確にしたものである。なお，理事長は，理事長の責めに帰すべき事由により第1項の帳票類又は第2項に掲げる書類が適切に保管されなかったため，当該帳票類又は書類を再作成することを要した場合には，その費用を負担する等の責任を負うものである。

⑤　第3項は，組合員又は利害関係人が，管理組合に対し，第49条第3項（第53条第4項において準用される場合を含む。），本条第1項，第2項並びに第72条第2項及び第4項の閲覧ではなく，管理組合の財務・管理に関する情報のうち，自らが必要とする特定の情報のみを記入した書面の交付を求めることが行われている実態を踏まえ，これに対応する規定を定めるものである。書面交付の対象とする情報としては，大規模修繕工事等の実施状況，今後の実施予定，その裏付けとなる修繕積立金の積立ての状況（マンション全体の滞納の状況も含む）や，ペットの飼育制限，楽器使用制限，駐車場や駐輪場の空き状況等が考えられるが，その範囲については，交付の相手方に求める費用等とあわせ，細則で定めておくことが望ましい。別添4は，住戸の売

資　料

却予定者（組合員）から依頼を受けた宅地建物取引業者が当面必要とすると考えられる情報を提供するための様式の一例に記載のある主な情報項目であり，上述の細則を定める場合の参考とされたい。

⑥　第3項に規定する管理組合の財務・管理に関する情報については，これらの情報が外部に開示されることにより，優良な管理が行われているマンションほど市場での評価が高まることや，こうした評価を通じて管理の適正化が促されることが想定されることから，書面交付の対象者に住戸の購入予定者を含めて規定することも考えられる。一方で，開示には防犯上の懸念等もあることから，各マンションの個別の事情を踏まえて検討することが必要である。

第65条関係

共有持分割合と修繕積立金等の負担割合が大きく異なる場合は負担割合に応じた清算とするなど，マンションの実態に応じて衡平な清算の規定を定めることが望ましい。

第69条関係

①　分譲会社が締結した協定は，管理組合が再協定するか，附則で承認する旨規定するか，いずれかとする。
②　協定書は規約に添付することとする。
③　ここでいう協定としては，公園，通路，目隠し，共同アンテナ，電気室等の使用等を想定している。

第70条関係

細則は他に，役員選出方法，管理事務の委託業者の選定方法，文書保存等に関するものが考えられる。

第72条関係

①　区分所有者全員が記名押印した規約がない場合には，分譲時の規約案及び分譲時の区分所有者全員の規約案に対する同意を証する書面又は初めて規約を設定した際の総会の議事録が，規約原本の機能を果たすこととなる。
②　第4項では，第18条に基づく使用細則及び第70条に基づく細則その他の細則についても，規約原本等と同じ手続で閲覧を認めることを明確に定めた。

附則全般関係

① 新規分譲において、分譲会社等が原始規約案を作成する際の参考とする場合は、附則第1条の次に以下のような附則を規定することが考えられる。

（管理組合の成立）

第2条　管理組合は、平成○年○月○日に成立したものとする。

（初代役員）

第3条　第35条にかかわらず理事○名、監事○名とし、理事長、副理事長、会計担当理事、理事及び監事の氏名は別に定めるとおりとする。

2　前項の役員の任期は、第36条第1項にかかわらず平成○年○月○日までとする。

（管理費等）

第4条　各区分所有者の負担する管理費等は、総会においてその額が決定されるまでは、第25条第2項に規定する方法により算出された別に定める額とする。

（経過措置）

第5条　この規約の効力が発生する日以前に、区分所有者が○○会社との間で締結した駐車場使用契約は、この規約の効力が発生する日において管理組合と締結したものとみなす。

② ①に記載するもののほか、初年度の予算及び事業計画等に関しても必要に応じて附則で特例を設けるものとする。

③ 新規分譲において、分譲会社等が原始規約案を作成する際の参考とする場合は、次の点に留意する。

ア）規約の効力発生時点は、最初に住戸の引渡しがあった時とする。また、管理組合の成立年月日も、規約の効力発生時点と同じく、最初に住戸の引渡しがあった時とする。

イ）役員の任期については、区分所有者が自立的に役員を選任することができるようになるまでとする。

ウ）入居後直ちに開催する総会で抽選で駐車場の使用者を決定する場合には、附則第5条は、不要である。

別表第1関係

① 敷地は、規約により建物の敷地としたものも含むものである。

② 所在地が登記簿上の所在地と住居表示で異なる場合は、両方を記載すること。

資　料

別表第2関係
　①　ここでいう共用部分には，規約共用部分のみならず，法定共用部分も含む。
　②　管理事務室等は，区分所有法上は専有部分の対象となるものであるが，区分所有者の共通の利益のために設置されるものであるから，これを規約により共用部分とすることとしたものである。
　③　一部の区分所有者のみの共有とする共用部分があれば，その旨も記載する。

別添1　外部専門家の活用のパターン

別添2　区分所有者が行う工事に対する制限の考え方

別添3　滞納管理費等回収のための管理組合による措置に係るフローチャート

別添4　管理情報提供様式に記載のある項目例

別添1

外部専門家の活用のパターン

① 理事・監事外部専門家型又は理事長外部専門家型

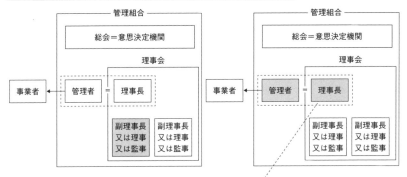

注：塗りつぶしが外部の専門家　　　　　　　　　※理事長を外部専門家とすることも可能

【考え方】
・従来どおり理事会を設け，理事会役員に外部専門家を入れるパターン。
・外部専門家が理事長（＝管理者）となることも想定される。
・外部専門家を含む役員の選任を含め，最終的な意思決定機関は総会であり，その役割は重要。

【想定されるケース（マンションの特性）】
・運営面の不全の改善
・計画的な大規模修繕等の適切な実施，耐震改修・建替え等の耐震対策等専門的な知見が必要な場合を想定
※限定的な専門性が求められるケースも多くある。

【論点・課題と標準管理規約における規定等の整備】
・外部役員の選任・解任
　→第35条第2項・第4項，コメント第35条関係①⑤
・役員の欠格要件
　→第36条の2，コメント第36条の2関係
・外部役員の業務執行のチェック体制の構築（理事会によるチェックの補完）
　→理事会の権限として理事の職務執行の監督等の位置付け（第51条第2項，コメ

資　料

　　　ント第51条関係)
　→理事長の職務執行の状況の理事会への定期報告義務(第38条第4項,コメント第38条関係②)
　→理事による理事会の招集請求・招集(第52条第3項,コメント第52条関係)
　→監事の理事等に対する調査権(第41条第2項,コメント第41条関係①)
　→組合に著しい損害を及ぼすおそれのある事実の理事から監事への報告義務(第40条第2項,コメント第40条関係)
　→監事による理事会の招集請求・招集(第41条第6・7項,コメント第41条関係③)
　→監事の理事会への出席・意見陳述義務(第41条第4項,コメント第41条関係②)
　→監事による理事会への理事の不正行為等の報告義務(第41条第5項,コメント第41条関係③)
　→監事による総会提出議案の調査・報告義務(コメント第41条関係①)
・役員の取引の健全性の確保(利益相反取引の排除等)
　→利益相反取引となる事実の開示と理事会からの承認(第37条の2,コメント第37条の2関係)
　→利害関係のある議決への当該理事の不参加(第53条第3項)
　→監事等による管理組合の代表代行(第38条第6項,コメント第38条関係③)
・多額の金銭事故や財産毀損の防止,補償の担保と補償能力の充実
　→コメント第37条関係①
・派遣された役員が欠けた場合の補欠ルールの明確化(継続性の確保)
　→コメント第36条関係④

コメント別添1

【参考】①の全パターン

注：塗りつぶしが外部の専門家

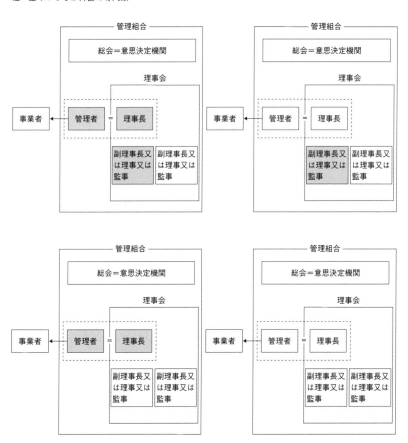

※現行標準管理規約

資　料

② 外部管理者理事会監督型

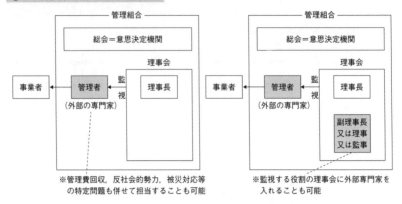

【考え方】
・外部専門家を区分所有法上の管理者として選任し，理事会は監事的立場となり外部管理者を監視するパターン。
・監視する立場の理事会の役事業者員に，さらに別の外部専門家を選任することも考えられる。
・外部管理者の選任を含め，最終的な意思決定機関は総会であり，その役割は重要。

【想定されるケース（マンションの特性）】
・高い専門性と透明性，区分所有者の利益の保護や最大化のニーズの高いマンション（大規模な新築マンションなどを中心に想定）
※総会は意思決定機関，管理者は知見豊富な執行者，理事会は監視機関，と分担や責任の明確化が期待できる。
※さらに，専門性が高く，時間的な拘束が強く心理的な負担も大きい管理費回収訴訟，反社会的勢力，被災対応等の特定問題も担当することも想定。

【論点・課題】
・外部管理者＝区分所有法上の管理者とする
・外部管理者の選任・解任
・外部管理者の欠格要件〔外部・内部共通〕
・外部管理者のチェック体制の充実（理事会によるチェックの補完）
・外部管理者の取引の健全性の確保（利益相反取引の排除等）〔外部・内部共通〕

- 多額の金銭事故，財産毀損の防止〔外部・内部共通〕
- 補償の担保と補償能力の充実〔外部・内部共通〕
- 専門家の属性
- 専門家の能力評価・育成方法

〈個人の専門家が管理者に就任する場合に以下を追加〉
- 外部管理者の補欠ルールの明確化（継続性の確保）

【規約の整備等の考え方】
①理事長＝区分所有法上の管理者とする規定の撤廃。理事長の業務・権限と管理者の業務・権限の整理。
②外部管理者の選任・解任を総会決議とする旨規定。
③外部管理者及び役員の欠格要件として，銀行との取引停止，破産（者）等，資格・登録の取消し処分からの一定期間内等を規定。
④派遣元団体等による報告徴収や監査（適任者への交替も含む）又は外部監査（別の専門家の一時派遣等）の義務付けについて規定することも考えられる。
⑤管理組合と外部管理者の利益が相反する取引の理事会への報告・承認。
⑥管理者の誠実義務として，財産の毀損の防止及びそのために必要な措置（保険加入，保険限度額の充実，財産的基礎の充実等）に努めるべき旨を規定
⑦一定期間の継続意思の確認について規定することも考えられる（新規参入を妨げないよう，意思の確認とする）。
⑧引継者を予め定めることができる旨を規定（欠けた時点での適任者の選任も可とする）

③ 外部管理者総会監督型

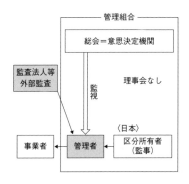

資　料

【考え方】
・外部専門家を区分所有法上の管理者として選任し，理事会は設けないパターン。
・区分所有者からは監事を選任して監視するとともに，全区分所有者で構成する総会が監視するものであり，総会の役割は重要。
・さらに，監査法人等の外部監査を義務付ける。

【想定されるケース（マンションの特性）】
・高い専門性と透明性，区分所有者の利益の保護や最大化のニーズが高いが，規模の小さいマンション
・理事長のなり手がいない例外的なケース
※支援的性格が強いケース

【論点・課題】
・外部管理者＝区分所有法上の管理者とする
・理事会（理事）の廃止
・外部管理者の選任・解任
・外部管理者の欠格要件〔外部・内部共通〕
・外部管理者のチェック体制の構築（理事会に代わる監査機能の確保）
・外部管理者の取引の健全性の確保（利益相反取引の排除等）〔外部・内部共通〕
・多額の金銭事故，財産毀損の防止〔外部・内部共通〕
・補償の担保と補償能力の充実〔外部・内部共通〕
・専門家の属性
・専門家の能力・育成方法
・資力のない管理不全マンションへの対策
〈個人の専門家が管理者に就任する場合に以下を追加〉
・外部管理者の補欠ルールの明確化（継続性の確保）

【規約の整備等の考え方】
①理事長＝区分所有法上の管理者とする規定の撤廃。理事長・理事会に係る業務・権限を管理者の業務・権限に移行。
②外部管理者の選任・解任を総会決議とする旨規定。
③外部管理者の欠格要件として，銀行との取引停止，破産（者）等，資格・登録の取

消し処分等からの一定期間内を規定
④派遣元団体等による報告徴収や監査（適任者への交替も含む）又は外部監査（別の専門家の一時派遣等）の義務付けについて規定することも考えられる。
⑤管理組合と外部管理者の利益が相反する取引の監事，総会への報告・承認
⑥管理者の誠実義務として，財産の毀損の防止及びそのために必要な措置（保険加入，保険限度額の充実，財産的基礎の充実等）に努めるべき旨を規定
⑦一定期間の継続意思の確認について規定することも考えられる（新規参入を妨げないよう，意思の確認とする）。
⑧引継者を予め定めることができる旨を規定（欠けた時点での適任者の選任も可とする）
⑨環境整備として，自治体の公益法人・自治体委託NPOからの低廉な専門家派遣の推進

資 料

区分所有者が行う工事に対する制限の考え方

　本「考え方」は、区分所有者が実施する専有部分の修繕等や共用部分の窓ガラス等の改良工事の制限に関するマンションによって異なることから、各マンションの設備水準や劣化状況等の実情に応じたルールを定めることここでは、修繕等の工事のうち、建物全体や他住戸に長期的に負の影響を及ぼす可能性のある修繕等については、限の目的、制限すべき負の影響（事象）、理事会承認を要する工事、承認の条件として、一般的に想定されるものその他の軽微な修繕等については理事会承認は不要としているが、下表右欄に示すように、工事業者の出入り
　一方で、「区分所有者は、建物の保存に有害な行為その他建物の管理又は使用に関し区分所有者の共同の利益に具体的に記載することも想定している。
　　例：　ディスポーザーの設置工事（ディスポーザー処理槽が設置されていない場合）
　　　　　バルコニー・専用庭への増築工事（バルコニーとしての専用使用の範囲を逸脱するため）
　　　　　建物の主要構造部に影響を及ぼす穿孔・切欠等の工事

部位		工事の実施主体と制限の考え方	制限の目的	制限すべき負の影響（事象）	理事会承認を要する工事
専有部分	管・配線	・区分所有者が管理し、必要に応じて工事する。 ・区分所有者が実施する工事について、他の住戸、共用部分に影響がある場合の取り扱いを定める。	給排水管の維持、円滑な給排水、騒音の防止	漏水、騒音（他住戸に影響）	給排水管を改修する工事（給排水管の改修を伴う浴室の改修等を含む）
	設備		火災に対する安全等のための端末の稼働の確保	火災の拡大（建物全体に影響） 避難の遅れ（他住戸に影響）	住宅情報盤、感知器、スプリンクラーの改修工事
			騒音を伴う設備設置の制限（既存設備の状況により必要な場合に限り制限する）	騒音（他住戸に影響）	ジェットバス、夜間電力を利用した給湯器を設置する工事
					ディスポーザー破砕機を交換する工事
			共用設備の利用の確保（既存設備の状況により必要な場合に限り制限する　注1）	停電（他住戸に影響）	電気を利用する設備の工事（電気契約量を○A以上に増加させるものに限る）
				ガス圧低下（他住戸に影響）	ガスを利用する設備の工事（○号以上の給湯器を設置するものに限る）
				一部区分所有者による共用設備の不公平な利用	電話回線を利用する工事（新たに回線を利用するものに限る）
	天井、壁、床		主要構造部の構造安全性の確保	躯体損傷（建物全体に影響）	大規模なリフォーム工事
	床		階下への騒音の防止　注2	騒音（他住戸に影響）	床材を張替える工事
共用部分（専用使用権あり）	窓	・管理組合が管理するが、区分所有者が専用使用する。 ・区分所有者の責任と負担で実施することが合理的な工事について、取り扱いを定める。	外観の統一、防犯・防音の確保（区分所有者の意識を踏まえて必要な場合に限り制限する）	美観、防犯・防音性能の低下（建物全体に影響）	共用部分である窓の工事で現在と異なる部材を用いるもの
	玄関				玄関（扉・枠）の工事で現在と異なる部材を用いるもの
	面格子・ルーバー				面格子・ルーバーの工事で現在と異なる部材を用いるもの
	バルコニー		バルコニーとしての適正な利用	避難等の障害（他住戸に影響） 防水機能の破壊（他住戸に影響） 躯体損傷	バルコニーに物品を固定する工事であらかじめ定められた場所への設置※でないもの ※　エアコン室外機

コメント別添2

別添2

一般的なルールを示したものであるが，階下等の住戸に伝わる騒音・振動，窓の変更が外観に与える影響などは が望ましい。
理事会（理事長）に承認申請をすることとし，下表において，部位ごとに，工事の実施主体と制限の考え方，制 を示している。
や騒音・振動が発生する工事で管理組合として事前に把握が必要なものについては，事前届出の対象としている。
反する行為をしてはならない」（区分所有法§6①）とされていることから，必要に応じて，こうした禁止行為を

理事会承認の必要な工事 承認の条件	届け出が必要な工事	届け出も不要の工事
・高圧洗浄用の掃除口があること，排水管の屈曲部等が高圧洗浄可能なものであることを確認する ・排水勾配が確保されていることを確認する ・給排水管に防音対策が講じられていることを確認する ・給排水管と共用縦管の接続位置を変更する場合には，共用縦管への加工について確認する。	○工事業者が出入りする工事については，工事時間，工事内容と業者名を管理組合に届出 → 業者の出入りを管理する → 工事による予想しがたい影響（例：給水工事によるウォーターハンマー現象）が生じた場合，どの住戸の工事が原因であったかを確認できるようにする ○騒音・振動が発生する工事については，他の区分所有者がわかるよう工事期間と工事内容を掲示	他の区分所有者への直接・間接の影響がない工事 （例：専有部分の電球の取替え，水道のパッキンの取替え，シャワーヘッドの取替え，温水洗浄便座の取替え）
・設置する端末機器，配線を確認する ・設置する機器，防振・防音対策を確認する		
・設置する機器，防振・防音対策を確認する ※処理槽の状況によっては設置自体を禁止する		
・電気の契約量を確認する ※既存設備の状況によっては管理組合が幹線等を改修		
・ガスの使用量を確認する ※既存設備の状況によっては管理組合がガス管等を改修		
・空き回線の状況を確認する ※既存設備の状況によっては管理組合が配線盤等を改修		
・はつり等により躯体に悪影響を与えないことを確認する。 ※スラブ上の均しモルタルのはつり等，躯体コンクリートの工事を伴わないものは承認することが考えられる。 ※躯体工事を伴うものは「共用部分（専用使用権なし）躯体，梁，柱，スラブ」の欄を参照。		
新築時と同等以上の遮音性能を確認する		
・色彩，形状，位置，防犯・防音性の低下の可能性を確認する		
・色彩，形状，位置，防犯性の低下の可能性を確認する		
・色彩，形状，位置，防犯性の低下の可能性を確認する		
・避難上の支障等がないかを確認する ・防水層，排水に悪影響がないかを確認する ・躯体にボルト等を打ち込まないか確認する		

資 料

共用部分(専用使用権なし)	躯体,梁,柱,スラブ,壁	・管理組合が管理する。 ・区分所有者が行う専有部分の工事が影響する場合の取扱いを定める。	主要構造部の構造安全性の確保　注3	躯体損傷(建物全体に影響)	躯体コンクリートへの穿孔又はアンカーボルト等の金物の打込みを伴う工事
その他			法令順守　注4		

注1　電気，ガス，水道，電話は，共用設備(管・配線等)の仕様により使用できる量に制限があり，これを超可能性がある。
　　このため，マンションの共用設備の能力に応じて，専有部分で行われる共用設備の利用の増加に影響する
　　この場合，既存設備の状況を踏まえてあらかじめ各戸の利用限度を算出して承認基準(承認申請不要基準)
　　理事会で議論することが望ましい。
　　なお，インターネットについては，マンションに任意加入方式のインターネット回線が引かれており，区
　　ーネット回線が引かれていないマンションで新たに引く場合には，管理組合がインターネット回線業者に

注2　標準規約コメントにもあるとおり，特にフローリング工事の場合には，構造，工事の仕様，材料等により影
　　下のような事項を定めておくことも考えられる。
　　・新築時フローリングのマンションの場合：使用されるフローリングの遮音等級が新築時と同等以上であり，
　　・新築時カーペット敷きの高経年マンションで，スラブが薄く，遮音性能が低いフローリング床では遮音性能
　　　以上等)を示す

注3　躯体損傷をどこまで許容するかは，マンションの設計強度や施工状況，劣化状況等によって主要構造部への
　　を定めておくことも考えられる。
　　・高層マンションで住戸間の界壁が乾式工法の場合：界壁への穿孔工事は原則禁止(必要となる耐火性能を満
　　・比較的築浅で必要なスリーブが設置されているマンションの場合：スリーブの増設を禁止する
　　・高経年マンションで，設備グレードアップのニーズが高い場合：スリーブ増設の条件として，構造計算にか

注4　申請者及び工事業者が関係法令を順守することは当然であり，各法令への対応状況を理事会が確認し承認
　　ことが望ましい。
　　・玄関扉等を変更する際の防火性能の確保
　　・防火区画1m以内の被覆処理　など

コメント別添2

・穿孔や金物の打ち込みにより躯体に悪影響を与えないこと

えて利用しようとすると，停電，ガス圧の低下，水圧の低下等の障害，共用回線利用の不公平等の問題が起こる
工事について承認対象とすることが考えられる。
を定めておくこと，各戸の契約量の合計が共用設備の能力の限界に近づいた場合の共用設備の改修についても，
分所有者が加入を望んだときには，プロバイダに申し込めば工事なしで回線を利用することができるが，インタ
申し込み，共用部分に設備（ルーター，配線等）を設置工事を実施する（区分所有者が工事をするのではない）。
響が異なるため，専門家の確認が必要である。物件の状況によっては，専門家の協力を得たうえで，例えば，以
施工方法が当該フローリング材のカタログに示されたとおりの工事であることを確認する
上問題が発生する可能性があるとして管理組合が決定した場合：フローリング等の承認条件（遮音等級○L○○

影響の度合いが異なることから，慎重な判断が必要である。物件の状況によっては，例えば，以下のような事項
たさなくなる可能性が極めて高いため）
かわらない部位であって，レーダー等による配筋確認の上行うことを確認する
することは現実的ではないが，安全性に関わる以下のような点については，承認の際に申請者に注意喚起を行う

267

資 料

別添3

滞納管理費等回収のための管理組合による措置に係るフローチャート

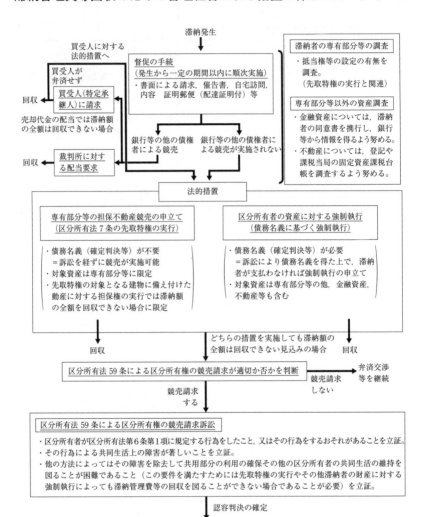

コメント別添３

滞納管理費等回収のための管理組合による措置に係るフローチャート（解説）

フローチャートにおける各手順の概要は，つぎのとおりである。

(1) 督促

　　管理組合は，滞納者に対して，滞納管理費等の支払の督促とともに，今後も滞納が継続する場合には，その状況に応じてさらなる措置を執ることになる旨を事前に警告する。
　〈督促の手順の例〉
　　　　１ヶ月目　　電話，書面（未納のお知らせ文）による連絡
　　　　２ヶ月目　　電話，書面（請求書）による確認
　　　　３ヶ月目　　電話，書面（催告書）
　　　　　　　　　（過去の実績によれば，失念していたなど一時的な要因で滞納した者は，３か月以内に滞納を解消する）
　　　　　　　　　（管理費の滞納者のほとんどは，ローン等の支払も滞納していることが多いため，６か月以内に銀行が債権回収のために競売等に動き出すことが多い[注]。）
　　　　４ヶ月目　　電話，書面，自宅訪問
　　　　５ヶ月目　　電話，書面（内容証明郵便（配達記録付）で督促）

注　銀行等の他の債権者による競売が実施された場合は，裁判所に対して配当要求を行い，滞納管理費等を回収する。売却代金の配当では滞納管理費等の全額を回収できない場合は，特定承継人（買受人）から回収する。特定承継人が弁済しない場合は，特定承継人の資産について，先取特権の実行や債務名義に基づく強制執行を実施する。（(3)，(4) 参照）

(2) 滞納者の保有財産の調査

　　滞納者の専有部分等について，抵当権等の設定の有無を調査するとともに，専有部分等以外の資産について，現住所と最低限その直前に居住していた市区町村内と勤務先の市区町村内の調査を行う。
　　金融資産については，金融機関が顧客情報の流出を懸念して本人の同意を求める可能性が考えられるため，区分所有者間の同意を事前にとって銀行等から情報開示を得ることが考えられる。
　　また，課税当局（地方自治体）の固定資産課税台帳については，本人の同意書を

269

携えて調査する。

　登記情報については，地番や家屋番号等が分かれば情報の取得が可能であるので，それまでの調査結果に基づき取得した地番や家屋番号等を基に各登記所で確認の閲覧調査を行う。

(3) 区分所有法第7条の先取特権の実行

　滞納管理費等に係る債権は，区分所有法第7条の先取特権の被担保債権となっているため，債務名義（確定判決等）を取得せずとも，先取特権の実行としての担保不動産競売を申し立てることにより，他の一般債権者に優先して弁済を受けることができる。

　しかしながら，先取特権は，「区分所有権（共用部分に関する権利及び敷地利用権を含む。）及び建物に備え付けた動産」（同法第7条）についてのみ実行可能であり，しかも，区分所有法第7条の先取特権は公租公課及び抵当権等の登記された担保権に劣後する。また，先取特権の対象となる建物に備え付けた動産に対する担保権の実行では滞納額の全額を回収できない場合に限って，区分所有権に対して先取特権を実行できる。

　したがって，先取特権の実行による滞納管理費等の回収は，抵当権が担保する融資残額などを控除しても，当該マンションの売却代金から滞納管理費等の回収が見込まれる場合には実効性のあるものとなる。

　なお，上記のように先取特権に優先する抵当権等が存在するなどし，買受可能価額がそれらの優先債権等の見込額に満たない場合，担保不動産競売手続は民事執行法第188条の準用する第63条により取り消される（いわゆる無剰余取消し）。

(4) 区分所有者の資産に対する強制執行

　上記(3)の先取特権の実行による専有部分等の担保不動産競売では滞納管理費等の回収が困難であったとしても，滞納者の預金その他の保有財産の存在が判明した場合には，これに対する強制執行により滞納管理費等の回収を図ることが考えられる。強制執行の場合は，先取特権の実行の場合と異なり，まず確定判決等の債務名義を取得することが必要である。しかし，管理組合は，債務名義を取得しただけで直ちに滞納管理費等を回収できるわけではなく，裁判所に対し，滞納者の財産に対する強制執行（不動産執行，動産執行，債権執行など）を申し立てる必要がある。債務名義に基づく強制執行については，当該財産の差押えが禁止されているなど一

定の場合を除き，上記(3)の先取特権のような対象資産の限定はない。

　また，強制執行は，滞納者の保有財産がどこにあるか十分調査してから行うべきである。一定の推測で絞り込みを行い，存在すると思われる財産を特定して強制執行を申し立てることは可能であるが，手続費用などに比して十分に回収できない等の問題があるからである。^{補足}

> 補足　存在すると思われる複数の金融機関の預金等について同時に強制執行を申し立てる場合
>   　保有財産である預金等が存在することが完全に判明していなくとも，預金等が存在すると推測される複数の金融機関を第三債務者として，預金等を差押債権とする強制執行を申し立てることは可能であるが，この場合には，数個の差押債権の合計額が請求債権額を超えないようにしなければならない（※）。その結果，預金等の一部しか回収できないこととなる可能性もある。このため，強制執行の申立てをする前に，保有財産の調査（金融機関に対する情報開示の請求等）を行うべきである。
>   　このことは，一の金融機関を第三債務者とした場合であっても，複数の取扱店舗の預金等を差押債権とする強制執行を申し立てる場合も同様である。
>
> ※　民事執行法第146条第2項は，いわゆる超過差押えを禁止しており，差し押さえるべき債権の価額が差押債権者の債権額及び執行費用の額（請求債権額）を超えるときは，さらに他の債権を差し押さえてはならない。例えば，請求債権額が100万円しかないのに，5行に対して100万円ずつ差し押さえるとなると，500万円について差押えがされることとなり，超過差押えの禁止に抵触するため，それぞれ20万円ずつに割り付ける（割り付ける金額は必ずしも均等である必要はない）といった手当てが必要となる。

　保有不動産の差押えの場合，上記先取特権の実行と同様，不動産競売手続につき無剰余取消しがされることがあることに留意しなければならない。

(5) 区分所有法第59条による区分所有権の競売請求

　区分所有法第7条の先取特権の実行と区分所有者の保有財産の強制執行によっても滞納管理費等の全額を回収できなかった場合や回収できないことが確実な場合などには，管理組合は，区分所有法第59条による競売請求の可否について検討することとなる。

　区分所有法第59条による不動産競売においては，滞納管理費等の債権に優先する債権があって民事執行法第63条1項の剰余を生ずる見込みがない場合であっても，競売手続を実施することができるとした裁判例があり（東京高決平成16年5月20日（判タ1210号170頁）），区分所有者がいわゆるオーバーローン状態でも競売手続を実施することができる可能性がある。この場合には，区分所有法第8条により

資 料

特定承継人である競落人に滞納管理費等の支払を求めることができるため、滞納者を区分所有関係から排除した上で、新しい所有者から滞納管理費等の支払を受けることが可能となる。ただし、買受可能価額が競売の手続費用を下回るような場合には、無剰余取消しとなる可能性があることも考慮する必要がある。

区分所有法第59条による競売請求は、「他の方法によっては……区分所有者の共同生活の維持を図ることが困難であるとき」（同条第1項）という要件を満たす場合に認められる。この要件については、これまでの裁判例によると、管理費等の長期かつ多額の滞納が区分所有法第6条の共同利益背反行為に該当すると認定した上で、預金債権の強制執行が不奏功に終わったことや、区分所有法第7条による先取特権又は裁判所の判決に基づいて居室及びその敷地権の競売を申し立てたとしても、抵当権等優先する債権が資産価値以上に設定されており、資産を処分しても弁済を受けられない状態であることを理由として取消しとなる可能性が高いこと等から、区分所有法第59条による競売以外の方法では区分所有者の共同生活の維持を図ることが困難であると認定したものがある（東京地判平成17年5月13日（判タ1218号311頁）、東京地判平成19年11月14日（判タ1288号286頁））。

以上を踏まえると、区分所有法第59条による競売請求が認められるための要件や手順は以下のとおりである。

区分所有法第59条による競売請求の実体的要件は次の3つに整理することができる（区分所有法第59条第1項）。
① 「区分所有者が区分所有法第6条第1項に規定する行為をしたこと、又はその行為をするおそれがあること。」（共同利益背反行為）
② 「当該行為による区分所有者の共同生活上の障害が著しいこと。」
③ 「他の方法によっては、その障害を除去して共用部分の利用の確保その他の区分所有者の共同生活の維持を図ることが困難であること。」

管理費等の支払義務は、区分所有建物等の管理に関する最も基本的な義務の一つであることから、その著しい滞納は、①にいう第6条第1項に規定するいわゆる「共同利益背反行為」に該当すると解される。

②にいう「区分所有者の共同生活上の障害が著しい」状態については、滞納期間、滞納額、未払いに対する過去の交渉経緯等、諸般の事情を考慮して最終的には裁判所において判断される。区分所有法第59条による競売請求を管理組合が検討・意

思決定すべき時期としては，○○ヶ月以上滞納した場合には，それ以上督促しても当人から管理費等が支払われることが期待できないという実績があり，管理費等の滞納の結果，建物の適切な管理若しくは計画的な大規模修繕の先送り又は修繕項目の削減につながって，住環境の悪化，躯体劣化，又は設備への支障が生じ，区分所有者の共同生活に著しい障害を与えるほどの資金不足に陥ったときである。こうした事情のほか，個々のマンションの著しい障害の実態を適切に立証することによって②に該当すると判断される可能性が高くなると考えられる。

③にいう「他の方法によっては，その障害を除去して共用部分の利用の確保その他の区分所有者の共同生活の維持を図ることが困難であること」については，先取特権の実行やその他滞納者の財産に対する強制執行によっても滞納管理費等の回収を図ることができない場合であることを要し，その前提として，可能な限り滞納者の保有財産の調査を行うべきである。なお，区分所有法第59条による競売請求をするに当たって，区分所有法第57条第1項の差止め請求や同法第58条の専有部分の使用禁止の請求を経なければならないものではないと考えられる。

区分所有権等の競売請求を認容する旨の判決の確定後，不動産競売の申立てを行うこととなるが，競売により抵当権等の担保権は消滅するとの見解がある。また，売却基準価額の算定に当たっては，通常，滞納管理費等の存在を考慮した減価がされる。

競売によって区分所有権が売却された後は，区分所有法第8条により，買受人（特定承継人）は滞納管理費等につき弁済する義務を負う。仮に，買受人が承継した滞納管理費等の弁済を拒否した場合には，区分所有法第7条の先取特権の実行等により，その回収を図ることが可能である。

補足解説1．滞納者の保有資産の調査

上記(2)の滞納者の保有資産の調査について，以下のとおり補足する。

(1) 金融資産の調査

金融資産については，滞納者本人から情報提供の協力が得られない場合には，銀行等に預金等の有無の情報開示を求めることが考えられるが，金融機関は顧客情報の流出を懸念して本人の同意を求める可能性が考えられる。開示を求める範囲とし

資　料

ては，現住所と最低限その直前に居住していた市区町村内の銀行等や勤務先の市区町村内の銀行等が考えられる[注]。

　注　銀行等の本店による一括照会を請求する。

(2) 不動産の調査

　一方，不動産については，滞納者本人から情報提供の協力が得られない場合には，課税当局が保有する情報から検索することと登記情報から検索することが考えられる。

　このうち，課税当局の固定資産課税台帳による調査も保有不動産を確認する手段として考えられる。地方自治体は，地方税法上の守秘義務に抵触することを懸念するものの，固定資産課税台帳は，本人の同意を書面で確認できれば代理人が閲覧したり，記載事項の証明書の交付を受けることができる。調査する範囲としては，滞納者の現住所と最低限その直前に居住していた市区町村とすることが費用対効果の観点から適切である

　また，登記情報については，地番や家屋番号等が分かれば情報の取得をすることが可能であるので，それまでの調査結果に基づき取得した地番や家屋番号等を基に各登記所で確認の閲覧調査を行う。

　なお，登記情報は，どの登記所においても全国の登記情報を閲覧することができ，登記情報提供サービス（http://www1.touki.or.jp/）を利用してインターネット上で確認することも可能である。

補足解説2．他の保有資産が判明した場合の債務名義の取得手続

　他の保有財産の存在が判明し，債務名義を取得するために訴えを提起する場合，訴額が60万円以下であれば，「少額訴訟」[※]という，比較的簡便な手続の利用が可能。

　※少額訴訟の手続
・当該訴えについて管轄のある簡易裁判所において裁判が行われ，原則として初回期日に審理を終え，判決が出される（ただし，場合により，通常訴訟に移行することもある。）。
・証拠書類や証人は，審理の日にその場で取り調べることができるものに限る。

コメント別添3

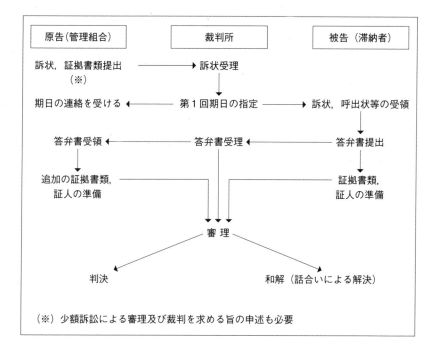

資　料

別添4

管理情報提供様式に記載のある項目例

1　マンション名称等
　　①物件名称
　　②総戸数
　　③物件所在地
　　④対象住戸の住戸番号

2　管理体制関係
　　①管理組合名称
　　②管理組合役員数（理事総数，監事総数）
　　③管理組合役員の選任方法（立候補，輪番制，その他の別）
　　④通常総会の開催月と決算月
　　⑤理事会の年間の開催回数
　　⑥管理規約原本の発効年月と変更年月
　　⑦共用部分に付保している損害保険の種類
　　　（火災保険（マンション総合保険，地震保険など）
　　⑧使用細則等の規程の有無と名称
　　　（駐車場使用細則，自転車置場使用細則，ペット飼育細則，リフォーム細則など）

3　共用部分関係
　（1）基本事項
　　①建築年次（竣工年月）
　　②共用部分に関する規約等の定め
　　　・共用部分の範囲（規定している規約条項，別表名）
　　　・共用部分の持分（規定している規約条項，別表名）
　　③専用使用に関する規約等の定め（規定している規約条項，使用細則条項，別表名）
　（2）駐車場
　　①駐車場区画数

コメント別添4

・敷地内台数（内訳：平面自走式台数，機械式台数）

・敷地外台数（内訳：平面自走式台数，立体自走式台数，機械式台数）

②駐車場使用資格（賃借人の使用可否，規定している規約条項，使用細則条項）

③車種制限（規定している規約条項，使用細則条項，別表名）

④空き区画の有無

⑤空き区画の待機者数

⑥空き区画補充方法（抽選，先着順，その他の別）

⑦駐車場使用料

(3) 自転車置場・バイク置場・ミニバイク置場

①区画数（自転車置場，バイク置場，ミニバイク置場毎）

②空き区画の有無（自転車置場，バイク置場，ミニバイク置場毎）

③使用料の有無とその使用料（自転車置場，バイク置場，ミニバイク置場毎）

4 売却依頼主負担管理費等関係（①～⑬の項目毎に金額を記載（滞納がある場合は滞納額も併せて記載））

①管理費

②修繕積立金

③修繕一時金

④駐車場使用料

⑤自転車置場使用料

⑥バイク置場使用料

⑦ミニバイク置場使用料

⑧専用庭使用料

⑨ルーフバルコニー使用料

⑩トランクルーム使用料

⑪組合費

⑫戸別水道使用料・冷暖房料・給湯料

⑬その他

⑭遅延損害金の有無とその額

⑮管理費等支払方法（翌月分（又は当月分）を当月〇〇日に支払い）

⑯管理費等支払手続き（口座振替（〇〇銀行〇〇支店），自動送金（〇〇銀行〇〇）支店，振込，集金代行会社委託の別）

277

資 料

5　管理組合収支関係
　(1)　収支及び予算の状況（①～⑩の項目について直近の収支報告（確定額）を記載し，①～③及び⑥～⑧については当年度の収支予算（予算額）も併せて記載）
　　①管理費会計収入総額
　　②管理費会計支出総額
　　③管理費会計繰越額
　　④管理費会計資産総額
　　⑤管理費会計負債総額
　　⑥修繕積立金会計収入総額
　　⑦修繕積立金会計支出総額
　　⑧修繕積立金会計繰越額
　　⑨修繕積立金会計資産総額
　　⑩修繕積立金会計負債総額
　(2)　管理費等滞納及び借入の状況
　　①管理費滞納額
　　②修繕積立金滞納額
　　③借入金残高
　(3)　管理費等の変更予定等（①～⑬について変更予定有（平成年）月から，変更予定無，検討中の別を記載）
　　①管理費
　　②修繕積立金
　　③修繕一時金
　　④駐車場使用料
　　⑤自転車置場使用料
　　⑥バイク置場使用料
　　⑦ミニバイク置場使用料
　　⑧専用庭使用料
　　⑨ルーフバルコニー使用料
　　⑩トランクルーム使用料
　　⑪組合費
　　⑫戸別水道使用料・冷暖房料・給湯料
　　⑬その他

(4) 修繕積立金に関する規約等の定め（規定している規約条項，別表名）
  (5) 特定の区分所有者に対する管理費等の減免措置の有無（規定している規約条項，別表名）

6　専有部分使用規制関係
  ①専有部分用途の「住宅専用」，「住宅以外も可」の別（規定している規約条項）
  ②専有部分使用規制関係
    ・ペットの飼育制限の有無（規定している使用細則条項）
    ・専有部分内工事の制限の有無（規定している使用細則条項）
    ・楽器等音に関する制限の有無（規定している使用細則条項）

7　大規模修繕計画関係
  ①長期修繕計画の有無（有，無，検討中の別）
  ②共用部分等の修繕実施状況（工事概要，実施時期（年月））
  ③大規模修繕工事実施予定の有無（有（平成年）月予定，工事概要，無，検討中の別）

8　アスベスト使用調査の内容
  ①調査結果の記録の有無
  ②調査実施日
  ③調査機関名
  ④調査内容
  ⑤調査結果

9　耐震診断の内容
  ①耐震診断の有無
  ②耐震診断の内容

10　管理形態
  ①マンション管理業者名
  ②業登録番号
  ③主たる事務所の所在地

資　料

　　　④委託（受託）形態（全部，一部の別）

11　管理事務所関係
　　　①管理員勤務日
　　　②管理員勤務時間
　　　③管理事務所の電話番号
　　　④本物件担当事業所名
　　　⑤本物件担当事業所電話番号
　　　⑥本物件担当者氏名

12　備考
　　共用部分における重大事故・事件があればその内容，ゴミ出しに関する情報など。

索　引

あ　行

合い鍵 …………………………………… 44, 98
委託管理方式 ………………………………… 145
イタリアのマンション管理制度
　………………………………… 58, 63, 122, 138
一戸一議決権 ……………………………… 26, 154
一親等の親族 ……………………………… 31, 156
委任状 …………………………………… 8, 32, 159
飲食費 ………………………………………… 108

か　行

外部貸し …………………………………… 37, 66
外部監査 …………………………………… 21, 127
外部管理者総会監督型 ……… 12, 16, 60, 125
外部管理者理事会監督型 …… 12, 16, 60, 125
改良工事 ………………………………………… 8
価値割合 …………………………………… 27, 153
監査報告書 …………………………………… 146
監事 …………………………………………… 145
管理委託契約 ………………………………… 144
管理会社 ……………………………………… 144
管理組合 …………………… 5, 28, 105, 109, 121
　──財産の分別管理 …………………………… 8
　──法人 ……………………………… 53, 122
　──役員 ……………………………………… 127
管理費 ………………………………… 28, 105, 110
　──等の滞納 ……………………… 34, 55, 170
議決権行使 ………………………………… 155, 162
議決権行使書 …………………………… 8, 23, 158
議決権割合 ………………………………… 26, 152
強制加入 …………………………………… 107, 110
強制執行 ……………………………………… 172
協働の利益の増進 …………………………… 144

共用部分
　──等の管理 ………………………………… 87
　──の修繕 …………………………………… 77
　──の範囲 …………………………………… 8
　──の保存行為 ……………………………… 40
空室化 …………………………………… 2, 10
区分所有者 …………………………………… 53
区分所有建物 ………………………………… 2
　──価値の最大化 ……………………… 20, 136
区分所有法→建物の区分所有等に関する法
　律
組合員
　──の議決権割合 …………………………… 26
　──の住戸に同居する親族 ………… 156
　──要件 ………………………………… 18, 60
　他の── ……………………………… 31, 156
クラブ活動 …………………………… 108, 116
計画修繕 ………………………… 40, 70, 88
決議要件の緩和 ……………………………… 47
現住要件の撤廃 ………………………… 8, 17
建築物の耐震改修の促進に関する法律
　……………………………………………… 47
権利能力なき社団 ……………………… 110, 126
高齢化 ………………………………… 2, 10, 53
国家戦略特別区域法 ………………………… 48
コミュニティ ……………… 7, 29, 105, 112

さ　行

サークル活動 ……………………… 108, 116
災害 …………………………………… 42, 94, 98
財産毀損 …………………………………… 21, 130
敷地の持分割合 ……………………… 27, 153
自治会 ………………………… 28, 105, 110, 116
借家人 ………………………………………… 156

281

修繕工事 ………………………… 38, 43, 77, 95
修繕積立金 ………… 28, 34, 43, 66, 154, 179
修繕等の履歴情報 …………………… 7, 182
住宅宿泊事業法案 …………………………… 49
情報開示 …………………………… 33, 182
書面による議決権の行使 ……………… 159
書面又は電磁的方法（電子メール等）による決議 …………………… 39, 80, 90, 163
設計図書 ………………………………… 7, 182
専門家の活用 ………………………… 9, 11, 121
専有部分
　――等への立入り …………………… 44, 97
　――の価値割合 …………………………… 153
　――の修繕 …………………………… 38, 77
専用使用権 …………………………… 40, 87
　――のない共用部分の保存行為 ……… 41
総会
　――における議決権 ……………… 152, 155
　――における議決権の代理行使 31, 155
　――における白紙委任状 ……………… 32
　通常―― ……………………………… 45, 167
　臨時―― ……………………………………… 146

た　行
大規模修繕 …………………… 2, 54, 59, 156
耐震改修 ……………………………………… 47
耐震改修促進法→建築物の耐震改修の促進に関する法律
滞納管理費等に係る遅延損害金 ……… 175
代理人による議決権行使 ………………… 159
立入権 ………………………………………… 98
建替え ……………………………………… 2, 54
建物の区分所有等に関する法律
　………………………… 2, 5, 53, 87, 161
　――3条団体 …………………… 121, 123
　――7条の先取特権 …………… 35, 172
　――59条の競売 …………… 35, 171, 173
団体補償 ………………………………… 130

団地型 ……………………………………… 6, 9
中高層共同住宅標準管理規約 ……………… 5
　――コメント ……………………………… 6
駐車場 ……………………………………… 6, 66
　――使用契約 ……………………… 37, 68
　――使用細則 …………………………… 69
　――使用者の選定 ………………… 36, 67
　――使用料 ……………………………… 68
　――の入替え …………………………… 37
長期修繕計画 …………………… 6, 8, 182
　――作成ガイドライン ……………… 41, 88
町（内）会 ………………………………… 106
賃貸化 ………………………………… 2, 10, 107
通常の使用に伴うもの …………………… 87
テレビ会議等による理事会 ………… 23, 163
電磁的な記録による保管 ………………… 33
特区民泊 …………………………………… 48

な　行
任意加入 …………………………… 107, 110
認可地縁団体 …………………………… 110

は　行
配偶者 …………………………………… 23, 31
賠償額の予定 ……………………………… 176
賠償責任保険 ……………………………… 130
白紙委任状 ………………………………… 158
パブリックコメント ……………………… 9, 36
バルコニー等 ………………………………… 87
反社会的勢力 ……………………………… 45
東日本大震災 …………………… 42, 44, 95
複合用途型 …………………………… 6, 9, 107
フランスのマンション管理制度
　……………………… 58, 61, 122, 138
文書管理 …………………………………… 181
ペット飼育 ……………………………………… 8
弁護士費用 ………………………… 35, 176
法人関係者の役員就任 ………… 22, 126

法人の区分所有 …………………… 8, 22, 126
暴力団
　——等関係者への譲渡 ……………… 46
　——等関係者への賃貸 ……………… 46
　——排除規定 ……………………………… 83
　——排除条例 ……………………………… 83
補欠の役員 …………………………… 24,127
保存行為 ………………………………… 40, 87
　共用部分の—— ………………………… 40
　緊急時の—— …………………………… 95
ボランティア活動 ………………………… 108

ま　行

マンション
　——建替法→マンションの建替え等の円滑化に関する法律
　——の新たな管理ルールに関する検討会
　　…………………………………………… 9, 125
　——の管理の適正化に関する指針
　　……………………… 9, 21, 29, 30, 109, 144
　——の管理の適正化の推進に関する法律
　　……………………………………………… 2, 6, 144
　——の建替え等の円滑化に関する法律
　　……………………………………………… 6, 47, 55
　高経年—— ……………… 2, 10, 38, 54, 77
マンション管理
　——業者 ……………………………………… 56
　——業務 ……………………………………… 54
　——士 ………………………………… 11, 121
　——適正化指針→マンションの管理の適正化に関する指針
　——適正化法→マンションの管理の適正化の推進に関する法律
マンション敷地売却制度 ……………… 47
未納管理費 ………………………………………… 7
民泊 …………………………………………………… 48
民法252条 ………………………… 26, 87, 152

や　行

役員
　——の欠格条項 ………………………… 124
　——の資格要件 …… 8, 9, 17, 122, 163
　——の必要経費 ………………… 25, 130
　——の選任 ………………………………… 55
　——報酬 ……………………………… 25,130
床面積割合 …………………………………… 27
予算案の承認 ………………………… 45,167

ら　行

利益相反取引 ……………… 20, 22, 126, 133
理事 ………………………………………… 53, 144
　——の議決権の代理行使 ……… 23, 163
　——の代理出席 ………… 22, 23, 161, 163
　代表—— …………………………………… 53
理事・監事外部専門家型 …… 11, 60, 124
理事会 ……………………………… 10, 121, 144
　——の権限 …………………………………… 8
　——の招集 ……………………………… 145
理事長 …………………………………… 53, 144
　——の書類の保管責任 ……………… 182
理事長外部専門家型 …………… 11, 60, 124
料金差額方式 ……………………………… 37
良好な住環境の確保 …………………… 144

2016年改正 新しいマンション標準管理規約

2017年5月10日 初版第1刷発行

著者	浅安親笠福村吉	見藤泊谷井辻田	泰至雅秀義修	司大哲也夫信平

発行者　江草　貞治

発行所　株式会社 有斐閣

郵便番号 101-0051
東京都千代田区神田神保町2-17
電話　(03)3264-1314〔編集〕
　　　(03)3265-6811〔営業〕
http://www.yuhikaku.co.jp/

組版・株式会社明昌堂
印刷・萩原印刷株式会社／製本・大口製本印刷株式会社
©2017, Y. Asami, M. Ando, S. Oyadomari, M. Kasatani, H. Fukui, Y. Muratsuji, S. Yoshida. Printed in Japan
乱丁・落丁本はお取替えいたします。
ISBN 978-4-641-13769-1

[JCOPY] 本書の無断複写(コピー)は、著作権法上での例外を除き、禁じられています。複写される場合は、そのつど事前に、(社)出版者著作権管理機構(電話03-3513-6969、FAX03-3513-6979、e-mail:info@jcopy.or.jp)の許諾を得てください。

本書のコピー，スキャン，デジタル化等の無断複製は著作権法上での例外を除き禁じられています。本書を代行業者等の第三者に依頼してスキャンやデジタル化することは，たとえ個人や家庭内での利用でも著作権法違反です。